이 책을

_____

선물합니다.

한문성경을 통한 한자 터치

마가복음편

편저 金德年

新約全書

主降世一千九百零六年

光緒三十二年歲次丙午

聖書公會印

第六百六十

신교횃불

한문성경을 통한 한자 터치
마가복음편

2024년 10월 9일 초판 1쇄 발행
편   저 김덕년
발 행 처 선교횃불
디 자 인 디자인이츠
등 록 일 1999년 9월 21일 제54호
등록주소 서울시 송파구 백제고분로 27길 12(삼전동)
전   화 (02) 2203-2739
팩   스 (02) 6455-2798
이 메 일 ccm2you@gmail.com
홈페이지 www.ccm2u.com

한문성경을 통한 한자 터치
마가복음편

편저 金德年

《 머리말 》

　우리가 사용하는 한글은 표음문자라서 소리나는대로 쉽게 읽고 쓸 수 있습니다. 그러나 한글의 음만 읽었을 뿐이지 뜻까지 파악하지 못하는 경우가 많이 발생하게 됩니다. 하지만 한자는 뜻과 의미를 지니고 있는 표의문자임으로 한자를 알면 한국어 어휘들의 의미습득이 쉽고 정확하게 가능합니다. 이러한 한자의 특징을 규정지을 수 있는 한자의 3요소로는 형(形) · 음(音) · 의(義)가 있습니다. 한자의 형은 곧 한자의 모양을 말하고, 한자의 음은 한글의 발음과 동일하며, 한자의 의를 풀이하면 한글 단어의 의미가 된다는 사실을 인지할 필요가 있습니다. 그 동안 한자의 형(形)인 한자의 모양만을 지나치게 강조함으로써 한자의 의(義)를 간과했다는 점은 우리나라 어문정책에 있어서 참으로 안타까운 부분이 아닐 수 없습니다. 그러므로 이제 한글로 표기된 단어들의 의미파악은 한자의 3요소 중 한자의 의(義)부분에서 찾아야 합니다. 한글로 표현되는 문장 속에 어휘들의 70% 이상은 한자와 한자가 결합된 한자어로 구성되어 있습니다. 따라서 한자를 학습하면 한글로 표기된 어휘들의 의미습득은 분명하고 명확하게 이루어집니다. 이처럼 한자는 한글로 표기된 중요 핵심어휘들의 의미습득을 가능하게 하는 기능과 역할을 감당해내는 도구적인 언어입니다. 결국 한자의 존재가치나 한자학습의 목적은 우리 국어의 의미를 보다 더 쉽게 이해하고 그 뜻을 정확하게 파악하는데 있다고 할 수 있습니다.

　한문성경의 역사는 영국 기독교의 첫 중국 선교사인 모리슨(Robert Morrison, 馬禮遜, 1782~1834)에 의해 1807년 중국 광동에서 시작됩니다. 그 당시 중국은 국법으로 선교가 엄하게 금지되어 있어서 모리슨은 25년간 기도하며 성경을 한문으로 번역하게 됩니다. 모리슨은 1808년부터 성경 번역을 시작하여 1813년에 신약성서를 순한문으로 번역합니다. 이어서 1815년에 구약성서를 번역하고, 이를 1823년에 『신천성서(神天聖書)』라는 제목으로 출간하게 됩니다. 모리슨이 최초로 번역한 한문성경을 토대로 1852년에 한문성경 『신약전서』가 만들어지고, 이어서 1854년에 구약까지 완성되게 됩니다. 이 성경을 '문리역(文理譯) 한문성경', '한문성경 대표본(代表本)', '문리체(High Wenli) 한문성경'이라고 합니다. 모리슨에 의해 최초로 번역되고, 학자들의 개정을 통해 1854년에 완성된 '한문성경 대표본'은 지금 현재 중국에서 사용하고 있는 중국어(Chinese language)가 아니라, 그 당시 동아시아의 공통언어인 순수 한문(Chinese character)으로 번역되어 한자로 표기되어 있습니다.

모리슨에 의해 최초로 번역된 한문성경을 토대로 만들어진 '한문성경 대표본'은 바로 지금 우리가 사용하고 있는 한글성경을 번역하는데 매우 중요한 자료로 활용되게 됩니다. 모리슨에 의해 한문으로 번역되고, 이후에 1854년에 완성된 '한문성경 대표본'은 한글성경을 번역하는데 크게 2가지 방향으로 영향을 미치고 있습니다. 첫 번째로는 스코틀랜드 선교사 존로스(John Ross, 羅約翰, 1842~1915)에 의해 1882년 중국 심양에서 '한문성경 대표본'을 기본 텍스트로 하여 최초의 한글성경 『예수셩교 누가복음젼서』이 만들어 집니다. 두 번째로는 조선의 유학자이자 최초의 개신교 세례자 이수정(李樹廷, 1842~1866)에 의해 일본에서 미국성서공회의 후원으로 '한문성경 대표본'을 원본으로 해서 1884년에 마가복음을 한글로 번역하여 1885년에『신약전서 마가복음 언해』를 요코하마에서 간행합니다. '한문성경 대표본'으로 이수정이 만든 한글로 기록된 마가복음을 우리나라 최초의 선교사인 언더우드(Underwood)와 아펠젤러(Appenzeller)가 손에 들고, 조선의 제물포 항으로 들어오게 됩니다. 조선의 개신교 입교의 선각자이자 천부적으로 탁월한 한문 실력을 지닌 이수정이 마가복음을 한글로 만드는데 표본이 되었던 성경이 바로 이 '한문성경 대표본'이었습니다. 결국 우리나라 최초의 한글성경을 만든 존로스와 이수정이 바로 이 '한문성경 대표본'을 원본으로 해서 만들었습니다.

역사적으로 한문성경과 관련된 중요한 메시지로는 최초로 조선 땅에서 순교한 토마스(Thomas) 선교사가 1866년 9월 제너럴셔먼호 사건 때에 대동강변에서 순교하면서 뿌렸던 복음의 성경이 바로 한문성경이기도 합니다. 토마스 선교사가 순교하면서 가지고 있던 한문성경을 당시 12세였던 최치량(崔致良)에게 건네 주었는데, 최치량은 두려운 마음이 들어 영문주사(營門主事)였던 박영식(朴永植)에게 이 한문성경을 넘겼고, 박영식은 한문성경의 책을 찢어 벽에 발랐다고 합니다. 벽에 적힌 한문성경을 읽다가 그는 신앙을 갖게 되고 기독교인이 되었고, 한문 성경 낱장으로 벽지를 발랐던 그의 집은 바로 훗날 1907년 평양 대부흥의 중심이 되는 장대현 교회가 됩니다. 이처럼 한문성경은 우리나라 한글성경의 탄생과 발전에 초석이 되었으며, 이 한문성경은 우리 민족을 향한 하나님의 사랑과 섭리가 스며 녹아있는 매우 중요한 한자로 기록되어 있는 성경책입니다. 결국 하나님은 우리민족에게 최초로 한자라는 문자와 언어를 통해 그의 사랑과 메시지를 주셨던 것입니다.

현재 우리나라에는 대한성서공회와 총신대학교에 한문성경 문리본 원본이 소장되어 있습니다. 본 저서가 표준으로 삼고있는 경북대학교 고서실 한문성경 『신약전서』는 영인본으로 성서공회발행이고, 1852년에 나온 한문성경 대표본(代表本)인 심문리체(High Wenli)이며, 흔히 문리역 한문성경이라고 합니다. 경북대학교 고서실에 소장되어 있는 한문성경은 총신대학교와 대한성서공회에 소장되어 있는 한문성경 문리본과 발행연도와 조판만 조금 차이가 나며, 내용면에 있어서는 漢字가 한 글자도 다르지 않는 동일한 문리역 한문성경입니다. 역사상 가장 많이 번역되어 인류에 읽히는 책이 Bible이며, 성경이 번역된 언어의 수가 무려 2,500여 개 이상입니다. 2,500여 개 언어 이상으로 번역된 Bible 중에서 한자로 번역된 한문성경이 존재한다는 점은 매우 놀라운 사실이 아닐 수 없습니다. 한문성경 대표본은 지금 중국에서 사용하는 간체자가 아닌 지난 5,000년 이상 동아시아를 대표하던 정통 漢字 원형 그대로 표기하고 있어 언어학적으로도 매우 중요한 가치를 지니고 있다고 할 수 있습니다. 다만 어려운 한자로 표기되어 있고, 한문문장의 표현 또한 그 시대의 한문체를 사용하고 있어서 일반인은 물론이거니와 한문이나 언어학을 전공하는 학자들도 접하기에 난해한 부분이 많습니다. 그래서 아마 오랜 시간 고서실에서 고이 덮여 세상에 나오지 못하고 있는 것 같습니다. 한문으로만 기록되어 있어서 읽을 수도 없고, 뜻도 알 수 없는 한문성경 중에서 마가복음편만 발췌하여 한글을 아는 사람이면 누구나 읽고 그 뜻을 음미할 수 있도록 재편집하였습니다. 더불어 중학생 교육용 필수한자(900자), 고등학생 교육용 필수한자(900자)를 별도로 표시함으로써 한자학습에 유익한 도움이 될 수 있도록 엮었습니다.

이스라엘 역사에서 요시아 왕이 율법서를 발견하여 백성에게 소개하였던 것처럼 고서실에 잘 보존되고 있는 한문성경을 21세기에 세상에 내놓게 되었습니다. 지난 100여 년이 아니라 앞으로 어쩌면 영원히 고문헌실에서 고이 덮혀서 잠자고 있을 뻔한 인류의 가장 소중한 자료를 세상에 소개할 수 있어서 참으로 기쁩니다. 여러 언어로 번역된 인류의 寶庫인 Bible 중에서 漢字로 기록된 한문성경이 존재하고 있다는 사실을 지금 뿐만 아니라 오고 오는 세대에 꼭 전하고 싶었습니다. 한문교육을 전공하고 대학원에서 한자어교육 교수ㆍ학습방법론 및 한국의 한문학을 공부하면서 개인적으로 20여 년간 늘 곁에 두고 읽고 묵상하던 한문성경을 이번에 『한문성경을 통한 한자 터치 마가복음편』으로 만들게 되어 가슴 벅찬 마음 표현할 길이 없습니다. 처음으로 모리슨이 기도하며 번역한 한문성경, 1854년 한문성경 대표본이 나온지 170년이 지난 지금, 그리고 이수정이 한문성경을 원본으로 하여 1884년 최초의 한글 마가복음을 만들고 편집한지 140년이 지난 지금, 다시 이 땅에 태초의 한문성경 원본을 누구나 보고 읽고 쓸 수 있도록 만들게 인도해주신 하나님께 감사와 영광을 돌립니다. 고용한 시간(Quiet Time)에 한자를 통해 한문성경 속에 담겨진 보배로운 뜻들을 음미하면서 한자도 함께 이해하는 한자학습의 새로운 기본서와 신앙의 반석이자 주춧돌이 되어주었으면 좋겠습니다.

2024年 5月 29日 동틀 무렵
素恩 金德年

救主降世 一千九百零六年

新約全書

光緒三十二年歲次丙午 聖書公會印發

第六百六十八次腦印

793044

경북대학교 고서실 소장 『신약전서』

한문성경 문리본 비교

	총신대학교 문소박물관	경북대학교 고서실	대한성서공회 성서학도서관
제목	新約聖書 (신약성서)	新約全書 (신약전서)	文理 新舊約全書 (문리신구약전서)
번역	1852년 번역된 한문성경 代表本으로 深文理體	1852년 번역된 한문성경 代表本으로 深文理體	1854년 번역된 한문성경 代表本으로 深文理體
발행	聖書公會印發, 1902	聖書公會印發, 1906	상해 : 聖書公會, 1933
목차	馬太福音傳 ~ 默示錄 총 27권	馬太福音 ~ 默示錄 총 27권	創世記 ~ 默示錄 총 66권
특징	耶穌降世 1902년 淸光緒(청광서) 28년 馬可福音傳 으로 표기 * 청나라 광서 28년은 1902년.	救主降世 1906년 光緒(광서) 32년 丙午(병오) 馬可福音 으로 표기 第六百六十八次印刷 * 光緒 : 중국 청나라의 제 11대 황제인 덕종(德宗) 광서제(光緒帝) 때의 연호로 1906년. * 병오년은 대한제국 광무 10년으로 1906년	표지서명 : 文理 新舊約全書 책등서명 : 新舊約全書 文理 British & Foreign Bible Society, Shanghai, 1933, (Ed. No. 2908) Wenli Bible, Delegates' Version.

《 추천의 글 》

초등 교육과정은 모든 교과목들의 어휘학습으로부터 출발합니다. 개념의 의미습득은 기초학력의 기본이자 근간입니다. 한자(漢字)를 기반으로 한 국어단어들의 이해는 매우 밀접한 관련성이 있음을 교육현장에서 체감하고 있습니다. 초등학교 교과서 단어 50% 이상이 한자어라 우리말과 우리글을 제대로 구사하는데 한자는 중요한 기능과 역할을 하게 됩니다. 『한문성경을 통한 한자 터치 마가복음편』은 국어단어와 한자와 신앙교육을 동시에 수행할 수 있는 매우 스마트한 도서입니다. 한자를 직접 쓰면서 한자도 익히고, 성경 말씀도 마음에 새길 수 있는 뜻깊은 시간들이 되었으면 좋겠습니다. - 충북 남당초등학교 교사 *강선정(姜善貞)*

한자를 알지 못하면 국어의 다양한 어휘를 이해하는 데 어려움을 겪는다는 것을 중학교 교실에서도 절실히 느낍니다. 한자 문화권에서 살아가는 한국인들이 다양한 방법으로 한자를 익힐 기회가 있으면 좋겠다고 생각했는데 성경을 통해서 한자를 익힐 수 있는 책을 만나게 되어 기쁩니다. 하나님께서 저자이신 김덕년 선생님께 소원을 주시고 오래 전부터 이 일을 계획하시고 행하셔서 드디어 결과를 보게 되었습니다. 온 마음을 다해 준비하신 소중한 책이 발간되는 것을 축하드리며 선생님의 노고에 박수를 보냅니다. 많은 분들이 성경과 한자를 함께 접하면서 지식과 지혜가 더하여 갈 것을 기대합니다. - 경북 포항제철중학교 국어교사 *조혜원(趙惠媛)*

요한(여호와는 은혜로우시다)의 로마식 이름인 마가의 이름 뜻은 의외로 '큰 망치'입니다. 그래서일까요? 최초의 복음서로 알려진 마가복음에서 예수 그리스도는 '하나님의 아들이자 종으로 오신 메시아'로서 죄와 사망의 권세를 부수고 당신의 백성을 구원한 큰 망치처럼 여겨집니다.

여기 또 하나의 큰 망치가 있으니, 1906년에 발행된 한문 성경의 마가복음을 김덕년 선생님이 각고의 노력 끝에 자세히 음을 달고, 말씀을 직접 써보며 마음에 새기도록 집필한 책입니다. 선생님의 이번 역작이 하나님의 말씀과 그분의 나라를 만인의 심령과 온 천하에 든든히 세우고, 나아가 날로 미약해지는 한문 교양과 상식의 필요성을 선명히 도드라지게 하는 '큰 망치질'이 되길 간절히 소망합니다. 선생님의 수고와 헌신에 박수를 보냅니다. - 경북 포항제철고등학교 영어교사 *배강환(裵強煥)*

『한문성경을 통한 한자 터치 마가복음편』은 경북대학교 도서관에 소장되어 있는 한문성경을 알기 쉽게 풀이하여 엮은 책입니다. 한문 원문 아래에 한글 번역을 제시하고 한자의 음과 뜻을 풀이하여 한자학습에 도움이 되도록 편찬한 책입니다.

엮은이는 독실한 신앙심을 바탕으로 한문교사와 학자로서의 사명감을 가지고 수년간 심혈을 기울여 알찬 성과를 이루어내었습니다. 그동안의 노고에 위로와 격려의 마음을 전합니다. 이 책은 聖人의 말씀을 항상 가슴에 새기고 신앙심을 키우는 데 도움이 될 것입니다. 아울러, 한자와 한문을 학습하는 데에도 실질적인 효과가 있을 것으로 기대됩니다.

이 책은 성인의 말씀을 한문으로 읽으며 그 뜻까지 파악할 수 있도록 엮은 것이므로 通讀하면一擧兩得의 효과를 얻을 수 있습니다. 고요한 시간에 一讀을 권합니다.

- 경북대학교 인문대학 한문학과 교수 **정병호**(鄭炳浩)

할렐루야~ 귀한 서적이 출판되었습니다. 1854년에 한문으로 번역되어 만들어진 한문 성경을 170여 년이 지난 지금 접할 수 있어서 참으로 감개무량합니다. 저자는 자신의 전공인 한문을 성경과 연결하고 신앙과 융합하여 독자들에게 다가가고 있습니다.

우리 민족의 긴 언어학적 관점에서 볼 때에 가장 먼저 1443년 우리나라의 『훈민정음』이 창제되어 서로 간에 말과 글이 통하게 되었고, 다음으로 1926년 松庵 박두성(朴斗星, 1888~1963) 선생이 만든 최초의 한글 점자인 『훈맹정음』은 시각장애인들의 눈과 마음을 밝혔으며, 마침내 이번에 출간된 『한문성경을 통한 한자 터치 마가복음편』은 5000년 이상 동아시아의 대표 표의문자인 漢文라는 언어를 통해 하나님의 뜻을 정확하고 깊이 음미할 수 있게 만들어 주었습니다.

신약성서의 4복음서(마태, 마가, 누가, 요한) 중에서 가장 먼저 쓰여진 최초의 복음서인 마가복음의 의미를 한자와 함께 익힐 수 있는 훌륭한 도서라고 여겨집니다.

- 대구대학교 영광교회 담임목사 **홍민혁**(洪敏赫)

『한문성경을 통한 한자 터치 마가복음편』은 책 제목이 인상적입니다. 저는 최근에 대구 기독교 근대문화 발굴과 청라언덕 순례길을 조성하고 있습니다. 이러한 때에 저자는 근대역사 한문성경을 발굴하여 초창기 한문성경 원문에 최신성경 개역개정본을 입혀 그 뜻과 발음을 정확하게 대조하였으니 기발한 창조성의 산물이라 할 것입니다. 저는 아직도 國漢文 簡易 한글판 성경을 즐겨 읽고 있습니다.

마가복음 한편이지만 한글 성경 번역인 소리글의 뜻을 알기 위해서는 한문성경이 필요함을 절실히 느끼게 합니다. 이 한 권만으로도 한문성경 전체가 한글성경 번역에 얼마나 큰 영향을 끼쳤는지 쉽게 알 수 있을 것입니다. 앞으로 신약성경 전체를 이렇게 漢字로 터치하면 위대한 저서가 될 것이며, 기독교 박물관에 전시할 작품이 될 것입니다. 이 책을 접하는 많은 독자의 성원으로 더 좋은 완결판을 고대하며 진심으로 축하해 마지 않습니다.

- 계명대학교 제 10대 의과대학장 , 대신대학교 5대~6대 총장 **전재규**(全在奎)

일러두기

1. 『한문성경을 통한 한자 터치 마가복음편』은 한글을 아는 사람이면 누구나 쉽게 한자의 음과 뜻을 익힐 수 있는 책입니다. 특별히 한자를 통해 성경의 깊은 뜻을 이해하고 의미를 음미하여 오랜 기간 동안 기억하는데 도움을 주는 책입니다.

2. 『한문성경을 통한 한자 터치 마가복음편』은 한문성경 원문에다가 개역개정 한글번역본을 실었습니다.

3. 이름이나 지명을 나타내는 고유명사는 밑줄을 그어 표시합니다.

4. 우리나라는 1.800자를 상용한자로 사용하고 있습니다. 이에 따라 교육부는 상용한자 1.800자 중에서 중학교 교육용 한자 900자, 고등학교 교육용 한자 900자를 교육과정에 편성했습니다. 따라서 중학생용 900자 한자, 고등학생용 900자 한자만 알면 학교공부와 이후 사회생활이나 직장생활을 하는데 큰 도움이 됩니다. 따라서 『한문성경을 통한 한자 터치 마가복음편』에 나오는 한자들을 중학생 교육용 한자, 고등학생 교육용 한자, 교육용 한자 이외의 한자로 크게 3부분으로 구분하여 표기하였습니다.

	중학교 교육용 한자 (900자)	고등학교 교육용 한자 (900자)	교육용 한자 1.800자 이외의 한자
표시	O	△	X
특징	중학생이 꼭 알아야 할 필수한자	고등학생이 꼭 알아야 할 필수한자	중등·고등 교육과정 이외의 한자

5. 한글 워드에 없는 한자는 한문성경 원문의 한자를 스캔해서 사진파일로 올렸습니다.

6. 각장의 첫 페이지에 한문성경 원문을 스캔하여 실어 두었습니다.

목 차

第一章

上帝子耶穌基督福音之始也、先知載曰、我遣我使在爾前備爾道、野有聲呼云、備主道、直其徑、約翰在野施洗、傳悔改之洗禮、俾得罪赦、舉猶太地、耶路撒冷人、出就之、各言己罪、悉在約但河、受洗於約翰、約翰衣駝毛、束皮帶、食則蝗蟲野蜜、其言曰、後我來者、更勝於我、卽屈而解其履帶、亦不堪焉、我以水施洗、而彼將以聖神施洗爾也、○時耶穌自加利利拿撒勒至約但、受洗於約翰、由水而上、見天開、有聖神如鴿、降臨其上、自天有聲云、爾乃我愛子、吾所喜悅者、○聖神速耶穌適野、在彼四旬、見試於撒但、與野獸處、天使服事之、○約翰幽囚後、耶穌至加利利、傳上帝國福音云、期已近矣、上帝國邇矣、宜悔改信福音、○耶穌遊加利利海濱、見西門與兄弟安得烈、施罟於海、蓋漁者也、耶穌曰、從我、我將使爾漁人、如漁魚焉、遂棄網從之、少進見西比太子雅各、與兄弟約翰、在舟補網、耶穌招之、遂別父西比太、及傭人於舟、而從耶穌○進迦百農、值息日、耶穌入會堂教誨、衆奇其訓、以其致人若操權者、然不同士子也、會堂有

第一章

1. 上帝子 耶穌基督 福音之始也

(하나님의 아들 예수 그리스도 복음의 시작이라)

모양	上	帝	子	耶	穌	基	督	福	音	之	始	也
음	상	제	자	야	소	기	독	복	음	지	시	야
뜻	위	임금	아들	어조사 아버지	깨어날 살다	터 근본	감독할 살필	복	소리	갈(=go) ~의	처음 시작할	어조사 ~이다.
구분	0	0	0	△	△	0	△	0	0	0	0	0

한자 쓰기	上帝子 耶穌基督 福音之始也

2. 先知載曰 我遣我使 在爾前 備爾道

(선지자 글에 보라 내가 내 사자를 네 앞에 보내노니 그가 네 길을 준비하리라)

모양	先	知	載	曰	我	遣	我	使	在	爾	前	備
음	선	지	재	왈	아	견	아	사	재	이	전	비
뜻	먼저	알 알다	실을	가로 말하다	나	보낼	나	보낼 사신	있을	너	앞	준비 갖출
구분	0	0	△	0	0	△	0	0	0	x	0	0

모양	爾	道
음	이	도
뜻	너	길 말씀
구분	x	0

한자 쓰기	先知載曰 我遣我使 在爾前 備爾道

3. 野有聲呼云 備主道 直其徑

(광야에 외치는 자의 소리가 있어 이르되 너희는 주의 길을 준비하라 그의 오실 길을 곧게 하라 기록된 것과 같이)

모양	野	有	聲	呼	云	備	主	道	直	其	徑
음	야	유	성	호	운	비	주	도	직	기	경
뜻	들 들판	있을	소리	부를 부르짖을	말할	준비 갖출	주인	길 말하다	곧을	그 그것	길 지름길
구분	0	0	0	0	0	0	0	0	0	0	Δ

한자 쓰기	野有聲呼云 備主道 直其徑

4. 約翰在野施洗 傳悔改之洗禮 俾得罪赦

(세례 요한이 광야에 이르러 죄 사함을 받게 하는 회개의 세례를 전파하니)

모양	約	翰	在	野	施	洗	傳	悔	改	之	洗	禮
음	약	한	재	야	시	세	전	회	개	지	세	예(례)
뜻	묶을 약속할	편지 글	있을	들 들판	베풀	씻을 세례	전할	뉘우칠 회개할	고칠	갈 ~의	씻을 세례	예절
구분	0	x	0	0	0	0	0	Δ	0	0	0	0

모양	俾	得	罪	赦
음	비	득	죄	사
뜻	더할 시킬	얻을	죄 허물	용서할 사면할
구분	x	0	0	x

한자 쓰기	約翰在野施洗 傳悔改之洗禮 俾得罪赦

5. 擧猶太地 耶路撒冷人 出就之 各言己罪 悉在約但河 受洗於約翰

(온 <u>유대</u> 지방과 <u>예루살렘</u> 사람이 다 나아가 자기 죄를 자복하고 <u>요단</u> 강에서 그에게 세례를 받더라)

모양	擧	猶	太	地	耶	路	撒	冷	人	出	就	之
음	거	유	태	지	야	로	살	냉(랭)	인	출	취	지
뜻	들 모든	오히려 같을	클 처음	땅	어조사 아버지	길	뿌릴	찰	사람	나갈	나아갈	갈 어조사
구분	0	0	0	0	△	0	x	0	0	0	0	0

모양	各	言	己	罪	悉	在	約	但	河	受	洗	於
음	각	언	기	죄	실	재	약	단	하	수	세	어
뜻	각각 각자	말씀 말하다	몸 자기	죄 허물	다 모두	있을	묶을 약속할	다만 단지	강 물	받을	씻을	어조사 ~에게
구분	0	0	0	0	x	0	0	0	0	0	0	0

모양	約	翰
음	약	한
뜻	묶을 약속할	편지 글
구분	0	x

한자 쓰기	擧<u>猶太地</u> 耶路撒冷人 出就之 各言己罪 悉在<u>約但河</u> 受洗於<u>約翰</u>

16

6. 約翰衣駝毛 束皮帶 食則蝗蟲野蜜

(요한은 낙타털 옷을 입고 허리에 가죽 띠를 띠고 메뚜기와 석청을 먹더라)

모양	約	翰	衣	駝	毛	束	皮	帶	食	則	蝗	蟲
음	약	한	의	타	모	속	피	디	식	즉	황	충
뜻	묶을 약속할	편지 글	옷 입다	낙타	털	묶을 약속할	가죽	띠	먹을	곧 즉 법칙 칙	메뚜기	벌레
구분	0	x	0	x	0	Δ	0	Δ	0	0	x	0

모양	野	蜜
음	야	밀
뜻	들 들판	꿀
구분	0	Δ

한자 쓰기	約翰衣駝毛 束皮帶 食則蝗蟲野蜜

7. 其言曰 後我來者 更勝於我 卽屈而解其履帶 亦不堪焉

(그가 전파하여 이르되 나보다 능력 많으신 이가 내 뒤에 오시나니 나는 굽혀 그의 신발끈을 풀기도 감당하지 못하겠노라)

모양	其	言	曰	後	我	來	者	更	勝	於	我	卽
음	기	언	왈	후	아	래	자	갱	승	어	아	즉
뜻	그 그것	말씀 말하다	가로 말하다	뒤	나	올	사람 것	더욱	이길	어조사 ~보다	나	곧 나아갈
구분	0	0	0	0	0	0	0	0	0	0	0	0

모양	屈	而	解	其	履	帶	亦	不	堪	焉
음	굴	이	해	기	이(리)	대	역	불	감	언
뜻	굽힐 굴복할	말이을	풀 이해할	그 그것	신 밟을	띠	또	아닐 불 아니 부	견딜	어조사 어찌
구분	0	0	0	0	Δ	Δ	0	0	x	0

한자 쓰기	其言曰 後我來者 更勝於我 卽屈而解其履帶 亦不堪焉

8. 我以水施洗 而彼將以聖神施洗爾也

(나는 너희에게 물로 세례를 베풀었거니와 그는 너희에게 성령으로 세례를 베푸시리라)

모양	我	以	水	施	洗	而	彼	將	以	聖	神	施
음	아	이	수	시	세	이	피	장	이	성	신	시
뜻	나	써 ~로써	물	베풀	씻을 세례	말이을	저	장차 장수	써 ~로써	거룩할 성스러울	신 정신	베풀
구분	0	0	0	0	0	0	0	0	0	0	0	0

모양	洗	爾	也
음	세	이	야
뜻	씻을 세례	너	어조사 ~이다
구분	0	x	0

한자 쓰기	我以水施洗 而彼將以聖神施洗爾也

9. 時耶穌自迦利利 拿撒勒至約但 受洗於約翰

(그 때에 예수께서 갈릴리 나사렛으로부터 와서 요단 강에서 요한에게 세례를 받으시고)

모양	時	耶	穌	自	迦	利	利	拿	撒	勒	至	約
음	시	야	소	자	가	이(리)	이(리)	나	살	늑(륵)	지	약
뜻	때 시간	어조사 아버지	깨어날 살다	스스로 ~부터	막을	이로울 이익	이로울 이익	잡을	뿌릴	굴레	이를 도달할	묶을 약속할
구분	0	△	△	0	x	0	0	x	x	x	0	0

모양	但	受	洗	於	約	翰
음	단	수	세	어	약	한
뜻	다만 단지	받을	씻을	어조사 ~에게	묶을 약속할	편지 글
구분	0	0	0	0	0	x

한자 쓰기	時耶穌自迦利利拿撒勒至約但 受洗於約翰

10. 由水而上 見天開 有聖神如鴿 降臨其上
(곧 물에서 올라오실새 하늘이 갈라짐과 성령이 비둘기 같이 자기에게 내려오심을 보시더니)

모양	由	水	而	上	見	天	開	有	聖	神	如	鴿
음	유	수	이	상	견	천	개	유	성	신	여	합
뜻	말이암을 ~부터	물	말이을	위	볼	하늘	열 열다	있을	거룩할 성스러울	신 정신	같을	집비둘기
구분	0	0	0	0	0	0	0	0	0	0	0	x

모양	降	臨	其	上
음	강	임(림)	기	상
뜻	내릴	내릴 임할	그 그것	위
구분	0	Δ	0	0

한자 쓰기	由水而上 見天開 有聖神如鴿 降臨其上

11. 自天有聲云 爾乃我愛子 吾所喜悅者
(하늘로부터 소리가 나기를 너는 내 사랑하는 아들이라 내가 너를 기뻐하노라 하시니라)

모양	自	天	有	聲	云	爾	乃	我	愛	子	吾	所
음	자	천	유	성	운	이	내	아	애	자	오	소
뜻	스스로 ~부터	하늘	있을	소리	말할	너	이에 곧	나	사랑할	아들	나	바 것
구분	0	0	0	0	0	x	0	0	0	0	0	0

모양	喜	悅	者
음	희	열	자
뜻	기쁠	기쁠	사람 것
구분	0	0	0

한자 쓰기	自天有聲云 爾乃我愛子 吾所喜悅者

12. 聖神速耶穌適野

(성령이 곧 예수를 광야로 몰아내신지라)

모양	聖	神	速	耶	穌	適	野
음	성	신	속	야	소	적	야
뜻	거룩할 성스러울	신 정신	빠를	어조사 아버지	깨어날 살다	갈(=go) 마침	들 들판
구분	0	0	0	△	△	0	0

한자 쓰기	聖神速耶穌適野

13. 在彼四旬 見試於撒但 與野獸處 天使服事之

(광야에서 사십 일을 계시면서 사탄에게 시험을 받으시며 들짐승과 함께 계시니 천사들이 수종들더라)

모양	在	彼	四	旬	見	試	於	撒	但	與	野	獸
음	재	피	사	순	견	시	어	살	단	여	야	수
뜻	있을	저 그	넉 4	열 10	볼 당하다	시험할 시험	어조사 ~에게	뿌릴	다만 단지	더불 ~과	들 들판	짐승
구분	0	0	0	△	0	0	0	x	0	0	0	△

모양	處	天	使	服	事	之
음	처	천	사	복	사	지
뜻	거주할 곳	하늘	사신 부릴	복종할 옷	일 섬길	갈 어조사
구분	0	0	0	0	0	0

한자 쓰기	在彼四旬 見試於撒但 與野獸處 天使服事之

14. 約翰幽囚後 耶穌至加利利 傳上帝國福音 云

(요한이 잡힌 후 예수께서 갈릴리에 오셔서 하나님의 복음을 전파하여)

모양	約	翰	幽	囚	後	耶	穌	至	加	利	利	傳
음	약	한	유	수	후	야	소	지	가	이(리)	이(리)	전
뜻	묶을 약속할	편지 글	그윽할 갇힐	가둘	뒤	어조사 아버지	깨어날 살다	이를 도달할	더할	이로울 이익	이로울 이익	전할
구분	0	x	△	△	0	△	△	0	0	0	0	0

모양	上	帝	國	福	音	云
음	상	제	국	복	음	운
뜻	위	임금	나라	복	소리	말할
구분	0	0	0	0	0	0

한자 쓰기	約翰幽囚後 耶穌至加利利 傳上帝國福音 云

15. 期已近矣 上帝國邇矣 宜悔改信福音

(이르시되 때가 찼고 하나님의 나라가 가까이 왔으니 회개하고 복음을 믿으라 하시더라)

모양	期	已	近	矣	上	帝	國	邇	矣	宜	悔	改
음	기	이	근	의	상	제	국	이	의	의	회	개
뜻	기간 기약할	이미 벌써	가까울	어조사 ~이다	위	임금	나라	가까울	어조사 ~이다	마땅할	뉘우칠 회개할	고칠
구분	0	0	0	0	0	0	0	x	0	△	△	0

모양	信	福	音
음	신	복	음
뜻	믿을	복	소리
구분	0	0	0

한자 쓰기	期已近矣 上帝國邇矣 宜悔改信福音

16. 耶穌遊加利利海濱 見西門與兄弟安得烈 施罟於海 蓋漁者也

(갈릴리 해변으로 지나가시다가 시몬과 그 형제 안드레가 바다에 그물 던지는 것을 보시니 그들은 어부라)

모양	耶	穌	遊	加	利	利	海	濱	見	西	門	與
음	야	소	유	가	이(리)	이(리)	해	빈	견	서	문	여
뜻	어조사 아버지	깨어날 살다	거닐 유세할	더할	이로울 이익	이로울 이익	바다	물가	볼	서쪽	문	더불 ~과
구분	△	△	0	0	0	0	0	x	0	0	0	0

모양	兄	弟	安	得	烈	施	罟	於	海	蓋	漁	者
음	형	제	안	득	열(렬)	시	고	어	해	개	어	자
뜻	형 맏	동생	편안할	얻을	매울 사나울	베풀	그물	어조사 ~에서	바다	대개 덮을	고기잡을	사람 것
구분	0	0	0	0	0	0	x	0	0	△	0	0

모양	也
음	야
뜻	어조사 ~이다
구분	0

한자 쓰기	耶穌遊加利利海濱 見西門與兄弟安得烈 施罟於海 蓋漁者也

17. 耶穌曰 從我 我將使爾爲漁人 如漁魚焉

(예수께서 이르시되 나를 따라오라 내가 너희로 사람을 낚는 어부가 되게 하리라 하시니)

모양	耶	穌	曰	從	我	我	將	使	爾	爲	漁	人
음	야	소	왈	종	아	아	장	사	이	위	어	인
뜻	어조사 아버지	깨어날 살다	가로 말하다	따를 순종할	나	나	장차 장수	보낼 부릴	너	될 할	고기잡을	사람
구분	△	△	0	0	0	0	0	0	x	0	0	0

모양	如	漁	魚	焉
음	여	어	어	언
뜻	같을	고기 잡을	물고기	어조사
구분	△	0	0	△

한자 쓰기	耶穌曰 從我 我將使爾爲漁人 如漁魚焉

18. 遂棄網從之

(곧 그물을 버려 두고 따르니라)

모양	遂	棄	網	從	之
음	수	기	망	종	지
뜻	드디어 따를	버릴	그물	따를 순종할	갈 어조사
구분	△	△	x	0	0

한자 쓰기	遂棄網從之

19. 少進 見西比太子雅各 與兄第約翰 在舟補網

(조금 더 가시다가 세베대의 아들 야고보와 그 형제 요한을 보시니 그들도 배에 있어 그물을 깁는데)

모양	少	進	見	西	比	太	子	雅	各	與	兄	弟
음	소	진	견	서	비	태	자	아	각	여	형	제
뜻	적을 조금	나아갈 전진할	볼	서쪽	비교할 견줄	클	아들	우아할	각각 각자	더불 ~과	형 맏	동생
구분	0	0	0	0	0	0	0	Δ	0	0	0	0

모양	約	翰	在	舟	補	網
음	약	한	재	주	보	망
뜻	묶을 약속할	편지 글	있을	배	기울 보충할	그물
구분	0	x	0	Δ	Δ	x

한자 쓰기	少進 見西比太子雅各 與兄第約翰 在舟補網

20. 耶穌招之 遂別父西比太及傭人於舟 而從耶穌

(곧 부르시니 그 아버지 세베대를 품꾼들과 함께 배에 버려 두고 예수를 따라가니라)

모양	耶	穌	招	之	遂	別	父	西	比	太	及	傭
음	야	소	초	지	수	별	부	서	비	태	급	용
뜻	어조사 아버지	깨어날 살다	부를 초대할	갈 어조사	드디어 따를	이별할 다를	아버지	서쪽	비교할 견줄	클	이를 및	고용할
구분	Δ	Δ	0	0	Δ	0	0	0	0	0	0	x

모양	人	於	舟	而	從	耶	穌
음	인	어	주	이	종	야	소
뜻	사람	어조사 ~에서	배	말이을	따를 순종할	어조사 아버지	깨어날 살다
구분	0	0	Δ	0	Δ	Δ	Δ

한자 쓰기	耶穌招之 遂別父西比太及傭人於舟 而從耶穌

21. 進迦百農 適安息日 耶穌入會堂敎誨

(그들이 <u>가버나움</u>에 들어가니라 <u>예수</u>께서 곧 안식일에 회당에 들어가 가르치시매)

모양	進	迦	百	農	適	安	息	日	耶	穌	入	會
음	진	가	백	농	적	안	식	일	야	소	입	회
뜻	나아갈 전진할	막을	일백 100	농사	맞을 마침	편안할	쉴 휴식	날 해	어조사 아버지	깨어날 살다	들 들어갈	모일
구분	0	x	0	0	0	0	Δ	0	Δ	Δ	0	0

모양	堂	敎	誨
음	당	교	회
뜻	집	가르칠	가르칠
구분	0	0	x

한자 쓰기	進迦百農 適安息日 耶穌入會堂敎誨

22. 衆奇其訓 以其敎人若操權者然 不同士子也

(뭇 사람이 그의 교훈에 놀라니 이는 그가 가르치시는 것이 권위 있는 자와 같고 <u>서기관</u>들과 같지 아니함일러라)

모양	衆	奇	其	訓	以	敎	人	若	操	權	者	然
음	중	기	기	훈	이	교	인	약	조	권	자	연
뜻	무리	기이할 기적	그	가르칠	써 ~로써	가르칠	사람	같을	잡을	권세 권한	사람 것	그러할 자연
구분	0	Δ	0	0	0	0	0	0	Δ	0	0	0

모양	不	同	士	子	也
음	부	동	사	자	야
뜻	아니 부 아닐 불	같을	선비	아들	어조사 ~이다.
구분	0	0	0	0	0

한자 쓰기	衆奇其訓 以其敎人若操權者然 不同士子也

23. 會堂有患邪神者 呼曰

(마침 그들의 회당에 더러운 귀신 들린 사람이 있어 소리 질러 이르되)

모양	會	堂	有	患	邪	神	者	呼	曰
음	회	당	유	환	사	신	자	호	왈
뜻	모일	집	있을	병 앓다	간사할	신 귀신	사람 것	부를	가로 말하다
구분	0	0	0	0	△	0	0	0	0

한자 쓰기	會堂有患邪神者 呼曰

24. 唉 拿撒勒人耶穌 我與爾何與 爾來滅我乎 我知爾爲誰 乃上帝之聖者

(나사렛 예수여 우리가 당신과 무슨 상관이 있나이까 우리를 멸하러 왔나이까 나는 당신이 누구인 줄 아노니 하나님의 거룩한 자니이다)

모양	唉	拿	撒	勒	人	耶	穌	我	與	爾	何	與
음	희	나	살	늑(륵)	인	야	소	아	여	이	하	여
뜻	한탄할	잡을	뿌릴	굴레	사람	어조사 아버지	깨어날 살다	나	더불 ~과	너	어찌 무슨	어조사
구분	x	x	x	x	0	△	△	0	0	x	0	0

모양	爾	來	滅	我	乎	我	知	爾	爲	誰	乃	上
음	이	래	멸	아	호	아	지	이	위	수	내	상
뜻	너	올	멸할 멸망할	나	어조사 ~느냐?	나	알 알다	너	될 할	누구 무엇	이에 곧	위
구분	x	0	△	0	0	0	0	x	0	0	0	0

모양	帝	之	聖	者
음	제	지	성	자
뜻	임금	갈 어조사	거룩할 성스러울	사람 것
구분	0	0	0	0

한자 쓰기	唉 拿撒勒人耶穌 我與爾何與 爾來滅我乎 我知爾爲誰 乃上帝之聖者

25. 耶穌斥之曰 緘口 出

(예수께서 꾸짖어 이르시되 잠잠하고 그 사람에게서 나오라 하시니)

모양	耶	穌	斥	之	曰	緘	口	出
음	야	소	척	지	왈	함	구	출
뜻	어조사 아버지	깨어날 살다	물리칠 내쫓을	갈(=go) 어조사	가로 말하다	함구할 봉할	입	나갈
구분	△	△	△	0	0	x	0	0

한자 쓰기	耶穌斥之曰 緘口 出

26. 邪神拘攣其人 大聲呼而出

(더러운 귀신이 그 사람에게 경련을 일으키고 큰 소리를 지르며 나오는지라)

모양	邪	神	拘	攣	其	人	大	聲	呼	而	出
음	사	신	구	연(련)	기	인	대	성	호	이	출
뜻	간사할	신 귀신	잡을 구속할	걸릴 경련일으킬	그 그것	사람	큰	소리	부를	말이을	나갈
구분	△	0	△	x	0	0	0	0	0	0	0

한자 쓰기	邪神拘攣人 大聲呼而出

27. 衆異之 相問曰 是何也 何其敎之非常耶 蓋彼以權命邪神 而神順之

(다 놀라 서로 물어 이르되 이는 어찜이냐 권위 있는 새 교훈이로다 더러운 귀신들에게 명한즉 순종하는도다 하더라)

모양	衆	異	之	相	問	曰	是	何	也	何	其	敎
음	중	이	지	상	문	왈	시	하	야	하	기	교
뜻	무리	다를 기이할	갈(=go) 어조사	서로	물을	가로 말하다	옳을 이	어찌 무슨	어조사 ~이다.	어찌 무슨	그 그것	가르칠
구분	0	0	0	0	0	0	0	0	0	0	0	0

모양	之	非	常	耶	蓋	彼	以	權	命	邪	神	而
음	지	비	상	야	개	피	이	권	명	사	신	이
뜻	갈(=go) 어조사	아닐	항상 비범할	어조사 아버지	대개 덮을	저 그	써 ~로써	권세 권한	명령 목숨	간사할	신 귀신	말이을
구분	0	0	0	△	△	0	0	0	0	△	0	0

모양	神	順	之
음	신	순	지
뜻	신 귀신	순종할	갈(=go) 어조사
구분	0	0	0

한자 쓰기	衆異之 相問曰 是何也 何其敎之非常耶 蓋彼以權命邪神 而神順之

28. 於是聲名洋溢加利利四方

(예수의 소문이 곧 온 갈릴리 사방에 퍼지더라)

모양	於	是	聲	名	洋	溢	加	利	利	四	方
음	어	시	성	명	양	일	가	이(리)	이(리)	사	방
뜻	어조사 ~에	옳을 이	소리	이름	성대할 큰바다	넘칠 드러날	더할	이로울 이익	이로울 이익	넉 4	모 사방
구분	0	0	0	0	0	x	0	0	0	0	0

한자 쓰기	於是聲名洋溢加利利四方

29. 甫出會堂 與雅各 約翰 進西門 安得烈家

(회당에서 나와 곧 야고보와 요한과 함께 시몬과 안드레의 집에 들어가시니)

모양	甫	出	會	堂	與	雅	各	約	翰	進	西	門
음	보	출	회	당	여	아	각	약	한	진	서	문
뜻	막 비로소	나갈	모일	집	더불 ~과	우아할	각각 각자	묶을 약속할	편지 글	나아갈 전진할	서쪽	문
구분	x	0	0	0	0	△	0	0	x	0	0	0

모양	安	得	烈	家
음	안	득	열(렬)	가
뜻	편안할	얻을	매울 사나울	집
구분	0	0	0	0

한자 쓰기	甫出會堂 與雅各 約翰 進西門 安得烈家

30. 西門妻之母 病瘧偃臥 或以告耶穌

(시몬의 장모가 열병으로 누워 있는지라 사람들이 곧 그 여자에 대하여 예수께 여짜온대)

모양	西	門	妻	之	母	病	瘧	偃	臥	或	以	告
음	서	문	처	지	모	병	학	언	와	혹	이	고
뜻	서쪽	문	아내	갈 어조사	어미	병 질병	학질	쓰러질 누울	누울	혹 혹은	써 ~로써	고할 알릴
구분	0	0	0	0	0	0	x	x	0	0	0	0

모양	耶	穌
음	야	소
뜻	어조사 아버지	깨어날 살다
구분	△	△

한자 쓰기	西門妻之母 病瘧偃臥 或以告耶穌

29

31. 耶穌前 執其手 起之 瘧卽退 婦供事焉

(나아가사 그 손을 잡아 일으키시니 열병이 떠나고 여자가 그들에게 수종드니라)

모양	耶	穌	前	執	其	手	起	之	瘧	卽	退	婦
음	야	소	전	집	기	수	기	지	학	즉	퇴	부
뜻	어조사 아버지	깨어날 살다	앞 나아가다	잡을 집행할	그 그것	손	일어날	갈 어조사	학질	곧 나아갈	물러날 후퇴할	아내 며느리
구분	△	△	0	0	0	0	0	0	x	0	0	0

모양	供	事	焉
음	공	사	언
뜻	이바지할 공급할	일 섬길	어조사 어찌
구분	△	0	△

한자 쓰기	耶穌前 執其手 起之 瘧卽退 婦供事焉

32. 日暮 有攜負病患鬼者 就耶穌

(저물어 해 질 때에 모든 병자와 귀신 들린 자를 예수께 데려오니)

모양	日	暮	有	攜	負	病	患	鬼	者	就	耶	穌
음	일	모	유	휴	부	병	환	귀	자	취	야	소
뜻	날 해	저물 해질	있을	이끌 휴대할	병 질병	병 질병	근심 앓다	귀신	사람 것	나아갈 성취	어조사 아버지	깨어날 살다
구분	0	0	0	x	△	0	0	△	0	0	△	△

한자 쓰기	日暮 有攜負病患鬼者 就耶穌

33. 擧邑集於門 (온 동네가 그 문 앞에 모였더라)

모양	擧	邑	集	於	門
음	거	읍	집	어	문
뜻	들 모든	고을	모을 모일	어조사 ~에	문
구분	0	0	0	0	0

한자 쓰기	擧邑集於門

34. 耶穌醫諸病 逐諸鬼 以鬼識己 故不許之言

(예수께서 각종 병이 든 많은 사람을 고치시며 많은 귀신을 내쫓으시되 귀신이 자기를 알므로 그 말하는 것을 허락하지 아니하시니라)

모양	耶	穌	醫	諸	病	逐	諸	鬼	以	鬼	識	己
음	야	소	의	제	병	축	제	귀	이	귀	식	기
뜻	어조사 아버지	깨어날 살다	치료할 의사	모든 모두	병 질병	쫓을	모든 모두	귀신	써 ~로써	귀신	알 알다	몸 자기
구분	△	△	0	0	0	△	0	△	0	△	0	0

모양	故	不	許	之	言
음	고	불	허	지	언
뜻	까닭 그러므로	아닐	허락할	갈 어조사	말씀 말하다
구분	0	0	0	0	0

한자 쓰기	耶穌醫諸病 逐諸鬼 以鬼識己 故不許之言

35. 昧爽 耶穌夙興 適野祈禱

(새벽 아직도 밝기 전에 예수께서 일어나 나가 한적한 곳으로 가사 거기서 기도하시더니)

모양	昧	爽	耶	穌	夙	興	適	野	祈	禱
음	매	상	야	소	숙	흥	적	야	기	도
뜻	어두울 새벽	밝을 시원할	어조사 아버지	깨어날 살다	일찍	일어날 일으킬	갈(=go) 마침	들 들판	빌 고하다	빌 기도
구분	x	x	△	△	x	0	0	0	△	x

한자 쓰기	昧爽 耶穌夙興 適野祈禱

36. 西門與同人 跡之

(시몬과 및 그와 함께 있는 자들이 예수의 뒤를 따라가)

모양	西	門	與	同	人	跡	之
음	서	문	여	동	인	적	지
뜻	서쪽	문	더불 ~과	같을 함께	사람	발자취 뒤따르다	갈 어조사
구분	0	0	0	0	0	Δ	0

한자 쓰기	西門與同人 跡之

37. 旣遇 曰 衆尋爾

(만나서 이르되 모든 사람이 주를 찾나이다)

모양	旣	遇	曰	衆	尋	爾
음	기	우	왈	중	심	이
뜻	이미	만날	가로 말하다	무리	찾을	너
구분	0	0	0	0	0	x

한자 쓰기	旣遇 曰 衆尋爾

38. 耶穌曰 偕我往附近鄕邑傳道 我來蓋爲是也

(이르시되 우리가 다른 가까운 마을들로 가자 거기서도 전도하리니 내가 이를 위하여 왔노라 하시고)

모양	耶	穌	曰	偕	我	往	附	近	鄕	邑	傳	道
음	야	소	왈	해	아	왕	부	근	향	읍	전	도
뜻	어조사 아버지	깨어날 살다	가로 말하다	함께 같이	나	갈	붙을 부근	가까울	시골 고향	고을	전할	길 말씀
구분	△	△	0	x	0	0	△	0	0	0	0	0

모양	我	來	蓋	爲	是	也
음	아	래	개	위	시	야
뜻	나	올	대개 덮을	될 할	옳을 이	어조사 ~이다.
구분	0	0	△	0	0	0

한자 쓰기	耶穌曰 偕我往附近鄕邑傳道 我來蓋爲是也

39. 於是 在加利利四方會堂 傳道逐鬼

(이에 온 갈릴리에 다니시며 그들의 여러 회당에서 전도하시고 또 귀신들을 내쫓으시더라)

모양	於	是	在	加	利	利	四	方	會	堂	傳	道
음	어	시	재	가	이(리)	이(리)	사	방	회	당	전	도
뜻	어조사 ~에	옳을 이	있을	더할	이로울 이익	이로울 이익	넉 4	모 사방	모일	집	전할	길 말씀
구분	0	0	0	0	0	0	0	0	0	0	0	0

모양	逐	鬼
음	축	귀
뜻	쫓을	귀신
구분	△	△

한자 쓰기	於是 在加利利四方會堂 傳道逐鬼

40. 有癩者就耶穌 曲跽求曰 爾肯 必能潔我

(한 나병환자가 예수께 와서 꿇어 엎드려 간구하여 이르되 원하시면 저를 깨끗하게 하실 수 있나이다)

모양	有	癩	者	就	耶	穌	曲	跽	求	曰	爾	肯
음	유	라	자	취	야	소	곡	기	구	왈	이	긍
뜻	있을	나병문둥병	사람것	나아갈	어조사아버지	깨어날살다	굽을굽힐	꿇어앉을	구할간구할	가로말하다	너	긍정할수긍할
구분	O	x	O	O	△	△	O	x	O	O	x	△

모양	必	能	潔	我
음	필	능	결	아
뜻	반드시필요할	능할능력	깨끗할성결할	나
구분	O	O	O	O

한자 쓰기	有癩者就耶穌 曲跽求曰 爾肯 必能潔我

41. 耶穌憫焉 手按之 曰 我肯 爾可潔

(예수께서 불쌍히 여기사 손을 내밀어 그에게 대시며 이르시되 내가 원하노니 깨끗함을 받으라 하시니)

모양	耶	穌	憫	焉	手	按	之	曰	我	肯	爾	可
음	야	소	민	언	수	안	지	왈	아	긍	이	가
뜻	어조사아버지	깨어날살다	민망할불쌍히여길	어조사어찌	손	살필안수할	갈어조사	가로말하다	나	긍정할수긍할	너	옳을가능할
구분	△	△	△	△	O	x	O	O	O	△	x	O

모양	潔
음	결
뜻	깨끗할성결할
구분	O

한자 쓰기	耶穌憫焉 手按之 曰 我肯 爾可潔

42. 言間 癩卽除 其人潔矣

(곧 나병이 그 사람에게서 떠나가고 깨끗하여진지라)

모양	言	間	癩	卽	除	其	人	潔	矣
음	언	간	라	즉	제	기	인	결	의
뜻	말씀 말하다	사이	나병 문둥병	곧 나아갈	제거할 삭제	그 그것	사람	깨끗할 성결할	어조사 ~이다
구분	0	0	x	0	0	0	0	0	0

한자 쓰기	言間 癩卽除 其人潔矣

43. 耶穌嚴戒 遣之曰

(곧 보내시며 엄히 경고하사)

모양	耶	穌	嚴	戒	遣	之	曰
음	야	소	엄	계	견	지	왈
뜻	어조사 아버지	깨어날 살다	엄할	경계할	보낼	갈 어조사	가로 말하다
구분	Δ	Δ	0	Δ	Δ	0	0

한자 쓰기	耶穌嚴戒 遣之曰

44. 愼勿告人 但往示祭司 依摩西命獻禮 以爾得潔爲衆證

(이르시되 삼가 아무에게 아무 말도 하지 말고 가서 네 몸을 제사장에게 보이고 네가 깨끗하게 되었으니 모세가 명한 것을 드려 그들에게 입증하라 하셨더라)

모양	愼	勿	告	人	但	往	示	祭	司	依	摩	西
음	신	물	고	인	단	왕	시	제	사	의	마	서
뜻	삼갈 조심할	말라 하지말	고할 알릴	사람	다만 단지	갈	보일	제사	맡을	의지할	문지를 마찰	서쪽
구분	△	0	0	0	0	0	0	0	△	0	x	0

모양	命	獻	禮	以	爾	得	潔	爲	衆	證
음	명	헌	예(례)	이	이	득	결	위	중	증
뜻	명령 목숨	드릴 헌신할	예절 예물	써 ~로써	너	얻을	깨끗할 성결할	될 할	무리	증거할
구분	0	△	0	0	x	0	0	0	0	0

한자 쓰기	愼勿告人 但往示祭司 依摩西命獻禮 以爾得潔爲衆證

45. 其人出 播揚其事 故耶穌不復得昭然入城 爰居於野 四方就之

(그러나 그 사람이 나가서 이 일을 많이 전파하여 널리 퍼지게 하니 그러므로 예수께서 다시는 드러 나게 동네에 들어가지 못하시고 오직 바깥 한적한 곳에 계셨으나 사방에서 사람들이 그에게로 나 아오더라)

모양	其	人	出	播	揚	其	事	故	耶	穌	不	復
음	기	인	출	파	양	기	사	고	야	소	불	부
뜻	그 그것	사람	나갈	뿌릴 전파할	날릴 드러낼	그 그것	일 섬길	까닭 그러므로	어조사 아버지	깨어날 살다	아닐 불 아니 부	다시
구분	0	0	0	△	0	0	0	0	△	△	0	0

모양	得	昭	然	入	城	爰	居	於	野	四	方	就
음	득	소	연	입	성	원	거	어	야	사	방	취
뜻	얻을	밝을 분명할	그러할 자연	들 들어갈	성	이에 곧	살 주거할	어조사 ~에서	들 들판	넉 4	모 사방	나아갈
구분	0	△	0	0	0	x	0	0	0	0	0	0

모양	之
음	지
뜻	갈 어조사
구분	0

한자 쓰기	其人出 播揚其事 故耶穌不復得 昭然入城 爰居於野 四方就之

驅逐邪鬼

醫彼得之岳母又醫多人

醫治一症病

醫治癩病

患邪神者呼曰唉拿撒勒人耶穌我與爾何與爾來敗我乎我知爾為誰乃上帝之聖者耶穌斥之曰緘口出邪神拘攣其人大聲呼而出衆異之相問曰是何也何其致之非常耶穌彼以權命邪神而神順之於是聲名洋溢加利利四方○甫出會堂與雅各約翰進西門安得烈家西門妻之母病瘧偃臥或以告耶穌耶穌前執其手起之瘧卽退婦供事焉○日暮有攜貧病患鬼者就耶穌舉邑集於門耶穌醫諸病逐諸鬼以鬼識己故不許之言○昧爽耶穌夙興適野祈禱西門與同人跡之既遇曰衆尋爾耶穌曰偕我往近鄉邑傳道我來蓋為是也於是在加利利四方會堂傳道逐鬼○有癩者就耶穌曲跽求曰爾肯必能潔我耶穌憫焉為手按之曰我肯爾可潔言間癩卽除其人潔矣耶穌嚴戒遣之曰愼勿告人但往示祭司依摩西命獻禮以爾得潔為衆證其人出播揚其事故耶穌不復得昭然入城衆居於野四方就之

第二章

越數日復進迦伯農耶穌在室衆聞咸集門無隙地耶穌傳道焉○有癱瘋者四人舁之來以人衆不得近乃於耶穌所在之上撤屋穴之以牀薦癱瘋者縋而

新約全書　馬可　第二章

下、耶穌見其信己、謂癱瘋者曰、小子、爾罪赦矣、士子數人在坐、竊議曰、斯人何僭妄若是、上帝而外、誰能赦罪乎、耶穌知其意曰、爾曹何爲竊議乎、言癱瘋罪赦、抑言起取牀而行孰易、但令爾知人子在地有權以赦罪耳、卽諭癱瘋者曰、我命爾起、取牀以歸、其人卽起於衆前取牀而出、衆奇之、歸榮上帝云、我儕從未見是也、○耶穌復出至海濱、衆就之、耶穌誨焉、由是而往、見亞勒腓子利未坐於稅關、耶穌曰、從我、遂起從之、○耶穌席坐利未家、諸稅吏及罪人偕耶穌與門徒坐、從之者衆、士子啞唎嘮人見耶穌與稅吏罪人共食、謂其門徒曰、胡爲與稅吏罪人飲食乎、耶穌聞之曰、康強者不需醫、負病者需之、我來非招義人、乃招罪人悔改耳、○約翰門徒與啞唎嘮人禁食、或就耶穌曰、約翰門徒啞唎嘮門徒禁食、爾門徒不禁食、何也、耶穌曰、新娶者在、賀娶者安用禁食乎、蓋新娶者尚在、無庸禁食矣、惟將來新娶者別之去、乃禁食耳、未有補舊衣而用新布者、恐所補之新布反壞舊衣、而綻尤甚、未有盛新酒而用舊革囊者、恐新酒裂囊、酒漏而囊亦敗、故新酒必盛新囊、○安息日、耶穌過田間、門徒行且摘穗、啞唎嘮人曰、彼於安息日、何爲所不當爲乎、耶穌曰、爾不知大闢及從人乏食饑

三

1. 越數日 復進迦伯農 耶穌在室

(수 일 후에 <u>예수</u>께서 다시 <u>가버나움</u>에 들어가시니 집에 계시다는 소문이 들린지라)

모양	越	數	日	復	進	迦	伯	農	耶	穌	在	室
음	월	수	일	부	진	가	백	농	야	소	재	실
뜻	지날 넘을	수 셈할	날 해	다시	나아갈 전진할	막을	우두머리	농사	어조사 아버지	깨어날 살다	있을	집
구분	△	0	0	0	0	x	△	0	△	△	0	0

한자 쓰기	越數日 復進迦伯農 耶穌在室

2. 衆聞咸集 門無隙地 耶穌傳道焉

(많은 사람이 모여서 문 앞까지도 들어설 자리가 없게 되었는데 예수께서 그들에게 도를 말씀하시더니)

모양	衆	聞	咸	集	門	無	隙	地	耶	穌	傳	道
음	중	문	함	집	문	무	극	지	야	소	전	도
뜻	무리	들을	다	모을 모일	문	없을	틈	땅	어조사 아버지	깨어날 살다	전할	길 말씀
구분	0	0	△	0	0	0	x	0	△	△	0	0

모양	焉
음	언
뜻	어조사 어찌
구분	△

한자 쓰기	衆聞咸集 門無隙地 耶穌傳道焉

3. 有癱瘋者 四人舁之來

(사람들이 한 중풍병자를 네 사람에게 메워 가지고 <u>예수</u>께로 올새)

모양	有	癱	瘋	者	四	人	舁	之	來
음	유	탄	풍	자	사	인	여	지	래
뜻	있을	중풍	나병 편두통	사람 것	넉 4	사람	메다	갈 어조사	올
구분	O	x	x	O	O	O	x	O	O

한자 쓰기	有癱瘋者 四人舁之來

4. 以人衆 不得近 乃於耶<u>穌</u>所在之上 撤屋穴之 以牀薦癱瘋者 縋而下

(무리들 때문에 <u>예수</u>께 데려갈 수 없으므로 그 계신 곳의 지붕을 뜯어 구멍을 내고 중풍병자가 누운 상을 달아 내리니)

모양	以	人	衆	不	得	近	乃	於	耶	穌	所	在
음	이	인	중	부	득	근	내	어	야	소	소	재
뜻	써 ~로써	사람	무리	아닐 부 아닐 불	얻을	가까울	이에 곧	어조사 ~에서	어조사 아버지	깨어날 살다	바 것	있을
구분	O	O	O	O	O	O	O	Δ	Δ	Δ	O	O

모양	之	上	撤	屋	穴	之	以	牀	薦	癱	瘋	者
음	지	상	철	옥	혈	지	이	상	천	탄	풍	자
뜻	갈 어조사	위	거둘 철거할	집 지붕	구멍	갈 어조사	써 ~로써	평상 상	천거할 자리	중풍	나병 편두통	사람 것
구분	O	O	x	O	Δ	O	O	x	x	x	x	O

모양	縋	而	下
음	추	이	하
뜻	메달 줄	말 이을	아래 내리다
구분	x	O	O

한자 쓰기	以人衆 不得近 乃於耶穌所在之上 撤屋穴之 以牀薦癱瘋者縋而下

5. 耶穌見其信己 謂癱瘋者曰 小子 爾罪赦矣

(예수께서 그들의 믿음을 보시고 중풍병자에게 이르시되 작은 자야 네 죄 사함을 받았느니라 하시니)

모양	耶	穌	見	其	信	己	謂	癱	瘋	者	曰	小
음	야	소	견	기	신	기	위	탄	풍	자	왈	소
뜻	어조사 아버지	깨어날 살다	볼	그 그것	믿을	몸 자기	이를 고할	중풍	나병 편두통	사람 것	가로되 말하다	작을
구분	△	△	0	0	0	0	△	x	x	0	0	0

모양	子	爾	罪	赦	矣
음	자	이	죄	사	의
뜻	아들 어조사	너	허물 죄	사할 용서할	어조사 ~이다
구분	0	x	0	x	0

한자 쓰기	耶穌見其信己 謂癱瘋者曰 小子 爾罪赦矣

6. 士子數人在坐 竊議曰

(어떤 서기관들이 거기 앉아서 마음에 생각하기를)

모양	士	子	數	人	在	坐	竊	議	曰
음	사	자	수	인	재	좌	절	의	왈
뜻	선비	아들 어조사	수 몇	사람	있을	앉을	훔칠 마음속으로	의논할	가로되 말하다
구분	0	0	0	0	0	0	△	0	0

한자 쓰기	士子數人在坐 竊議曰

7. 斯人何僭妄若是 上帝之外 誰能赦罪乎

(이 사람이 어찌 이렇게 말하는가 신성 모독이로다 오직 하나님 한 분 외에는 누가 능히 죄를 사하겠느냐)

모양	斯	人	何	僭	妄	若	是	上	帝	之	外	誰
음	사	인	하	참	망	약	시	상	제	지	외	수
뜻	이 이것	사람	어찌 무엇	주제넘을 참람할	망령될	같을	옳을 이	위	임금	갈 어조사	바깥 이외	누구 무엇
구분	△	0	0	x	△	0	0	0	0	0	0	0

모양	能	赦	罪	乎
음	능	사	죄	호
뜻	능할 능력	용서할 사면할	죄 허물	어조사 ~느냐?
구분	0	x	0	0

한자 쓰기	斯人何僭妄若是 上帝之外 誰能赦罪乎

8. 耶穌知其意 曰 爾曹何爲竊議乎

(그들이 속으로 이렇게 생각하는 줄을 예수께서 곧 중심에 아시고 이르시되 어찌하여 이것을 마음에 생각하느냐)

모양	耶	穌	知	其	意	曰	爾	曹	何	爲	竊	議
음	야	소	지	기	의	왈	이	조	하	위	절	의
뜻	어조사 아버지	깨어날 살다	알 알다	그 그것	뜻 생각	가로 말하다	너	무리 성씨	어찌 무엇	될 할	훔칠 마음속으로	의논할
구분	△	△	0	0	0	0	x	x	0	0	△	0

모양	乎
음	호
뜻	어조사 ~느냐?
구분	0

한자 쓰기	耶穌知其意 曰 爾曹何爲竊議乎

9. 言癱瘋罪赦 抑言起 取牀而行 孰易

(중풍병자에게 네 죄 사함을 받았느니라 하는 말과 일어나 네 상을 가지고 걸어가라 하는 말 중에서 어느 것이 쉽겠느냐)

모양	言	癱	瘋	罪	赦	抑	言	起	取	牀	而	行
음	언	탄	풍	죄	사	억	언	기	취	상	이	행
뜻	말씀 말할	중풍	나병 편두통	죄 허물	용서할 사면할	누를 또한	말씀 말할	일어날	취할	평상 상	말 이을	행할 다닐
구분	0	x	x	0	x	△	0	0	0	x	0	0

모양	孰	易
음	숙	이
뜻	누구 어느	쉬울
구분	0	0

한자 쓰기	言癱瘋罪赦 抑言起 取牀而行 孰易

10. 但令爾知 人子在地 有權以赦罪耳 卽語癱瘋者曰

(그러나 인자가 땅에서 죄를 사하는 권세가 있는 줄을 너희로 알게 하려 하노라 하시고 중풍병자에게 말씀하시되)

모양	但	令	爾	知	人	子	在	地	有	權	以	赦
음	단	령	이	지	인	자	재	지	유	권	이	사
뜻	다만 단지	하여금 명령할	너	알 알다	사람	아들	있을	땅	있을	권세 권한	써 ~로써	용서할 사면할
구분	0	0	x	0	0	0	0	0	0	0	0	x

모양	罪	耳	卽	語	癱	瘋	者	曰
음	죄	이	즉	어	탄	풍	자	왈
뜻	죄 허물	귀 뿐	곧 나아갈	말씀	중풍	나병 편두통	사람 것	가로되 말하다
구분	0	0	0	0	x	x	0	0

한자 쓰기	但令爾知 人子在地 有權以赦罪耳 卽語癱瘋者曰

11. 我命爾起 取牀以歸

(내가 네게 이르노니 일어나 네 상을 가지고 집으로 가라 하시니)

모양	我	命	爾	起	取	牀	以	歸
음	아	명	이	기	취	상	이	귀
뜻	나	명령 목숨	너	일어날	취할	평상 상	써 ~로써	돌아갈
구분	0	0	x	0	0	x	0	0

한자 쓰기	我命爾起 取牀以歸

12. 其人卽起 於眾前 取牀而出 眾奇之 歸榮於上帝云 我儕從未見是也

(그가 일어나 곧 상을 가지고 모든 사람 앞에서 나가거늘 그들이 다 놀라 하나님께 영광을 돌리며
이르되 우리가 이런 일을 도무지 보지 못하였다 하더라)

모양	其	人	卽	起	於	眾	前	取	牀	而	出	奇
음	기	인	즉	기	어	중	전	취	상	이	출	기
뜻	그 그것	사람	곧 나아갈	일어날	어조사 ~에서	무리	앞	취할	평상 상	말 이을	나갈	기이할 기적
구분	0	0	0	0	0	0	0	0	x	0	0	Δ

모양	之	歸	榮	於	上	帝	云	我	儕	從	未	見
음	지	귀	영	어	상	제	운	아	제	종	미	견
뜻	갈 어조사	돌아갈	영광	어조사 ~에서	위	임금	말할	나	무리 함께	따를 ~부터	아닐	볼
구분	0	0	0	0	0	0	0	0	x	0	0	0

모양	是	也
음	시	야
뜻	옳을 이	어조사 ~이다
구분	0	0

한자 쓰기	其人卽起 於眾前 取牀而出 眾奇之 歸榮於上帝云 我儕從未見是也

13. 耶穌復出 至海濱 衆就之 耶穌敎誨焉

(예수께서 다시 바닷가에 나가시매 큰 무리가 나왔거늘 예수께서 그들을 가르치시니라)

모양	耶	穌	復	出	至	海	濱	衆	就	之	耶	穌
음	야	소	부	출	지	해	빈	중	취	지	야	소
뜻	어조사 아버지	깨어날 살다	다시	나갈	이를 도달할	바다	물가	무리	나아갈	갈 어조사	어조사 아버지	깨어날 살다
구분	△	△	0	0	0	0	x	0	0	0	△	△

모양	敎	誨	焉
음	교	회	언
뜻	가르칠	가르칠	어조사
구분	0	x	△

한자 쓰기	耶穌復出 至海濱 衆就之 耶穌敎誨焉

14. 由是而往 見亞勒腓子利未 坐於稅關 耶穌曰 從我 遂起從之

(또 지나가시다가 알패오의 아들 레위가 세관에 앉아 있는 것을 보시고 그에게 이르시되 나를 따르라 하시니 일어나 따르니라)

모양	由	是	而	往	見	亞	腓	勒	子	利	未	坐
음	유	시	이	왕	견	아	비	늑(륵)	자	이(리)	미	좌
뜻	말이암을 ~부터	옳을 이	말 이을	갈	볼	버금	장딴지	굴레	아들	이로울 이익	아닐	앉을
구분	0	0	0	0	0	0	x	x	0	0	0	0

모양	於	稅	關	耶	穌	曰	從	我	遂	起	從	之
음	어	세	관	야	소	왈	종	아	수	기	종	지
뜻	어조사 ~에	세금	빗장 기관	어조사 아버지	깨어날 살다	가로되 말하다	따를 ~부터	나	드디어 따를	일어날	따를 ~부터	갈 어조사
구분	0	0	0	△	△	0	0	0	△	0	0	0

한자 쓰기	由是而往 見亞勒腓子利未 坐於稅關 耶穌曰 從我 遂起從之

15. 耶穌席坐利未家 諸稅吏及罪人 偕耶穌與門徒坐 從之者衆

(그의 집에 앉아 잡수실 때에 많은 세리와 죄인들이 예수와 그의 제자들과 함께 앉았으니 이는 그러한 사람들이 많이 있어서 예수를 따름이러라)

모양	耶	穌	席	坐	利	未	家	諸	稅	吏	及	罪
음	야	소	석	좌	이(리)	미	가	제	세	리	급	죄
뜻	어조사 아버지	깨어날 살다	자리	앉을	이로울 이익	아닐	집	모든 모두	세금	벼슬아치 관리	이를 ~와	죄 허물
구분	△	△	0	0	0	0	0	0	0	△	0	0

모양	人	偕	耶	穌	與	門	徒	坐	從	之	者	衆
음	인	해	야	소	여	문	도	좌	종	지	자	중
뜻	사람	함께	어조사 아버지	깨어날 살다	더불 ~과	문	무리	앉을	따를 ~부터	갈 어조사	사람 것	무리
구분	0	x	△	△	0	0	0	0	0	0	0	0

한자 쓰기	耶穌席坐利未家 諸稅吏及罪人 偕耶穌與門徒坐 從之者衆

16. 士子 呫唎嚊人 見耶穌與稅吏及罪人共食 語其門徒曰 胡爲與稅吏罪人飲食乎

(바리새인의 서기관들이 예수께서 죄인 및 세리들과 함께 잡수시는 것을 보고 그의 제자들에게 이르되 어찌하여 세리 및 죄인들과 함께 먹는가)

모양	士	子	呫	唎	嚊	人	見	耶	穌	與	稅	吏
음	사	자	법	리	새	인	견	야	소	여	세	리
뜻	선비	아들 벼슬이름	x	가는 소리	가득 채울	사람	볼	어조사 아버지	깨어날 살다	더불 ~과	세금	벼슬아치 관리
구분	0	0	x	x	x	0	0	Δ	Δ	0	0	Δ

모양	及	罪	人	共	食	語	其	門	徒	曰	胡	爲
음	급	죄	인	공	식	어	기	왈	도	왈	호	위
뜻	이를 및	죄 허물	사람	함께	먹을	말하다	그 그것	가로되 말하다	무리	가로되 말하다	어찌	될 할
구분	0	0	0	0	0	0	0	0	x	0	0	0

모양	與	稅	吏	罪	人	飲	食	乎
음	여	세	리	죄	인	음	식	호
뜻	더불 ~과	세금	벼슬아치 관리	죄 허물	사람	마실	먹을	어조사 ~느냐?
구분	0	0	Δ	0	0	0	0	0

한자 쓰기	士子 呫唎嚊人 見耶穌與稅吏及罪人共食 語其門徒曰 胡爲與稅吏罪人飲食乎

17. 耶穌聞之曰 康强者不需醫 負病者需之 我來非招義人 乃招罪人悔改耳

(예수께서 들으시고 그들에게 이르시되 건강한 자에게는 의사가 쓸 데 없고 병든 자에게라야 쓸 데 있느니라 나는 의인을 부르러 온 것이 아니요 죄인을 부르러 왔노라 하시니라)

모양	耶	穌	聞	之	曰	康	强	者	不	需	醫	負
음	야	소	문	지	왈	강	강	자	불	수	의	부
뜻	어조사 아버지	깨어날 살다	들을	갈 어조사	가로되 말하다	편안할	강할	사람 것	아닐 불 아니 부	필요할 구할	치료할 의사	질 부담
구분	△	△	○	○	○	○	○	○	○	○	○	△

모양	病	者	需	之	我	來	非	招	義	人	乃	招
음	병	자	수	지	아	래	비	초	의	인	내	초
뜻	병 질병	사람 것	필요할 구할	갈 어조사	나	올	아닐	부를 초대할	옳을	사람	이에 곧	부를 초대할
구분	○	○	○	○	○	○	○	○	○	○	○	○

모양	罪	人	悔	改	耳
음	죄	인	회	개	이
뜻	죄 허물	사람	뉘우칠 회개할	고칠	귀 뿐
구분	○	○	△	○	○

한자 쓰기	耶穌聞之曰 康强者不需醫 負病者需之 我來非招義人 乃招罪人悔改耳

18. 約翰門徒 哱利賽人禁食 或就耶穌曰 約翰門徒 哱利賽人禁食 爾門徒不禁食 何也

(요한의 제자들과 바리새인들이 금식하고 있는지라 사람들이 예수께 와서 말하되 요한의 제자들과 바리새인의 제자들은 금식하는데 어찌하여 당신의 제자들은 금식하지 아니하나이까)

모양	約	翰	門	徒	哱	唎	賽	人	禁	食	或	就
음	약	한	문	도	법	리	새	인	금	식	혹	취
뜻	묶을 약속할	편지 글	문	무리	x	가는 소리	가득 채울	사람	금할 금지할	먹을	혹 어떤 이	나아갈
구분	0	x	0	0	x	x	x	0	0	0	0	0

모양	耶	穌	曰	約	翰	門	徒	哱	唎	賽	人	禁
음	야	소	왈	약	한	왈	도	법	리	새	인	금
뜻	어조사 아버지	깨어날 살다	가로되 말하다	묶을 약속할	편지 글	가로되 말하다	무리	x	가는 소리	가득 채울	사람	금할 금지할
구분	△	△	0	0	x	0	0	x	x	x	0	0

모양	食	爾	門	徒	不	禁	食	何	也
음	식	이	문	도	불	금	식	하	야
뜻	먹을	너	문	무리	아닐 불 아니 부	금할 금지할	먹을	어찌 무엇	어조사 ~이다.
구분	0	x	0	0	0	0	0	0	0

한자 쓰기	約翰門徒 哱利賽人禁食 或就耶穌曰 約翰門徒 哱利賽人禁食 爾門徒不禁食 何也

19. 耶穌曰 新娶者在 賀娶者安用禁食乎 蓋新娶者尙在 無庸禁食矣

(예수께서 그들에게 이르시되 혼인 집 손님들이 신랑과 함께 있을 때에 금식할 수 있느냐 신랑과 함께 있을 동안에는 금식할 수 없느니라)

모양	耶	穌	曰	新	娶	者	在	賀	娶	者	安	用
음	야	소	왈	신	취	자	재	하	취	자	안	용
뜻	어조사 아버지	깨어날 살다	가로되 말하다	새로울	장가들	사람 것	있을	축하할	장가들	사람 것	편안할 어찌	쓸 ~써
구분	△	△	0	0	x	0	0	0	x	0	0	0

모양	禁	食	乎	蓋	新	娶	者	尙	在	無	庸	禁
음	금	식	호	개	신	취	자	상	재	무	용	금
뜻	금할 금지할	먹을	어조사 ~느냐?	대개 덮을	새로울	장가들	사람 것	오히려	있을	없을	떳떳할 쓸	금할 금지할
구분	0	0	0	△	0	x	0	0	0	0	△	0

모양	食	乎
음	식	호
뜻	먹을	어조사 ~느냐?
구분	0	0

한자 쓰기	耶穌曰 新娶者在 賀娶者安用禁食乎 蓋新娶者尙在 無庸禁食矣

20. 惟將來新娶者別之去 乃禁食耳

(그러나 신랑을 빼앗길 날이 이르러니 그 날에는 금식할 것이니라)

모양	惟	將	來	新	娶	者	別	之	去	乃	禁	食
음	유	장	래	신	취	자	별	지	거	내	금	식
뜻	오직	장차 장수	올	새로울	장가들	사람 것	이별할 다를	갈 어조사	갈	이에 곧	금할 금지할	먹을
구분	0	0	0	0	x	0	0	0	0	0	0	0

모양	耳
음	이
뜻	귀 뿐
구분	0

한자 쓰기	惟將來新娶者別之去 乃禁食耳

21. 未有補舊衣而用新布者 恐所補之新布 反壞舊衣而綻尤甚

(생베 조각을 낡은 옷에 붙이는 자가 없나니 만일 그렇게 하면 기운 새 것이 낡은 그것을 당기어
해어짐이 더하게 되느니라)

모양	未	有	補	舊	衣	而	用	新	布	者	恐	所
음	미	유	보	구	의	이	용	신	포	자	공	소
뜻	아닐	있을	기울 보충할	옛	옷	말 이을	쓸 ~써	새로울	베 천조각	사람 것	두려울	바 것
구분	0	0	Δ	0	0	0	0	0	0	0	Δ	0

모양	補	之	新	布	反	壞	舊	衣	而	綻	尤	甚
음	보	지	신	포	반	괴	구	의	이	탄	우	심
뜻	기울 보충할	갈 어조사	새로울	베 천조각	반대 돌이킬	무너질 망가질	옛	옷	말 이을	터질	더욱	심할
구분	Δ	0	0	0	0	Δ	0	0	0	x	0	0

한자 쓰기	未有補舊衣而用新布者 恐所補之新布 反壞舊衣而綻尤甚

52

22. 未有盛新酒而用舊革囊者 恐新酒裂囊 酒漏而囊亦敗 故新酒必 盛新囊

(새 포도주를 낡은 가죽 부대에 넣는 자가 없나니 만일 그렇게 하면 새 포도주가 부대를 터뜨려 포도주와 부대를 버리게 되리라 오직 새 포도주는 새 부대에 넣느니라 하시니라)

모양	未	有	盛	新	酒	而	用	舊	革	囊	者	恐
음	미	유	성	신	주	이	용	구	혁	낭	자	공
뜻	아닐	있을	담을 성대할	새로울	술	말 이을	쓸 ~써	옛	가죽	주머니	사람 것	두려울
구분	0	0	0	0	0	0	0	0	0	x	0	△

모양	新	酒	裂	囊	酒	漏	而	囊	亦	敗	故	新
음	신	주	열(렬)	낭	주	루	이	낭	역	패	고	신
뜻	새로울	술	찢을	주머니	술	샐 누수	말 이을	주머니	또	패할 무너질	까닭 그러므로	새로울
구분	0	0	△	x	0	△	0	x	0	0	0	0

모양	酒	必	盛	新	囊
음	주	필	성	신	낭
뜻	술	반드시 필요할	담을 성대할	새로울	주머니
구분	0	0	0	0	x

한자 쓰기	未有盛新酒而用舊革囊者 恐新酒裂囊 酒漏而囊亦敗 故新酒必盛新囊

23. 安息日 耶穌過田間 門徒行且摘穗

(안식일에 예수께서 밀밭 사이로 지나가실새 그의 제자들이 길을 열며 이삭을 자르니)

모양	安	息	日	耶	穌	過	田	間	門	徒	行	且
음	안	식	일	야	소	과	전	간	문	도	행	차
뜻	편안할	쉴 휴식	날 해	어조사 아버지	깨어날 살다	지날 과거	밭	사이	문	무리	행할 다닐	또 또한
구분	0	△	0	△	△	0	0	0	0	0	0	0

모양	摘	穗
음	적	수
뜻	딸 지적할	이삭
구분	△	x

한자 쓰기	安息日 耶穌過田間 門徒行且摘穗

24. 咶唎嘗人曰 彼於安息日 何爲所不當爲乎

(바리새인들이 예수께 말하되 보시오 저들이 어찌하여 안식일에 하지 못할 일을 하나이까)

모양	咶	唎	嘗	人	曰	彼	於	安	息	日	何	爲
음	법	리	새	인	왈	피	어	안	식	일	하	위
뜻	x	가는 소리	가득 채울	사람	가로되 말하다	저 그	어조사 ~에	편안할	쉴 휴식	날 해	어찌 무엇	될 할
구분	x	△	0	△	△	0	0	0	△	0	0	0

모양	所	不	當	爲	乎
음	소	부	당	위	호
뜻	바 것	아니 부 아닐 불	마땅할	될 할	어조사 ~느냐?
구분	△	x	0	△	0

한자 쓰기	咶唎嘗人曰 彼於安息日 何爲所不當爲乎

25. 耶穌曰 爾不知大闢及從人乏食 饑時所行乎

(예수께서 이르시되 다윗이 자기와 및 함께 한 자들이 먹을 것이 없어 시장할 때에 한 일을 읽지 못하였느냐)

모양	耶	穌	曰	爾	不	知	大	闢	及	從	人	乏
음	야	소	왈	이	부	지	대	벽	급	종	인	핍
뜻	어조사 아버지	깨어날 살다	가로되 말하다	너	아니 부 아닐 불	알 알다	큰	열 열릴	이를 ~와	따를 순종할	사람	모자랄 결핍
구분	Δ	Δ	0	x	0	0	0	x	0	0	0	x

모양	食	饑	時	所	行	乎
음	식	기	시	소	행	호
뜻	먹을	주릴	때 시간	바 것	행할 다닐	어조사 ~느냐?
구분	0	x	0	0	0	0

한자 쓰기	耶穌曰 爾不知大闢及從人乏食 饑時所行乎

26. 當亞比亞塔爲祭司長時 大闢入上帝宮 食陳設之餠 從者亦與焉
但此餠 祭司而外 人不得食

(그가 아비아달 대제사장 때에 하나님의 전에 들어가서 제사장 외에는 먹어서는 안 되는 진설병
을 먹고 함께 한 자들에게도 주지 아니하였느냐)

모양	當	亞	比	亞	塔	爲	祭	司	長	時	大	闢
음	당	아	비	아	탑	위	제	사	장	시	대	벽
뜻	마땅할 해당할	버금	비교할 견줄	버금	탑	될 할	제사	맡을	길(long) 우두머리	때 시간	큰	열 열릴
구분	0	Δ	0	Δ	Δ	0	0	Δ	0	0	0	x

모양	入	上	帝	宮	食	陳	設	之	餠	從	者	亦
음	입	상	제	궁	식	진	설	지	병	종	자	역
뜻	들 들어갈	위	임금	집 궁전	먹을	베풀 진열할	베풀	갈 어조사	떡	따를 순종할	사람 것	또
구분	0	0	0	0	0	Δ	0	0	x	0	0	0

모양	與	焉	但	此	餠	祭	司	而	外	人	不	得
음	여	언	단	차	병	제	사	이	외	인	부	득
뜻	더불 주다	어조사 어찌	다만 단지	이	떡	제사	맡을	말 이을	바깥 이외	사람	아니 부 아닐 불	얻을
구분	0	Δ	0	0	x	0	Δ	0	0	0	0	0

모양	食
음	식
뜻	먹을
구분	0

한자 쓰기	當亞比亞塔爲祭司長時 大闢入上帝宮 食陳設之餠 從者亦與焉 但此餠 祭司而外 人不得食

27. 又曰 爲人而立安息日 非爲安息日而立人

(또 이르시되 안식일이 사람을 위하여 있는 것이요 사람이 안식일을 위하여 있는 것이 아니니)

모양	又	曰	爲	人	而	立	安	息	日	非	爲	安
음	우	왈	위	인	이	입(립)	안	식	일	비	위	안
뜻	또	가로되 말하다	될 할	사람	말 이을	설	편안할	쉴 휴식	날 해	아닐	될 할	편안할
구분	0	0	0	0	0	0	0	Δ	0	0	0	0

모양	息	日	而	立	人
음	식	일	이	립(입)	인
뜻	쉴 휴식	날 해	말 이을	설	사람
구분	Δ	0	0	0	0

한자 쓰기	又曰 爲人而立安息日 非爲安息日而立人

28. 是以人子爲安息日主也

(이러므로 인자는 안식일에도 주인이니라)

모양	是	以	人	子	爲	安	息	日	主	也
음	시	이	인	자	위	안	식	일	주	야
뜻	옳을 이	써 ~로써	사람	아들	될 할	편안할	쉴 휴식	날 해	주인	어조사 ~이다.
구분	0	0	0	0	0	0	Δ	0	0	0

한자 쓰기	是以人子爲安息日主也

醫治僵手
又爲多人
醫病逐鬼
選立十二
使徒

時所行乎當亞比亞塔爲祭司長時大闕入上帝宮食陳設之餅從者亦與焉

但此餅祭司而外人不得食又曰爲人而立安息日非爲安息日而立人是以

人子爲安息日主也

第三章

耶穌又入會堂有枯一手者人窺耶穌安息日醫之否意欲罪之耶穌命枯

者起立於中謂眾曰安息日行善行惡救命殺命孰宜眾默然耶穌怒目圜視

以眾心忍憂之語其人曰伸手伸卽愈如他手哂喇嚷人出與希律黨共謀殺

耶穌○耶穌偕門徒往海濱時加利利猶太耶路撒冷以土買約但外眾隨之

又有推羅西頓入聞其所行亦多就焉耶穌命門徒具舟以待免眾擁擠耶

穌醫人甚多凡有疾者逼近捫之邪神一見俯伏呼曰爾乃上帝子也耶穌嚴

戒勿揚○耶穌登山隨所欲以召人而人就之立十有二人侍側使傳道有醫

病逐鬼之權有若西門稱彼得西比太子雅各同兄弟約翰此二人稱半尼其

卽所謂雷子也又有安得烈腓力巴多羅買馬太多馬亞勒腓子雅各有若達

太西門稱銳賣師加畧人猶大○師徒入室眾復集以故食不暇親舊聞而至

第三章

1. 耶穌又入會堂 有枯一手者

(예수께서 다시 회당에 들어가시니 한쪽 손 마른 사람이 거기 있는지라)

모양	耶	穌	又	入	會	堂	有	枯	一	手	者
음	야	소	우	입	회	당	유	고	일	수	자
뜻	어조사 아버지	깨어날 살다	또	들 들어갈	모일	집	있을	마를	한 1	손	사람 것
구분	△	△	0	0	0	0	0	△	0	0	0

한자 쓰기	耶穌又入會堂 有枯一手者

2. 人窺耶穌 安息日醫之否 意欲罪之

(사람들이 예수를 고발하려 하여 안식일에 그 사람을 고치시는가 주시하고 있거늘)

모양	人	窺	耶	穌	安	息	日	醫	之	否	意	欲
음	인	규	야	소	안	식	일	의	지	부	의	욕
뜻	사람	엿볼	어조사 아버지	깨어날 살다	편안할	쉴 휴식	날 해	치료할 의사	갈 어조사	아닐 ~느냐	뜻 생각	하고자 할
구분	0	x	△	△	0	△	0	0	0	0	0	0

모양	罪	之
음	죄	지
뜻	허물 죄	갈 어조사
구분	0	0

한자 쓰기	人窺耶穌 安息日醫之否 意欲罪之

3. 耶穌命手枯者起 立於中

(예수께서 손 마른 사람에게 이르시되 한 가운데에 일어서라 하시고)

모양	耶	穌	命	手	枯	者	起	立	於	中
음	야	소	명	수	고	자	기	입(립)	어	중
뜻	어조사 아버지	깨어날 살다	명령 목숨	손	마를	사람 것	일어날	설	어조사 ~에서	가운데
구분	△	△	O	O	△	O	O	O	O	O

한자 쓰기	耶穌命手枯者起 立於中

4. 語衆曰 安息日行善行惡 救命殺命 孰宜 衆默然

(그들에게 이르시되 안식일에 선을 행하는 것과 악을 행하는 것, 생명을 구하는 것과 죽이는 것,
어느 것이 옳으냐 하시니 그들이 잠잠하거늘)

모양	語	衆	曰	安	息	日	行	善	行	惡	救	命
음	어	중	왈	안	식	일	행	선	행	악	구	명
뜻	말씀	무리	가로되 말하다	편안할	쉴 휴식	날 해	행할 다닐	착할	행할 다닐	악할	구원할 건질	목숨 명령
구분	O	O	O	O	△	O	O	O	O	O	O	O

모양	殺	命	孰	宜	衆	默	然
음	살	명	숙	의	중	묵	연
뜻	죽일	목숨 명령	어느 무엇	마땅할	무리	잠잠할	그러할 자연
구분	O	O	△	O	O	x	O

한자 쓰기	語衆曰 安息日行善行惡 救命殺命 孰宜 衆默然

5. 耶穌怒目圜視 以衆心忍 憂之 語其人曰 伸手 伸卽愈 如他手

(그들의 마음이 완악함을 탄식하사 노하심으로 그들을 둘러 보시고 그 사람에게 이르시되 네 손을 내밀라 하시니 내밀매 그 손이 회복되었더라)

모양	耶	穌	怒	目	圜	視	以	衆	心	忍	憂	之
음	야	소	노	목	환	시	이	중	심	인	우	지
뜻	어조사 아버지	깨어날 살다	성낼 노할	눈	둥글 두를	볼	써 까닭	무리	마음	참을 잔인할	근심	갈 어조사
구분	△	△	0	0	x	0	0	0	0	0	0	0

모양	語	其	人	曰	伸	手	伸	卽	愈	如	他	手
음	어	기	인	왈	신	수	신	즉	유	여	타	수
뜻	말씀	그 그것	사람	가로되 말하다	펼	손	펼	곧 나아갈	나을	같을	남 다를	손
구분	0	0	0	0	△	0	△	0	△	0	0	0

한자 쓰기	耶穌怒目圜視 以衆心忍 憂之 語其人曰 伸手 伸卽愈 如他手

6. 咈唎嚽人出 與希律黨 共謀殺耶穌

(바리새인들이 나가서 곧 헤롯당과 함께 어떻게 하여 예수를 죽일까 의논하니라)

모양	咈	唎	嚽	人	出	與	希	律	黨	共	謀	殺
음	법	리	새	인	출	여	희	율(률)	당	공	모	살
뜻	x	가는 소리	가득 채울	사람	나갈	더불 ~과	드물 바랄	법	무리	함께	꾀할 모의할	죽일
구분	x	x	x	0	0	0	0	0	0	0	△	0

모양	耶	穌
음	야	소
뜻	어조사 아버지	깨어날 살다
구분	△	△

한자 쓰기	咈唎嚽人出 與希律黨 共謀殺耶穌

7. 耶穌偕門徒往海濱 時 加利利 猶太

(예수께서 제자들과 함께 바다로 물러가시니 갈릴리에서 큰 무리가 따르며)

모양	耶	穌	偕	門	徒	往	海	濱	時	加	利	利
음	야	소	해	문	도	왕	해	빈	시	가	이(리)	이(리)
뜻	어조사 아버지	깨어날 살다	함께	문	무리	갈	바다	물가	때 시간	더할	이로울 이익	이로울 이익
구분	△	△	x	0	0	0	0	x	0	0	0	0

모양	猶	太
음	유	태
뜻	오히려 같을	클 처음
구분	0	0

한자 쓰기
耶穌偕門徒往海濱 時 加利利 猶太

■ '유대'가 개역개정에는 8절에 있습니다. 그러나 한문성경에는 '유대(猶太)'가 7절에 있습니다.
　▶ '유대'가 7절에 있는 성경번역본 : 한문성경, 킹제임스(KJV), 공동번역, 새번역, NASB
　▶ '유대'가 8절에 있는 성경번역본 : 개역개정, 개역한글, 현대인의 성경, NIV

8. 耶路撒冷 以土買 約但外 衆隨之 又有推羅西頓人 聞其所行　亦 多就焉

(유대와 예루살렘과 이두매와 요단강 건너편과 또 두로와 시돈 근처에서 많은 무리가 그가 하신 큰 일을 듣고 나아오는지라)

모양	耶	路	撒	冷	以	土	買	約	但	外	衆	隨
음	야	로	살	냉(랭)	이	사	매	약	단	외	중	수
뜻	어조사 아버지	길	뿌릴	찰	써 ~로써	선비	살	묶을 약속할	다만 단지	바깥	무리	따를
구분	△	0	x	0	0	0	0	0	0	0	0	△

모양	之	又	有	推	羅	西	頓	人	聞	其	所	行
음	지	우	유	추	라	서	돈	인	문	기	소	행
뜻	갈 어조사	또	있을	밀 추천할	벌일 그물	서쪽	조아릴	사람	들을	그 그것	바 것	행할 다닐
구분	0	0	0	△	0	0	x	0	0	0	0	0

모양	亦	多	就	焉
음	역	다	취	언
뜻	또	많을	나아갈	어조사
구분	0	0	0	△

한자 쓰기	耶路撒冷 以土買 約但外 衆隨之 又有推羅西頓人 聞其所行亦多就焉

9. 耶穌命門徒具舟以待 免衆擁擠
(예수께서 무리가 에워싸 미는 것을 피하기 위하여 작은 배를 대기하도록 제자들에게 명하셨으니)

모양	耶	穌	命	門	徒	具	舟	以	待	免	衆	擁
음	야	소	명	문	도	구	주	이	대	면	중	옹
뜻	어조사 아버지	깨어날 살다	명령 목숨	문	무리	갖출	배	써 까닭	기다릴	면할	무리	안을
구분	Δ	Δ	0	0	0	0	Δ	0	0	0	0	Δ

모양	擠
음	제
뜻	밀
구분	x

한자 쓰기	耶穌命門徒具舟以待 免衆擁擠

10. 蓋耶穌醫人甚多 凡有疾者 逼近捫之
(이는 많은 사람을 고치셨으므로 병으로 고생하는 자들이 예수를 만지고자 하여 몰려왔음이더라)

모양	蓋	耶	穌	醫	人	甚	多	凡	有	疾	者	逼
음	개	야	소	의	인	심	다	범	유	질	자	핍
뜻	대개 덮을	어조사 아버지	깨어날 살다	치료할 의사	사람	심할	많을	무릇	있을	병 질병	사람 것	닥칠 다가올
구분	Δ	Δ	Δ	0	0	0	0	0	0	Δ	0	x

모양	近	捫	之
음	근	문	지
뜻	가까울	어루만질	갈 어조사
구분	0	x	0

한자 쓰기	蓋耶穌醫人甚多 凡有疾者 逼近捫之

11. 邪神一見 俯伏呼曰 爾乃上帝子也

(더러운 귀신들도 어느 때든지 <u>예수</u>를 보면 그 앞에 엎드려 부르짖어 이르되 당신은 하나님의 아들이니이다 하니)

모양	邪	神	一	見	俯	伏	呼	曰	爾	乃	上	帝
음	사	신	일	견	부	복	호	왈	이	내	상	제
뜻	간사할	신 귀신	한 1	볼	구부릴	엎드릴	부를	가로되 말하다	너	이에 곧	위	임금
구분	△	0	0	0	x	0	0	0	x	0	0	0

모양	子	也
음	자	야
뜻	아들	어조사 ~이다.
구분	0	0

한자 쓰기	邪神一見 俯伏呼曰 爾乃上帝子也

12. 耶穌嚴戒勿揚

(<u>예수</u>께서 자기를 나타내지 말라고 많이 경고하시니라)

모양	耶	穌	嚴	戒	勿	揚
음	야	소	엄	계	물	양
뜻	어조사 아버지	깨어날 살다	엄할	경계할	말라 하지말	날릴 드러낼
구분	△	△	0	△	0	0

한자 쓰기	耶穌嚴戒勿揚

13. 耶穌登山 隨所欲以召人 而人就之

(또 산에 오르사 자기가 원하는 자들을 부르시니 나아온지라)

모양	耶	穌	登	山	隨	所	欲	以	召	人	而	人
음	야	소	등	산	수	소	욕	이	소	인	이	인
뜻	어조사 아버지	깨어날 살다	오를	산	따를	바 것	하고자 할	써 ~로써	부를	사람	말 이을	사람
구분	△	△	0	0	△	0	0	0	△	0	0	0

모양	就	之
음	취	지
뜻	나아갈	갈 어조사
구분	0	0

한자 쓰기	耶穌登山 隨所欲以召人 而人就之

14. 立十有二人侍側 使傳道

(이에 열둘을 세우셨으니 이는 자기와 함께 있게 하시고 또 보내사 전도도 하며)

모양	立	十	有	二	人	侍	側	使	傳	道
음	입(립)	십	유	이	인	시	측	사	전	도
뜻	설	열 10	있을	두 2	사람	모실	곁	보낼 하여금	전할	길 말씀
구분	0	0	0	0	0	△	△	0	0	0

한자 쓰기	立十有二人侍側 使傳道

15. 有醫病逐鬼之權

(귀신을 내쫓는 권능도 가지게 하려 하심이러라)

모양	有	醫	病	逐	鬼	之	權
음	유	의	병	축	귀	지	권
뜻	있을	치료할 의사	병 질병	쫓을	귀신	갈 어조사	권세 권한
구분	O	O	O	△	△	O	O

한자 쓰기	有醫病逐鬼之權

16. 有若西門稱彼得

(이 열둘을 세우셨으니 시몬에게는 베드로란 이름을 더하셨고)

모양	有	若	西	門	稱	彼	得
음	유	약	서	문	칭	피	득
뜻	있을	같을	서쪽	문	일컬을 칭할	저	얻을
구분	O	O	O	O	△	O	O

한자 쓰기	有若西門稱彼得

17. 西比太子雅各 同兄弟約翰 此二人稱半尼其 卽所謂雷子也

(또 세베대의 아들 <u>야고보</u>와 야고보의 형제 <u>요한</u>이니 이 둘에게는 <u>보아너게</u> 곧 우레의 아들이란 이름을 더하셨으며)

모양	西	比	太	子	雅	各	同	兄	弟	約	翰	此
음	서	비	태	자	아	각	동	형	제	약	한	차
뜻	서쪽	비교할 견줄	클	아들	우아할	각각 각자	같을	형 맏	동생	묶을 약속할	편지 글	이
구분	O	O	△	O	△	O	O	O	O	O	x	O

모양	二	人	稱	半	尼	其	卽	所	謂	雷	子	也
음	이	인	칭	반	니	기	즉	소	위	뢰	자	야
뜻	두 2	사람	일컬을 칭할	반 절반	화평할 성씨	그 그것	곧 나아갈	바 것	이를 고할	우레 천둥	아들	어조사 ~이다.
구분	O	O	△	O	x	O	O	O	△	△	O	O

한자 쓰기	西比太子雅各 同兄弟約翰 此二人稱半尼其 卽所謂雷子也

18. 又有安得烈 腓力 巴多羅買 馬太 多馬 亞勒腓子雅各 有若達太 西門稱銳

(또 안드레와 빌립과 바돌로매와 마태와 도마와 알패오의 아들 야고보와 및 다대오와 가나나인 시몬이며)

모양	又	有	安	得	烈	腓	力	巴	多	羅	買	馬
음	우	유	안	득	열(렬)	비	력	파	다	라	매	마
뜻	또	있을	편안할	얻을	매울 사나울	장딴지	힘	꼬리	많을	벌일 그물	살	말
구분	0	0	0	0	Δ	x	0	x	0	Δ	0	0

모양	太	多	馬	亞	勒	腓	子	雅	各	有	若	達
음	태	다	마	아	늑(륵)	비	자	아	각	유	약	달
뜻	클	많을	말	버금	굴레	장딴지	아들	우아할	각각 각자	있을	같을 및	통달할
구분	0	0	0	Δ	x	x	0	Δ	0	0	0	0

모양	太	西	門	稱	銳
음	태	서	문	칭	예
뜻	클	서쪽	문	일컬을 칭할	날카로울
구분	0	0	0	Δ	Δ

한자 쓰기	又有安得烈 腓力 巴多羅買 馬太 多馬 亞勒腓子雅各 有若達太 西門稱銳

19. 賣師加畧人猶大

(또 가룟 유다니 이는 예수를 판 자더라)

모양	賣	師	加	畧	人	猶	大
음	매	사	가	략	인	유	대
뜻	팔	스승	더할	다스릴	사람	오히려 같을	큰
구분	0	0	0	x	0	0	0

한자 쓰기	賣師加畧人猶大

20. 師徒入室 衆復集 以故食不暇

(집에 들어가시니 무리가 다시 모이므로 식사할 겨를도 없는지라)

모양	師	徒	入	室	衆	復	集	以	故	食	不	暇
음	사	도	입	실	중	부	집	이	고	식	불	가
뜻	스승	무리	들 들어갈	집	무리	다시	모을 모일	써 때문	까닭 그러므로	먹을	아닐 불 아니 부	틈 겨를
구분	0	0	0	0	0	0	0	0	0	0	0	Δ

한자 쓰기	師徒入室 衆復集 以故食不暇

21. 親舊聞而至 欲援耶穌止之 語人曰 彼乃狂耳

(예수의 친족들이 듣고 그를 붙들러 나오니 이는 그가 미쳤다 함일러라)

모양	親	舊	聞	而	至	欲	援	耶	穌	止	之	語
음	친	구	문	이	지	욕	원	야	소	지	지	어
뜻	친할 친척	옛	들을	말 이을	이를 도달할	하고자 할	구원할 당길	어조사 아버지	깨어날 살다	그칠 멈출	갈 어조사	말씀
구분	0	0	0	0	0	0	△	△	△	0	0	0

모양	人	曰	彼	乃	狂	耳
음	인	왈	피	내	광	이
뜻	사람	가로되 말하다	저 그	이에 곧	미칠	귀 뿐
구분	0	0	0	0	△	0

한자 쓰기	親舊聞而至 欲援耶穌止之 語人曰 彼乃狂耳

22. 有士子來自耶路撒冷曰 彼爲別西卜所憑 藉鬼王以逐鬼耳

(예루살렘에서 내려온 서기관들은 그가 바알세불이 지폈다 하며 또 귀신의 왕을 힘입어 귀신을 쫓아낸다 하니)

모양	有	士	子	來	自	耶	路	撒	冷	曰	彼	爲
음	유	사	자	래	자	야	로	살	냉(랭)	왈	피	위
뜻	있을	선비	아들 어조사	올	스스로 ~부터	어조사 아버지	길	뿌릴	찰	가로되 말하다	저 그	될 할
구분	0	0	0	0	0	△	0	x	0	0	0	0

모양	別	西	卜	所	憑	藉	鬼	王	以	逐	鬼	耳
음	별	서	복	소	빙	자	귀	왕	이	축	귀	이
뜻	이별할 다를	서쪽	점칠 헤아릴	바 것	기댈 귀신들릴	깔다 빙자할	귀신	왕 임금	써 ~로써	쫓을	귀신	귀 뿐
구분	0	0	△	0	x	x	△	0	0	△	△	0

한자 쓰기	有士子來自耶路撒冷曰 彼爲別西卜所憑 藉鬼王以逐鬼耳

23. 耶穌呼之來 設譬曰 撒但何忍逐撒但乎

(예수께서 그들을 불러다가 비유로 말씀하시되 사탄이 어찌 사탄을 쫓아낼 수 있느냐)

모양	耶	穌	呼	之	來	設	譬	曰	撒	但	何	忍
음	야	소	호	지	래	설	비	왈	살	단	하	인
뜻	어조사 아버지	깨어날 살다	부를	갈 어조사	올	베풀	비유할	가로되 말하다	뿌릴	다만 단지	어찌 무엇	참을 차마
구분	△	△	0	0	0	0	x	0	x	0	0	0

모양	逐	撒	但	乎
음	축	살	단	호
뜻	쫓을	뿌릴	다만 단지	어조사 ~느냐?
구분	△	x	0	0

한자 쓰기	耶穌呼之來 設譬曰 撒但何忍逐撒但乎

24. 若國自相分爭 則無以立國

(또 만일 나라가 스스로 분쟁하면 그 나라가 설 수 없고)

모양	若	國	自	相	分	爭	則	無	以	立	國
음	약	국	자	상	분	쟁	즉	무	이	입(립)	국
뜻	같을 만약	나라	스스로 ~부터	서로	나눌	다툴 전쟁	곧 즉 법칙 칙	없을	써 ~로써	설	나라
구분	0	0	0	0	0	0	0	0	0	0	0

한자 쓰기	若國自相分爭 則無以立國

25. 家自相分爭 則無以立家

(만일 집이 스스로 분쟁하면 그 집이 설 수 없고)

모양	家	自	相	分	爭	則	無	以	立	家
음	가	자	상	분	쟁	즉	무	이	입(립)	가
뜻	집	스스로 ~부터	서로	나눌	다툴 전쟁	곧 즉 법칙 칙	없을	써 ~로써	설	집
구분	0	0	0	0	0	0	0	0	0	0

한자 쓰기	家自相分爭 則無以立家

26. 使撒但與撒但分爭 則不能立 永終必矣

(만일 사탄이 자기를 거슬러 일어나 분쟁하면 설 수 없고 망하느니라)

모양	使	撒	但	與	撒	但	分	爭	則	不	能	立
음	사	살	단	여	살	단	분	쟁	즉	불	능	립(입)
뜻	하여금 부릴	뿌릴	다만 단지	더불 ~과	뿌릴	다만 단지	나눌	다툴 전쟁	곧 즉 법칙 칙	아닐 불 아니 부	능할 능력	설
구분	0	x	0	0	x	0	0	0	0	0	0	0

모양	永	終	必	矣
음	영	종	필	의
뜻	영원할 길다	마칠 끝날 죽을	반드시 필요할	어조사 ~이다
구분	0	0	0	0

한자 쓰기	使撒但與撒但分爭 則不能立 永終必矣

72

27. 無人能入勇士室 刦其家具 必先縛勇士 然後室可刦也

(사람이 먼저 강한 자를 결박하지 않고는 그 강한 자의 집에 들어가 세간을 강탈하지 못하리니 결박한 후에야 그 집을 강탈하리라)

모양	無	人	能	入	勇	士	室	刦	其	家	具	必
음	무	인	능	입	용	사	실	겁	기	가	구	필
뜻	없을	사람	능할 능력	들 들어갈	용감할	선비	집	겁탈할 강도	그 그것	집	갖출	반드시 필요할
구분	0	0	0	0	0	0	0	x	0	0	0	0

모양	先	縛	勇	士	然	後	室	可	刦	也
음	선	박	용	사	연	후	실	가	겁	야
뜻	먼저	묶을	용감할	선비	그러할 자연	뒤	집	옳을 가능할	겁탈할 강도	어조사 ~이다.
구분	0	x	0	0	0	0	0	0	x	0

한자 쓰기	無人能入勇士室 刦其家具 必先縛勇士 然後室可刦也

28. 我誠告爾 凡罪惡謗讟 其人可赦

(내가 진실로 너희에게 이르노니 사람의 모든 죄와 모든 모독하는 일은 사하심을 얻되)

모양	我	誠	告	爾	凡	罪	惡	謗	讟	其	人	可
음	아	성	고	이	범	죄	악	방	독	기	인	가
뜻	나	성실 참으로	고할 알릴	너	무릇	허물 죄	악할 악	헐뜯을	원망할	그 그것	사람	옳을 가능할
구분	0	0	0	x	0	0	0	x	x	0	0	0

모양	赦
음	사
뜻	사할 용서할
구분	x

한자 쓰기	我誠告爾 凡罪惡謗讟 其人可赦

29. 惟謗讟聖神 終不能赦 必置之永刑

(누구든지 성령을 모독하는 자는 영원히 사하심을 얻지 못하고 영원한 죄가 되느니라 하시니)

모양	惟	謗	讟	聖	神	終	不	能	赦	必	置	之
음	유	방	독	성	신	종	불	능	사	필	치	지
뜻	오직	헐뜯을	원망할 비방할	거룩할 성스러울	신 정신	마칠 끝내	아닐 불 아니 부	능할 능력	사할 용서할	반드시 필요할	둘	갈 어조사
구분	0	x	x	0	0	0	0	0	x	0	△	0

모양	永	刑
음	영	형
뜻	영원 길	형벌
구분	0	0

한자 쓰기	惟謗讟聖神 終不能赦 必置之永刑

30. 耶穌以人言其爲邪神所憑 故言此

(이는 그들이 말하기를 더러운 귀신이 들렸다 함이러라)

모양	耶	穌	以	人	言	其	爲	邪	神	所	憑	故
음	야	소	이	인	언	기	위	사	신	소	빙	고
뜻	어조사 아버지	깨어날 살다	써 때문	사람	말씀 말할	그 그것	될 할	간사할	신 귀신	바 것	기댈 귀신들릴	까닭 그러므로
구분	△	△	0	0	0	0	0	△	0	0	x	0

모양	言	此
음	언	차
뜻	말씀 말할	이
구분	0	0

한자 쓰기	耶穌以人言其爲邪神所憑 故言此

31. 耶穌之母及兄弟來 立於外 遣人呼之

(그 때에 예수의 어머니와 동생들이 와서 밖에 서서 사람을 보내어 예수를 부르니)

모양	耶	穌	之	母	及	兄	弟	來	立	於	外	遣
음	야	소	지	모	급	형	제	래	입(립)	어	외	견
뜻	어조사 아버지	깨어날 살다	갈 어조사	어미	이를 ~와	형 맏	동생	올	설	어조사 ~에서	바깥 이외	보낼
구분	△	△	0	0	0	0	0	0	0	0	0	△

모양	人	呼	之
음	인	호	지
뜻	사람	부를	갈 어조사
구분	0	0	0

한자 쓰기	耶穌之母及兄弟來 立於外 遣人呼之

32. 衆環坐 或謂耶穌曰 爾母及兄弟在外 欲見爾

(무리가 예수를 둘러 앉았다가 여짜오되 보소서 당신의 어머니와 동생들과 누이들이 밖에서 찾나이다)

모양	衆	環	坐	或	謂	耶	穌	曰	爾	母	及	兄
음	중	환	좌	혹	위	야	소	왈	이	모	급	형
뜻	무리	둘레 고리	앉을	혹 혹은	이를 고할	어조사 아버지	깨어날 살다	가로되 말하다	너	어미	이를 ~와	형 맏
구분	0	△	0	0	△	△	△	0	x	0	0	0

모양	弟	在	外	欲	見	爾
음	제	재	외	욕	견	이
뜻	동생	있을	바깥 이외	하고자 할	볼	너
구분	0	0	0	0	0	x

한자 쓰기	衆環坐 或謂耶穌曰 母及兄弟在外 欲見爾

75

33. 耶穌曰 何者爲我母我兄弟耶

(대답하시되 누가 내 어머니이며 동생들이냐 하시고)

모양	耶	穌	曰	何	者	爲	我	母	我	兄	弟	耶
음	야	소	왈	하	자	위	아	모	아	형	제	야
뜻	어조사 아버지	깨어날 살다	가로되 말하다	어찌 어떤	사람 것	될 할	나	어미	나	형 맏	동생	어조사 ~느냐?
구분	△	△	0	0	0	0	0	0	0	0	0	△

한자 쓰기	耶穌曰 何者爲我母我兄弟耶

34. 遂顧在座者曰 視我母與兄弟焉

(둘러 앉은 자들을 보시며 이르시되 내 어머니와 내 동생들을 보라)

모양	遂	顧	在	座	者	曰	視	我	母	與	兄	弟
음	수	고	재	좌	자	왈	시	아	모	여	형	제
뜻	드디어 따를	돌아볼	있을	자리	사람 것	가로되 말하다	볼	나	어미	더불 ~과	형 맏	동생
구분	△	△	0	△	0	0	0	0	0	0	0	0

모양	焉
음	언
뜻	어조사 어찌
구분	△

한자 쓰기	遂顧在座者曰 視我母與兄弟焉

35. 凡遵上帝旨者 卽我兄弟姊妹及母也

(누구든지 하나님의 뜻대로 행하는 자가 내 형제요 자매요 어머니이니라)

모양	凡	遵	上	帝	旨	者	卽	我	兄	弟	姊	妹
음	범	준	상	제	지	자	즉	아	형	제	자	매
뜻	무릇	준행할 따를	위	임금	뜻	사람 것	곧 나아갈	나	형 맏	동생	자매 손윗누이	자매 누이
구분	0	△	0	0	x	0	0	0	0	0	0	0

모양	及	母	也
음	급	모	야
뜻	이를 및	어미	어조사 ~이다.
구분	0	0	0

한자 쓰기	凡遵上帝旨者 卽我兄弟姊妹及母也

法利賽人
毀謗耶穌
耶穌駁之

毀謗聖神
罪永不赦

指明孰為
己母弟兄
姊妹

以播種為

欲援耶穌止之語人曰、彼乃狂耳、有士子來自耶路撒冷曰、彼為別西卜所憑

藉鬼王以逐鬼耳耶穌呼之來設譬曰撒但何忍逐撒但乎若國自相分爭則

無以立國家自相分爭則無以立家使撒但與撒但分爭則不能立永終必矣

無人能入勇士室刧其家具必先縛勇士然後室可刧也我誠告爾凡罪惡謗

讟其人可赦惟謗讟聖神終不可赦必置之永刑焉

故言此○耶穌之母及兄弟來立於外遣人呼之衆坐或謂耶穌曰爾母及

兄弟在外欲見爾耶穌曰何者為我母我兄弟耶遂顧在座者曰視我母與兄

弟焉凡遵上帝旨者即我兄弟姊妹及母也

第四章

耶穌復於海濱教誨衆就之乃登舟浮海而坐衆傍海立岸耶穌傳道多端設

譬教人曰聽之哉有播種者出而播種時有遺道旁者飛鳥至盡食之有遺

磽地者其土淺薄發萌雖速然土不深故日出暴之無根而槁有遺棘中者棘

起蔽之而實不結有遺沃壤者發而長結實或三十倍或六十倍或百倍又曰

宜傾耳聽焉○耶穌燕居從者與十二門徒問譬之說耶穌曰上帝國之奧與

申明播種之喻

設喻訓門徒旣得眞道當傳於人　以芥種爲喻

以種在暗中發生爲喻

爾識之、惟於外人則以譬言之、故彼目視而不明、耳聞而不悟、不克遷改而得罪赦、又曰斯譬未達安識衆譬、播種者播道也、播於道旁者、猶人聽道撒但即至、將播於心者奪之、播於磽地者猶人聽道、即喜受之、惟內無根則亦暫耳、及爲道而遇難窘逐、遂厭而棄之、播於棘中者猶人聽道、而斯世之憧擾貨財之迷惑嗜慾之萌動、蔽其道而不實、播於沃壤者、猶人聽道受之而結實、有三十倍六十倍百倍焉、○耶穌又曰、人以燈至、豈置斗下牀下乎、非置之臺上耶、未有微而不彰、藏而不露者、宜傾耳聽焉、又曰、愼所聽、爾度人若何、則見度亦如是、爾聽必加賜爾也、蓋有者將與之、無有者幷其所有亦奪之、○又曰、上帝國猶人播種於地、夜寐夙興、種發且長、不知其所以然、蓋地本生物、始而苗、繼而穗、後而成穀、旣熟用鐮穫、時至矣、○又曰、上帝國何以比之、將以何譬譬之耶猶芥種播於地、爲世間百種之至微、旣播卽發、大於諸蔬、生枝而長、飛鳥棲其蔭、○此耶穌多設譬以傳道、因民之所能聽焉、非譬不語、燕居時悉與門徒解之、○日暮耶穌謂門徒曰、可共濟彼岸、耶穌在舟門徒旣散衆則與耶穌偕往、他舟同行、颶風大起、浪躍入舟滿焉、耶穌於舟尾枕而寢、門徒醒之曰、師不顧

第四章

1. 耶穌復於海濱教誨 衆就之 乃登舟浮海而坐 衆傍海立岸

(예수께서 다시 바닷가에서 가르치시니 큰 무리가 모여들거늘 예수께서 바다에 떠 있는 배에 올라 앉으시고 온 무리는 바닷가 육지에 있더라)

모양	耶	穌	復	於	海	濱	教	誨	衆	就	之	乃
음	야	소	부	어	해	빈	교	회	중	취	지	내
뜻	어조사 아버지	깨어날 살다	다시	어조사 ~에서	바다	물가	가르칠	가르칠	무리	나아갈	갈 어조사	이에 곧
구분	△	△	0	0	0	x	0	x	0	0	0	0

모양	登	舟	浮	海	而	坐	衆	傍	誨	立	岸
음	등	주	부	해	이	좌	중	방	회	입(립)	안
뜻	오를	배	뜰	바다	말 이을	앉을	무리	곁	가르칠	설	언덕 기슭
구분	0	△	0	0	0	0	0	△	x	0	△

한자 쓰기	耶穌復於海濱教誨 衆就之 乃登舟浮海而坐 衆傍海立岸

2. 耶穌傳道多端 設譬教人 曰

(이에 예수께서 여러 가지를 비유로 가르치시니 그 가르치시는 중에 그들에게 이르시되)

모양	耶	穌	傳	道	多	端	設	譬	教	人	曰
음	야	소	전	도	다	단	설	비	교	인	왈
뜻	어조사 아버지	깨어날 살다	전할	길 말하다	많을	단서 실마리	베풀	비유할	가르칠	사람	가로되 말하다
구분	△	△	0	0	0	0	0	x	0	0	0

한자 쓰기	耶穌傳道多端 設譬教人 曰

3. 聽之哉 有播種者 出而播種

(들으라 씨를 뿌리는 자가 뿌리러 나가서)

모양	聽	之	哉	有	播	種	者	出	而	播	種
음	청	지	재	유	파	종	자	출	이	파	종
뜻	들을	갈 어조사	어조사	있을	뿌릴	씨	사람 것	나갈	말 이을	뿌릴	씨
구분	0	0	0	0	Δ	0	0	0	0	Δ	0

한자 쓰기	聽之哉 有播種者 出而播種

4. 播時 有遺道旁者 飛鳥至 盡食之

(뿌릴새 더러는 길 가에 떨어지매 새들이 와서 먹어 버렸고)

모양	播	時	有	遺	道	旁	者	飛	鳥	至	盡	食
음	파	시	유	유	도	방	자	비	조	지	진	식
뜻	뿌릴	때 시간	있을	남길 버릴	길 말하다	곁	사람 것	날	새	이를 도달할	다할	먹을
구분	Δ	0	0	0	0	x	0	0	0	0	0	0

모양	之
음	지
뜻	갈 어조사
구분	0

한자 쓰기	播時 有遺道旁者 飛鳥至 盡食之

5. 有遺磽地者 其土淺薄 發萌雖速 然土不深

(더러는 흙이 얕은 돌밭에 떨어지매 흙이 깊지 아니하므로 곧 싹이 나오나)

모양	有	遺	磽	地	者	其	土	淺	薄	發	萌	雖
음	유	유	교	지	자	기	토	천	박	발	맹	수
뜻	있을	남길 버릴	메마른땅 단단할	땅	사람 것	그 그것	흙	얕을	얕을	일으킬 필	싹	비록
구분	0	0	x	0	0	0	0	0	△	0	x	0

모양	速	然	土	不	深
음	속	연	토	불	심
뜻	빠를	그러할	흙	아닐 불 아니 부	깊을
구분	0	0	0	0	0

한자 쓰기	有遺磽地者 其土淺薄 發萌雖速 然土不深

6. 故日出暴之 無根而槁

(해가 돋은 후에 타서 뿌리가 없으므로 말랐고)

모양	故	日	出	暴	之	無	根	而	槁
음	고	일	출	폭	지	무	근	이	고
뜻	까닭 그러므로	날 해	나갈	사나울	갈 어조사	없을	뿌리	말 이을	마를
구분	0	0	0	0	0	0	0	0	x

한자 쓰기	故日出暴之 無根而槁

7. 有遺棘中者 棘起蔽之 而實不結

(더러는 가시떨기에 떨어지매 가시가 자라 기운을 막으므로 결실하지 못하였고)

모양	有	遺	棘	中	者	棘	起	蔽	之	而	實	不
음	유	유	극	중	자	극	기	폐	지	이	실	불
뜻	있을	남길 버릴	가시 가시나무	가운데	사람 것	가시 가시나무	일어날	덮을 가릴	갈 어조사	말 이을	열매 결실	아닐 불 아니 부
구분	0	0	x	0	0	x	0	Δ	0	0	0	0

모양	結
음	결
뜻	맺을
구분	0

한자 쓰기	有遺棘中者 棘起蔽之 而實不結

8. 有遺沃壤者 發而長 結實或三十倍 或六十倍 或百倍

(더러는 좋은 땅에 떨어지매 자라 무성하여 결실하였으니 삼십 배나 육십 배나 백 배가 되었느니라 하시고)

모양	有	遺	沃	壤	者	發	而	長	結	實	或	三
음	유	유	옥	양	자	발	이	장	결	실	혹	삼
뜻	있을	남길 버릴	기름질 비옥할	땅 흙덩이	사람 것	일으킬 필	말 이을	길 성장할	맺을	열매 결실	혹 어떤 이	석 3
구분	0	0	x	Δ	0	0	0	0	0	0	0	0

모양	十	倍	或	六	十	倍	或	百	倍
음	십	배	혹	육	십	배	혹	백	배
뜻	열 10	곱 갑절	혹 어떤 이	여섯 6	열 10	곱 갑절	혹 어떤 이	일백 100	곱 갑절
구분	0	0	0	0	0	0	0	0	0

한자 쓰기	有遺沃壤者 發而長 結實或三十倍 或六十倍 或百倍

9. 又曰 宜傾耳聽焉

(또 이르시되 들을 귀 있는 자는 들으라 하시니라)

모양	又	曰	宜	傾	耳	聽	焉
음	우	왈	의	경	이	청	언
뜻	또	가로되 말하다	마땅할	기울	귀	들을	어조사
구분	0	0	Δ	0	0	0	Δ

한자 쓰기	又曰 宜傾耳聽焉

10. 耶穌燕居 從者與十二門徒問譬之說

(예수께서 홀로 계실 때에 함께 한 사람들이 열두 제자와 더불어 그 비유들에 대하여 물으니)

모양	耶	穌	燕	居	從	者	與	十	二	門	徒	問
음	야	소	연	거	종	자	여	십	이	문	도	문
뜻	어조사 아버지	깨어날 살다	제비 편안할	있을 주거할	따를	사람 것	더불 ~과	열 10	두 2	문	무리	물을
구분	Δ	Δ	Δ	0	0	0	0	0	0	0	0	0

모양	譬	之	說
음	비	지	설
뜻	비유 비유할	갈 어조사	말씀 말
구분	x	0	0

한자 쓰기	耶穌燕居 從者與十二門徒問譬之說

11. 耶穌曰 上帝國之奧 與爾識之 惟於外人 則以譬言之

(이르시되 하나님 나라의 비밀을 너희에게는 주었으나 외인에게는 모든 것을 비유로 하나니)

모양	耶	穌	曰	上	帝	國	之	奧	與	爾	識	之
음	야	소	왈	상	제	국	지	오	여	이	식	지
뜻	어조사 아버지	깨어날 살다	가로되 말하다	위	임금	나라	갈 어조사	속 깊을	줄 ~과	너	알	갈 어조사
구분	△	△	0	0	0	0	0	x	0	x	0	0

모양	惟	於	外	人	則	以	譬	言	之
음	유	어	외	인	즉	이	비	언	지
뜻	오직	어조사 ~에게	바깥	사람	곧	써 ~로써	비유 비유할	말씀 말할	갈 어조사
구분	0	0	0	0	0	0	x	0	0

한자 쓰기	耶穌曰 上帝國之奧 與爾識之 惟於外人 則以譬言之

12. 故彼目視而不明 耳聞而不悟 不克遷改而得罪赦

(이는 그들로 보기는 보아도 알지 못하며 듣기는 들어도 깨닫지 못하게 하여 돌이켜 죄 사함을 얻지 못하게하려 함이라 하시고)

모양	故	彼	目	視	而	不	明	耳	聞	而	不	悟
음	고	피	목	시	이	불	명	이	문	이	불	오
뜻	까닭 그러므로	저	눈	볼	말 이을	아닐 불 아니 부	밝을	귀 뿐	들을	말 이을	아닐 불 아니 부	깨달을
구분	0	0	0	0	0	0	0	0	0	0	0	0

모양	不	克	遷	改	而	得	罪	赦
음	불	극	천	개	이	득	죄	사
뜻	아닐 불 아니 부	이길 능할	옮길	고칠	말 이을	얻을	허물 죄	사할 용서할
구분	0	△	△	0	0	0	0	x

한자 쓰기	故彼目視而不明 耳聞而不悟 不克遷改而得罪赦

13. 又曰 斯譬未達 安識衆譬

(또 이르시되 너희가 이 비유를 알지 못할진대 어떻게 모든 비유를 알겠느냐)

모양	又	曰	斯	譬	未	達	安	識	衆	譬
음	우	왈	사	비	미	달	안	식	중	비
뜻	또	가로되 말하다	이 이것	비유 비유할	아닐	통달할	편안할 어찌	알	무리 많은	비유 비유할
구분	0	0	Δ	x	0	0	0	0	0	x

한자 쓰기	又曰 斯譬未達 安識衆譬

14. 播種者 播道也

(뿌리는 자는 말씀을 뿌리는 것이라)

모양	播	種	者	播	道	也
음	파	종	자	파	도	야
뜻	뿌릴	씨	사람 것	뿌릴	길 말씀	어조사 ~이다.
구분	Δ	0	0	Δ	0	0

한자 쓰기	播種者 播道也

15. 播於道旁者 猶人聽道 撒但卽至 將播於心者奪之

(말씀이 길 가에 뿌려졌다는 것은 이들을 가리킴이니 곧 말씀을 들었을 때에 사탄이 즉시 와서 그들에게 뿌려진 말씀을 빼앗는 것이요)

모양	播	於	道	旁	者	猶	人	聽	道	撒	但	卽
음	파	어	도	방	자	유	인	청	도	살	단	즉
뜻	뿌릴	어조사 ~에	길 말씀	곁	사람 것	같을 오히려	사람	들을	길 말씀	뿌릴	다만 단지	곧 나아갈
구분	△	0	0	x	0	0	0	0	0	x	0	0

모양	至	將	播	於	心	者	奪	之
음	지	장	파	어	심	자	탈	지
뜻	이를 도달할	장차 장수	뿌릴	어조사 ~에	마음	사람 것	빼앗을	갈 어조사
구분	0	0	△	0	0	0	△	0

한자 쓰기	播於道旁者 猶人聽道 撒但卽至 將播於心者奪之

16. 播於磽地者 猶人聽道 卽喜受之

(또 이와 같이 돌밭에 뿌려졌다는 것은 이들을 가리킴이니 곧 말씀을 들을 때에 즉시 기쁨으로 받으나)

모양	播	於	磽	地	者	猶	人	聽	道	卽	喜	受
음	파	어	교	지	자	유	인	청	도	즉	희	수
뜻	뿌릴	어조사 ~에	메마른 땅 단단할	땅	사람 것	같을 오히려	사람	들을	길 말씀	곧 나아갈	기쁠	받을
구분	△	0	x	0	0	0	0	0	0	0	0	0

모양	之
음	지
뜻	갈 어조사
구분	0

한자 쓰기	播於磽地者 猶人聽道 卽喜受之

17. 惟內無根 則亦暫耳 及爲道而遇難窘逐 遂厭而棄之

(그 속에 뿌리가 없어 잠깐 견디다가 말씀으로 인하여 환난이나 박해가 일어나는 때에는 곧 넘어 지는 자요)

모양	惟	內	無	根	則	亦	暫	耳	及	爲	道	而
음	유	내	무	근	즉	역	잠	이	급	위	도	이
뜻	오직	안 속	없을	뿌리	곧	또	잠시 잠깐	귀 뿐	이를 ~와	될 위할	길 말씀	말 이을
구분	0	0	0	0	0	0	Δ	0	0	0	0	0

모양	遇	難	窘	逐	遂	厭	而	棄	之
음	우	난	군	축	수	염	이	기	지
뜻	만날	어려울	곤궁할 막힐	쫓을 쫓아낼	드디어 따를	싫어할	말 이을	버릴	갈 어조사
구분	0	0	x	Δ	Δ	0	0	Δ	0

한자 쓰기	惟內無根 則亦暫耳 及爲道而遇難窘逐 遂厭而棄之

18. 播於棘中者 猶人聽道

(또 어떤 이는 가시떨기에 뿌려진 자니 이들은 말씀을 듣기는 하되)

모양	播	於	棘	中	者	猶	人	聽	道
음	파	어	극	중	자	유	인	청	도
뜻	뿌릴	어조사 ~에	가시 가시나무	가운데	사람 것	같을 오히려	사람	들을	길 말씀
구분	Δ	0	x	0	0	0	0	0	0

한자 쓰기	播於棘中者 猶人聽道

19. 而斯世之憧擾 貨財之迷惑 嗜欲之萌動 蔽其道而不實

(세상의 염려와 재물의 유혹과 기타 욕심이 들어와 말씀을 막아 결실하지 못하게 되는 자요)

모양	而	斯	世	之	憧	擾	貨	財	之	迷	惑	嗜
음	이	사	세	지	등	요	화	재	지	미	혹	기
뜻	말 이을	이 이것	세상	갈 어조사	동경할 그리워할	시끄러울 길들일	재화 돈	재물 재산	갈 어조사	미혹할	미혹할	즐길 좋아할
구분	0	Δ	0	0	x	x	0	0	0	Δ	Δ	x

모양	欲	之	萌	動	蔽	其	道	而	不	實
음	욕	지	맹	동	폐	기	도	이	불	실
뜻	하고자 할	갈 어조사	싹	움직일	덮을 가릴	그 그것	길 말씀	말 이을	아닐 불 아니 부	열매 결실
구분	0	0	x	0	Δ	0	0	0	0	0

한자 쓰기	而斯世之憧擾 貨財之迷惑 嗜欲之萌動 蔽其道而不實

20. 遺於沃壤者 猶人聽道 受之而結實 有三十倍 六十倍 百倍焉

(좋은 땅에 뿌려졌다는 것은 곧 말씀을 듣고 받아 삼십 배나 육십 배나 백 배의 결실을 하는 자니라)

모양	遺	於	沃	壤	者	猶	人	聽	道	受	之	而
음	유	어	옥	양	자	유	인	청	도	수	지	이
뜻	남길 버릴	어조사 ~에서	기름질 비옥할	땅 흙덩이	사람 것	같을 오히려	사람	들을	길 말씀	받을	갈 어조사	말 이을
구분	0	0	x	Δ	0	0	0	0	0	0	0	0

모양	結	實	有	三	十	倍	六	十	倍	百	倍	焉
음	결	실	유	삼	십	배	육	십	배	백	배	언
뜻	맺을	열매 결실	있을	석 3	열 10	곱 갑절	여섯 6	열 10	곱 갑절	일백 100	곱 갑절	어조사
구분	0	0	0	0	0	0	0	0	0	0	0	Δ

한자 쓰기	遺於沃壤者 猶人聽道 受之而結實 有三十倍 六十倍 百倍焉

21. 耶穌又曰 人以燈至 豈置斗下牀下耶 非置之臺上耶

(또 그들에게 이르시되 사람이 등불을 가져오는 것은 말 아래에나 평상 아래에 두려 함이냐 등경 위에 두려 함이 아니냐)

모양	耶	穌	又	曰	人	以	燈	至	豈	置	斗	下
음	야	소	우	왈	인	이	등	지	기	치	두	하
뜻	어조사 아버지	깨어날 살다	또	가로되 말하다	사람	써 ~로써	등 등불	이를 도달할	어찌 어찌하여	둘	말 (용량의 단위)	아래 내리다
구분	△	△	0	0	0	0	0	0	△	△	0	0

모양	牀	下	乎	非	置	之	臺	上	耶
음	상	하	호	비	치	지	대	상	야
뜻	평상 상	아래 내리다	어조사 ~느냐?	아닐	둘	갈 어조사	무대 대	위 오르다	어조사 ~느냐?
구분	x	0	△	△	0	0	△	0	△

한자 쓰기	耶穌又曰 人以燈至 豈置斗下牀下耶 非置之臺上耶

22. 未有微而不彰 藏而不露者

(드러내려 하지 않고는 숨긴 것이 없고 나타내려 하지 않고는 감추인 것이 없느니라)

모양	未	有	微	而	不	彰	藏	而	不	露	者
음	미	유	미	이	불	창	장	이	불	노(로)	자
뜻	아닐	있을	작을	말 이을	아닐 불 아니 부	드러날	감출	말 이을	아닐 불 아니 부	이슬 드러날	사람 것
구분	0	0	△	0	x	△	0	0	0	0	0

한자 쓰기	未有微而不彰 藏而不露者

23. 宜傾耳聽焉

(들을 귀 있는 자는 들으라)

모양	宜	傾	耳	聽	焉
음	의	경	이	청	언
뜻	마땅할	기울	귀	들을	어조사
구분	△	△	0	0	△

한자 쓰기	宜傾耳聽焉

24. 又曰 愼所聽 爾度人若何則 見度亦如是 爾聽必加賜爾也

(또 이르시되 너희가 무엇을 듣는가 스스로 삼가라 너희의 헤아리는 그 헤아림으로 너희가 헤아림을 받을 것이며 더 받으리니)

모양	又	曰	愼	所	聽	爾	度	人	若	何	則	見
음	우	왈	신	소	청	이	탁	인	약	하	즉	견
뜻	또	가로되 말하다	삼갈	바 것	들을	너	헤아릴 탁 법도 도	사람	같을	어찌 어떤	곧 즉 법칙 칙	볼 당하다
구분	0	0	△	0	0	x	0	0	0	0	0	0

모양	度	亦	如	是	爾	聽	必	加	賜	爾	也
음	탁	역	여	시	이	청	필	가	사	이	야
뜻	헤아릴 탁 법도 도	또	같을	옳을 이	너	들을	반드시 필요할	더할	줄 하사할	너	어조사 ~이다.
구분	0	0	0	0	x	0	0	0	△	x	0

한자 쓰기	又曰 愼所聽 爾度人若何則 見度亦如是 爾聽必加賜爾也

91

25. 蓋有者 將與之 無有者 幷其所有亦奪之

(있는 자는 받을 것이요 없는 자는 그 있는 것까지도 빼앗기리라)

모양	蓋	有	者	將	與	之	無	有	者	幷	其	所
음	개	유	자	장	여	지	무	유	자	병	기	소
뜻	대개 덮을	있을	사람 것	장차 장수	줄 더불	갈 어조사	없을	있을	사람 것	아우를	그 그것	바 것
구분	△	O	O	O	O	O	O	O	O	x	O	O

모양	有	亦	奪	之
음	유	역	탈	지
뜻	있을	또	빼앗을	갈 어조사
구분	O	O	△	O

한자 쓰기	蓋有者 將與之 無有者 幷其所有亦奪之

26. 又曰 上帝國猶人播種於地

(또 이르시되 하나님의 나라는 사람이 씨를 땅에 뿌림과 같으니)

모양	又	曰	上	帝	國	猶	人	播	種	於	地
음	우	왈	상	제	국	유	인	파	종	어	지
뜻	또	가로되 말하다	위	임금	나라	같을 오히려	사람	뿌릴	씨	어조사 ~에	땅
구분	O	O	O	O	O	O	O	△	O	O	O

한자 쓰기	又曰 上帝國猶人播種於地

92

27. 夜寐夙興 種發且長 不知其所以然

(그가 밤낮 자고 깨고 하는 중에 씨가 나서 자라되 어떻게 그리 되는지를 알지 못하느니라)

모양	夜	寐	夙	興	種	發	且	長	不	知	其	所
음	야	매	숙	흥	종	발	차	장	불	지	기	소
뜻	밤	잠잘	일찍	일어날 일으킬	씨	일으킬 필	또 또한	길(long) 성장할	아닐 불 아니 부	알 알다	그 그것	바 것
구분	0	x	x	0	0	0	0	0	0	0	0	0

모양	以	然
음	이	연
뜻	써 까닭	그러할 자연
구분	0	0

한자 쓰기	夜寐夙興 種發且長 不知其所以然

28. 蓋地本生物 始而苗 繼而穗 後而成穀

(땅이 스스로 열매를 맺되 처음에는 싹이요 다음에는 이삭이요 그 다음에는 이삭에 충실한 곡식이라)

모양	蓋	地	本	生	物	始	而	苗	繼	而	穗	後
음	개	지	본	생	물	시	이	묘	계	이	수	후
뜻	대개 덮을	땅	근본 본디	날 살	만물 물건	처음 시작할	말 이을	싹 모	이을	말 이을	이삭	뒤
구분	△	0	0	0	0	0	0	x	△	0	x	0

모양	而	成	穀
음	이	성	곡
뜻	말 이을	이룰	곡식
구분	0	0	0

한자 쓰기	蓋地本生物 始而苗 繼而穗 後而成穀

29. 旣熟 用鎌 穫時至矣

(열매가 익으면 곧 낫을 대나니 이는 추수 때가 이르렀음이라)

모양	旣	熟	用	鎌	穫	時	至	矣
음	기	숙	용	염(렴)	확	시	지	의
뜻	이미	익을	쓸 ~써	낫	거둘 수확할	때 시간	이를 도달할	어조사 ~이다
구분	0	△	0	x	△	0	0	0

한자 쓰기	旣熟 用鎌 穫時至矣

30. 又曰 上帝國何以比之 將以何譬譬之耶

(또 이르시되 우리가 하나님의 나라를 어떻게 비교하며 또 무슨 비유로 나타낼까)

모양	又	曰	上	帝	國	何	以	比	之	將	以	何
음	우	왈	상	제	국	하	이	비	지	장	이	하
뜻	또	가로되 말하다	위	임금	나라	어찌 무엇	써 ~로써	비교할 견줄	갈 어조사	장차 장수	써 ~로써	어찌 무엇
구분	0	0	0	0	0	0	0	0	0	0	0	0

모양	譬	譬	之	耶
음	비	비	지	야
뜻	비유 비유할	비유 비유할	갈 어조사	어조사 ~느냐?
구분	x	x	0	△

한자 쓰기	又曰 上帝國何以比之 將以何譬譬之耶

94

31. 猶芥種播於地 爲世間百種之至微

(겨자씨 한 알과 같으니 땅에 심길 때에는 땅 위의 모든 씨보다 작은 것이로되)

모양	猶	芥	種	播	於	地	爲	世	間	百	種	之
음	유	개	종	파	어	지	위	세	간	백	종	지
뜻	오히려 같을	겨자 티끌	씨	뿌릴	어조사 ~에	땅	될 할	세상	사이	일백 100	씨	갈 어조사
구분	0	x	0	△	0	0	0	0	0	0	0	0

모양	至	微
음	지	미
뜻	이를 지극히	작을
구분	0	△

한자 쓰기	猶芥種播於地 爲世間百種之至微

32. 旣播卽發 大於諸蔬 生枝而長 飛鳥棲其蔭

(심긴 후에는 자라서 모든 풀보다 커지며 큰 가지를 내나니 공중의 새들이 그 그늘에 깃들일 만큼 되느니라)

모양	旣	播	卽	發	大	於	諸	蔬	生	枝	而	長
음	기	파	즉	발	대	어	제	소	생	지	이	장
뜻	이미	뿌릴	곧 나아갈	일으킬 필	큰	어조사 ~에	모든 모두	나물 채소	날 살	가지	말 이을	길(long) 성장할
구분	0	△	0	0	0	0	0	△	0	0	0	0

모양	飛	鳥	棲	其	蔭
음	비	조	서	기	음
뜻	날	새	깃들일 살	그 그것	그늘
구분	0	0	x	0	x

한자 쓰기	旣播卽發 大於諸蔬 生枝而長 飛鳥棲其蔭

33. 此耶穌多設譬以傳道 因民之所能聽焉

(예수께서 이러한 많은 비유로 그들이 알아 들을 수 있는 대로 말씀을 가르치시되)

모양	此	耶	穌	多	設	譬	以	傳	道	因	民	之
음	차	야	소	다	설	비	이	전	도	인	민	지
뜻	이	어조사 아버지	깨어날 살다	많을	베풀	비유할	써 ~로써	전할	길 말하다	인할 원인	백성	갈 어조사
구분	O	△	△	O	O	x	O	O	O	O	O	O

모양	所	能	聽	焉
음	소	능	청	언
뜻	바 것	능할 능력	들을	어조사
구분	O	O	O	△

한자 쓰기	此耶穌多設譬以傳道 因民之所能聽焉

34. 非譬不語 燕居時 悉與門徒解之

(비유가 아니면 말씀하지 아니하시고 다만 혼자 계실 때에 그 제자들에게 모든 것을 해석하시더라)

모양	非	譬	不	語	燕	居	時	悉	與	門	徒	解
음	비	비	불	어	연	거	시	실	여	문	도	해
뜻	아닐	비유 비유할	아닐 불 아니 부	말씀	제비 편안할	있을 주거할	때 시간	다 모두	더불 ~과	문	무리	풀 이해할
구분	O	x	O	O	△	O	O	x	O	O	O	O

모양	之
음	지
뜻	갈 어조사
구분	O

한자 쓰기	非譬不語 燕居時 悉與門徒解之

35. 日暮 耶穌謂門徒曰 可共濟彼岸

(그 날 저물 때에 제자들에게 이르시되 우리가 저편으로 건너가자 하시니)

모양	日	暮	耶	穌	謂	門	徒	曰	可	共	濟	彼
음	일	모	야	소	위	문	도	왈	가	공	제	피
뜻	날 해	저물 해질	어조사 아버지	깨어날 살다	이를 고할	문	무리	가로되 말하다	옳을 가능할	함께	건널	저
구분	O	O	△	△	△	O	O	O	O	O	△	O

모양	岸
음	안
뜻	언덕 기슭
구분	△

한자 쓰기	日暮 耶穌謂門徒曰 可共濟彼岸

36. 耶穌在舟 門徒既散衆 則與耶穌偕往 他舟同行

(그들이 무리를 떠나 예수를 배에 계신 그대로 모시고 가매 다른 배들도 함께 하더니)

모양	耶	穌	在	舟	門	徒	既	散	衆	則	與	耶
음	야	소	재	주	문	도	기	산	중	즉	여	야
뜻	어조사 아버지	깨어날 살다	있을	배	문	무리	이미	흩을	무리	곧 즉 법칙 칙	더불 ~과	어조사 아버지
구분	△	△	O	△	O	O	O	O	O	O	O	△

모양	穌	偕	往	他	舟	同	行
음	소	해	왕	타	주	동	행
뜻	깨어날 살다	함께	갈	남 다를	배	같을	행할 다닐
구분	△	x	O	O	△	O	O

한자 쓰기	耶穌在舟 門徒既散衆 則與耶穌偕往 他舟同行

37. 颶風大起 浪躍入舟 滿焉

(큰 광풍이 일어나며 물결이 배에 부딪쳐 들어와 배에 가득하게 되었더라)

모양	颶	風	大	起	浪	躍	入	舟	滿	焉
음	구	풍	대	기	낭(랑)	약	입	주	만	언
뜻	맹렬한 폭풍	바람	큰	일어날	물결	뛸	들어갈	배	찰 가득할	어조사
구분	x	0	0	0	0	Δ	0	Δ	0	Δ

한자 쓰기	颶風大起 浪躍入舟 滿焉

38. 耶穌於舟尾枕而寢 門徒醒之曰 師 不顧我乎 亡矣

(예수께서는 고물에서 베개를 베고 주무시더니 제자들이 깨우며 이르되 선생님이여 우리가 죽게 된 것을 돌보지 아니하시나이까 하니)

모양	耶	穌	於	舟	尾	枕	而	寢	門	徒	醒	之
음	야	소	어	주	미	침	이	침	문	도	성	지
뜻	어조사 아버지	깨어날 살다	어조사 ~에서	배	꼬리 끝	베개	말 이을	잠잘	문	무리	깰	갈 어조사
구분	Δ	Δ	0	Δ	0	Δ	0	Δ	0	0	x	0

모양	曰	師	不	顧	我	乎	亡	矣
음	왈	사	불	고	아	호	망	의
뜻	가로되 말하다	스승	아닐 불 아니 부	돌아볼	나 우리	어조사 ~느냐?	망할 죽을	어조사 ~이다
구분	0	0	불	Δ	0	0	0	0

한자 쓰기	耶穌於舟尾枕而寢 門徒醒之曰 師 不顧我乎 亡矣

39. 耶穌起 斥風告海曰 黙而靖 風遂止 大平息

(예수께서 깨어 바람을 꾸짖으시며 바다더러 이르시되 잠잠하라 고요하라 하시니 바람이 그치고
아주 잔잔하여지더라)

모양	耶	穌	起	斥	風	告	海	曰	黙	而	靖	風
음	야	소	기	척	풍	고	해	왈	묵	이	정	풍
뜻	어조사 아버지	깨어날 살다	일어날	물리칠	바람	고할 알릴	바다	가로되 말하다	잠잠할	말 이을	편안할 고요할	바람
구분	△	△	0	△	0	0	0	0	△	0	x	0

모양	遂	止	大	平	息
음	수	지	대	평	식
뜻	드디어 따를	그칠 멈출	큰	평평할	쉴
구분	△	0	0	0	△

한자 쓰기	耶穌起 斥風告海曰 黙而靖 風遂止 大平息

40. 乃語門徒曰 奚恐懼若是 何不信乎

(이에 제자들에게 이르시되 어찌하여 이렇게 무서워하느냐 너희가 어찌 믿음이 없느냐 하시니)

모양	乃	語	門	徒	曰	奚	恐	懼	若	是	何	不
음	내	어	문	도	왈	해	공	구	약	시	하	불
뜻	이에 곧	말씀	문	무리	가로되 말하다	어찌 왜	두려울	두려울	같을	옳을 이	어찌 무엇	아닐 불 아니 부
구분	0	0	0	0	0	△	△	△	0	0	0	0

모양	信	乎
음	신	호
뜻	믿을	어조사 ~느냐?
구분	0	0

한자 쓰기	乃語門徒曰 奚恐懼若是 何不信乎

41. 衆甚駭 彼此相告曰 斯何人耶 風與海亦順之也

(그들이 심히 두려워하여 서로 말하되 그가 누구이기에 바람과 바다도 순종하는가 하였더라)

모양	衆	甚	駭	彼	此	相	告	曰	斯	何	人	耶
음	중	심	해	피	차	상	고	왈	사	하	인	야
뜻	무리	심할	놀랄	저	이	서로	고할 알릴	가로되 말하다	이 이것	어찌 어떤	사람	어조사 ~느냐?
구분	0	0	x	0	0	0	0	0	Δ	0	0	Δ

모양	風	與	海	亦	順	之	也
음	풍	여	해	역	순	지	야
뜻	바람	더불 ~과	바다	또	순종할	갈 어조사	어조사 ~이다.
구분	0	0	0	0	0	0	0

한자 쓰기	衆甚駭 彼此相告曰 斯何人耶 風與海亦順之也

100

我乎亡矣耶穌起斥風告海曰、默而靖、風遂止、大平息、乃語門徒曰、奚恐懼若

是何不信乎、衆甚駭彼此相告曰、斯何人耶、風與海亦順之也

第五章

既濟至加大拉地、離舟、遇患邪神者自墓出其人素居塚、無有能以鐵索繫之

者、屢以桎梏鐵索繫之則斷鐵索毀桎梏終不能制日夜恒在塚與山呼號、以

石自傷遙見耶穌趨而拜之大呼曰至高上帝子耶穌我與爾何與托上帝名、以

懇爾莫苦我蓋耶穌曾命邪神離其人乃問曰爾何名曰我名營吾儕多故也

切求耶穌勿逐出斯地近山有羣豕方食衆鬼求曰容我入豕羣耶穌許之邪

神離人入豕、其羣突落山坡投海、數約二千溺於海、牧者奔告邑村衆出視所

行、就耶穌見先患鬼為營所憑者坐而衣自若則懼見者以所遇患鬼羣豕

事告之衆求耶穌出其境、耶穌登舟時先患鬼者求與之偕耶穌弗許曰歸以

主視爾矜恤爾之事告家人其人往低加波利言耶穌如何視已衆奇之

耶穌乘舟復濟彼岸衆集就之於海濱、有宰會堂者名睚魯來見耶穌俯伏切

求曰幼女將死爾來按之使得愈則生矣耶穌偕往衆擁從之有婦血漏十二

第五章

1. 旣濟 至加大拉地

(예수께서 바다 건너편 <u>거라사인</u>의 지방에 이르러)

모양	旣	濟	至	加	大	拉	地
음	기	제	지	가	대	납(랍)	지
뜻	이미	건널	이를 도달할	더할	큰	끌 끌고 갈	땅
구분	0	△	0	0	0	x	0

한자 쓰기	旣濟 至加大拉地

2. 離舟 遇患邪神者 自墓出

(배에서 나오시매 곧 더러운 귀신 들린 사람이 무덤 사이에서 나와 예수를 만나니라)

모양	離	舟	遇	患	邪	神	者	自	墓	出
음	이(리)	주	우	환	사	신	자	자	묘	출
뜻	떠날	배	만날	근심 앓다	간사할	신 귀신	사람 것	스스로 ~부터	무덤	나갈
구분	△	△	0	0	△	0	0	0	△	0

한자 쓰기	離舟 遇患邪神者 自墓出

3. 其人素居塚 無有能以鐵索繫之者

(그 사람은 무덤 사이에 거처하는데 이제는 아무도 그를 쇠사슬로도 맬 수 없게 되었으니)

모양	其	人	素	居	塚	無	有	能	以	鐵	索	繫
음	기	인	소	거	총	무	유	능	이	철	삭	계
뜻	그 그것	사람	본디 평소	있을 주거할	무덤	없을	있을	능할 능력	써 ~로써	쇠	줄 삭 찾을 색	묶을 맬
구분	0	0	0	0	x	0	0	0	0	0	△	△

모양	之	者
음	지	자
뜻	갈 어조사	사람 것
구분	0	0

한자 쓰기	其人素居塚 無有能以鐵索繫之者

4. 屢以桎梏 鐵索繫之 則斷鐵索 毀桎梏 終不能制

(이는 여러 번 고랑과 쇠사슬에 매였어도 쇠사슬을 끊고 고랑을 깨뜨렸음이러라 그리하여 아무도 그를 제어할 힘이 없는지라)

모양	屢	以	桎	梏	鐵	索	繫	之	則	斷	鐵	索
음	누(루)	이	질	곡	철	삭	계	지	즉	단	철	삭
뜻	여러 자주	써 ~로써	족쇄	쇠고랑 수갑	쇠	줄 삭 찾을 색	묶을 맬	갈 어조사	곧 즉 법칙 칙	끊을	쇠	줄 삭 찾을 색
구분	x	0	x	x	0	△	△	0	0	△	0	△

모양	毀	桎	梏	終	不	能	制
음	훼	질	곡	종	불	능	제
뜻	헐 제거할	족쇄	쇠고랑 수갑	끝 마침내	아닐 불 아니 부	능할 능력	제어할 억제할
구분	△	x	x	0	0	0	△

한자 쓰기	屢以桎梏 鐵索繫之 則斷鐵索 毀桎梏 終不能制

5. 日夜恒在塚與山 呼號 以石自傷

(밤낮 무덤 사이에서나 산에서나 늘 소리 지르며 돌로 자기의 몸을 해치고 있었더라)

모양	日	夜	恒	在	塚	與	山	呼	號	以	石	自
음	일	야	항	재	총	여	산	호	호	이	석	자
뜻	날 해	밤	항상	있을	무덤	더불 ~과	산	부를	부르짖을	써 ~로써	돌	스스로 ~부터
구분	0	0	0	0	x	0	0	0	0	0	0	0

모양	傷
음	상
뜻	상처 해칠
구분	0

한자 쓰기	日夜恒在塚與山 呼號 以石自傷

6. 遙見耶穌 趨而拜之

(그가 멀리서 예수를 보고 달려와 절하며)

모양	遙	見	耶	穌	趨	而	拜	之
음	요	견	야	소	추	이	배	지
뜻	멀 멀리	볼	어조사 아버지	깨어날 살다	달릴	말 이을	절 경배할	갈 어조사
구분	Δ	0	Δ	Δ	x	0	0	0

한자 쓰기	遙見耶穌 趨而拜之

7. 大呼曰 至高上帝子耶穌 我與爾何與 托上帝名 懇爾莫苦我

(큰 소리로 부르짖어 이르되 지극히 높으신 하나님의 아들 <u>예수</u>여 나와 당신이 무슨 상관이 있나이까 원하건대 하나님 앞에 맹세하고 나를 괴롭히지 마옵소서 하니)

모양	大	呼	曰	至	高	上	帝	子	耶	穌	我	與
음	대	호	왈	지	고	상	제	자	야	소	아	여
뜻	큰	부를	가로되 말하다	이를 지극히	높을	위	임금	아들	어조사 아버지	깨어날 살다	나	더불 ~과
구분	O	O	O	O	O	O	O	O	△	△	O	O

모양	爾	何	與	托	上	帝	名	懇	爾	莫	苦	我
음	이	하	여	탁	상	제	명	간	이	막	고	아
뜻	너	어찌 무슨	더불 어조사	맡길 의탁할	위	임금	이름	간절할	너	없을 하지말라	괴롭힐 쓸	나
구분	x	O	O	△	O	O	O	△	x	O	O	O

한자 쓰기	大呼曰 至高上帝子耶穌 我與爾何與 托上帝名 懇爾莫苦我

8. 蓋耶穌曾命邪神離其人

(이는 <u>예수</u>께서 이미 그에게 이르시기를 더러운 귀신아 그 사람에게서 나오라 하셨음이라)

모양	蓋	耶	穌	曾	命	邪	神	離	其	人
음	개	야	소	증	명	사	신	이(리)	기	인
뜻	대개 덮을	어조사 아버지	깨어날 살다	일찍 일찍이	명령 목숨	간사할	신 귀신	떠날	그 그것	사람
구분	△	△	△	O	O	△	O	△	O	O

한자 쓰기	蓋耶穌曾命邪神離其人

9. 乃問曰 爾何名 曰 我名營 吾儕多故也

(이에 물으시되 네 이름이 무엇이냐 이르되 내 이름은 군대니 우리가 많음이니이다 하고)

모양	乃	問	曰	爾	何	名	曰	我	名	營	吾	儕
음	내	문	왈	이	하	명	왈	아	명	영	오	제
뜻	이에 곧	물을	가로되 말하다	너	어찌 무엇	이름	가로되 말하다	나	이름	경영할 진영	나 우리	무리 함께
구분	0	0	0	x	0	0	0	0	0	Δ	0	x

모양	多	故	也
음	다	고	야
뜻	많을	까닭 그러므로	어조사 ~이다.
구분	0	0	0

한자 쓰기	乃問曰 爾何名 曰 我名營 吾儕多故也

10. 切求耶穌 勿逐出斯地

(자기를 그 지방에서 내보내지 마시기를 간구하더니)

모양	切	求	耶	穌	勿	逐	出	斯	地
음	절	구	야	소	물	축	출	사	지
뜻	끊을 간절할	구할 간구할	어조사 아버지	깨어날 살다	말라 하지말라	쫓을 쫓아낼	나갈	이 이것	땅
구분	Δ	0	Δ	Δ	0	Δ	0	Δ	0

한자 쓰기	切求耶穌 勿逐出斯地

11. 近山有羣豕 方食

(마침 거기 돼지의 큰 떼가 산 곁에서 먹고 있는지라)

모양	近	山	有	羣	豕	方	食
음	근	산	유	군	시	방	식
뜻	가까울	산	있을	무리	돼지	모 방향	먹을
구분	0	0	0	Δ	x	0	0

한자 쓰기	近山有羣豕 方食

12. 衆鬼求曰 容我入豕羣

(이에 간구하여 이르되 우리를 돼지에게로 보내어 들어가게 하소서 하니)

모양	衆	鬼	求	曰	容	我	入	豕	羣
음	중	귀	구	왈	용	아	입	시	군
뜻	무리	귀신	구할 간구할	가로되 말하다	얼굴 용납하다	나 우리	들 들어갈	돼지	무리
구분	0	Δ	0	0	0	0	0	x	Δ

한자 쓰기	衆鬼求曰 容我入豕羣

13. 耶穌許之 邪神離人入豕 其羣突落山坡投海 數約二千 溺於海

(허락하신대 더러운 귀신들이 나와서 돼지에게로 들어가매 거의 이천 마리 되는 떼가 바다를 향하여 비탈로 내리달아 바다에서 몰사하거늘)

모양	耶	穌	許	之	邪	神	離	人	入	豕	其	羣
음	야	소	허	지	사	신	이(리)	인	입	시	기	군
뜻	어조사 아버지	깨어날 살다	허락할	갈 어조사	간사할	신 귀신	떠날	사람	들 들어갈	돼지	그 그것	무리
구분	△	△	0	0	△	0	△	0	0	x	0	△

모양	突	落	山	坡	投	海	數	約	二	千	溺	於
음	돌	락	산	파	투	해	수	약	이	천	닉	어
뜻	갑자기 부딪칠	떨어질	산	언덕 고개	던질	바다	셀 수	묶을 대략	두 2	일천 1.000	빠질	어조사 ~에
구분	△	0	0	x	0	0	0	0	0	0	x	0

모양	海
음	해
뜻	바다
구분	0

한자 쓰기	耶穌許之 邪神離人入豕 其羣突落山坡投海 數約二千 溺於海

14. 牧者奔告邑村 衆出視所行

(치던 자들이 도망하여 읍내와 여러 마을에 말하니 사람들이 어떻게 되었는지를 보러 와서)

모양	牧	者	奔	告	邑	村	衆	出	視	所	行
음	목	자	분	고	읍	촌	중	출	시	소	행
뜻	기를 목자	사람 것	달릴 도망갈	고할 알릴	고을	마을	무리	나갈	볼	바 것	행할 다닐
구분	△	0	△	0	0	0	0	0	0	0	0

한자 쓰기	牧者奔告邑村 衆出視所行

15. 就耶穌 見先患鬼爲營所憑者 坐而衣衣自若 則懼

(예수께 이르러 그 귀신 들렸던 자 곧 군대 귀신 지폈던 자가 옷을 입고 정신이 온전하여 앉은 것을 보고 두려워하더라)

모양	就	耶	穌	見	先	患	鬼	爲	營	所	憑	者
음	취	야	소	견	선	환	귀	위	영	소	빙	자
뜻	나아갈	어조사 아버지	깨어날 살다	볼	먼저	근심 앓다	귀신	될 위할	경영할 진영	바 것	기댈 귀신들릴	사람 것
구분	O	△	△	O	O	O	△	O	O	O	x	O

모양	坐	而	衣	衣	自	若	則	懼
음	좌	이	의	의	자	약	즉	구
뜻	앉을	말 이을	옷 입다	입다 옷	스스로 ~부터	같을 어조사	곧 즉 법칙 칙	두려울
구분	O	O	O	O	O	O	O	△

한자 쓰기	就耶穌 見先患鬼爲營所憑者 坐而衣衣自若 則懼

16. 見者以所遇患鬼羣豕事告之

(이에 귀신 들렸던 자가 당한 것과 돼지의 일을 본 자들이 그들에게 알리매)

모양	見	者	以	所	遇	患	鬼	羣	豕	事	告	之
음	견	자	이	소	우	환	귀	군	시	사	고	지
뜻	볼	사람 것	써 ~로써	바 것	만날	근심 앓다	귀신	무리	돼지	일 섬길	고할 알릴	갈 어조사
구분	O	O	O	O	O	△	△	x	O	O	O

한자 쓰기	見者以所遇患鬼羣豕事告之

17. 衆求耶穌出其境

(그들이 예수께 그 지방에서 떠나시기를 간구하더라)

모양	衆	求	耶	穌	出	其	境
음	중	구	야	소	출	기	경
뜻	무리	구할 간구할	어조사 아버지	깨어날 살다	나갈	그 그것	지경 곳
구분	0	0	△	△	0	0	△

한자 쓰기	衆求耶穌出其境

18. 耶穌登舟時 先患鬼者 求與之偕

(예수께서 배에 오르실 때에 귀신 들렸던 사람이 함께 있기를 간구하였으나)

모양	耶	穌	登	舟	時	先	患	鬼	者	求	與	之
음	야	소	등	주	시	선	환	귀	자	구	여	지
뜻	어조사 아버지	깨어날 살다	오를	배	때 시간	먼저	근심 앓다	귀신	사람 것	구할 간구할	더불 ~과	갈 어조사
구분	△	△	0	△	0	0	0	△	0	0	0	0

모양	偕
음	해
뜻	함께
구분	x

한자 쓰기	耶穌登舟時 先患鬼者 求與之偕

110

19. 耶穌弗許曰 歸以主視爾矜恤爾之事 告家人

(허락하지 아니하시고 그에게 이르시되 집으로 돌아가 주께서 네게 어떻게 큰 일을 행하사 너를 불쌍히 여기신 것을 네 가족에게 알리라 하시니)

모양	耶	穌	弗	許	曰	歸	以	主	視	爾	矜	恤
음	야	소	불	허	왈	귀	이	주	시	이	긍	휼
뜻	어조사 아버지	깨어날 살다	아닐	허락할	가로되 말하다	돌아갈	써 ~로써	주인	볼	너	불쌍히 여길	불쌍할
구분	△	△	x	0	0	0	0	0	0	x	x	x

모양	爾	之	事	告	家	人
음	이	지	사	고	가	인
뜻	너	갈 어조사	일 섬길	고할 알릴	집	사람
구분	x	0	0	0	0	0

한자 쓰기	耶穌弗許曰 歸以主視爾 矜恤爾之事 告家人

20. 其人往低加波利 言耶穌如何視己 衆奇之

(그가 가서 예수께서 자기에게 어떻게 큰 일 행하셨는지를 데가볼리에 전파하니 모든 사람이 놀랍게 여기더라)

모양	其	人	往	低	加	波	利	言	耶	穌	如	何
음	기	인	왕	저	가	파	이(리)	언	야	소	여	하
뜻	그 그것	사람	갈	밑 낮을	더할	물결 파도	이로울 이익	말씀 말할	어조사 아버지	깨어날 살다	같을	어찌 어떤
구분	0	0	0	0	0	0	0	0	△	△	0	0

모양	視	己	衆	奇	之
음	시	기	중	기	지
뜻	볼	몸 자기	무리 많은	기이할 기적	갈 어조사
구분	0	0	0	△	0

한자 쓰기	其人往低加波利 言耶穌如何視己 衆奇之

21. 耶穌乘舟 復濟彼岸 衆集 就之於海濱

(예수께서 배를 타시고 다시 맞은편으로 건너가시니 큰 무리가 그에게로 모이거늘 이에 바닷가에 계시더니)

모양	耶	穌	乘	舟	復	濟	彼	岸	衆	集	就	之
음	야	소	승	주	부	제	피	안	중	집	취	지
뜻	어조사 아버지	깨어날 살다	탈	배	다시	건널	저	언덕 기슭	무리 많은	모을 모일	나아갈	갈 어조사
구분	△	△	0	0	0	△	0	△	0	0	0	0

모양	於	海	濱
음	어	해	빈
뜻	어조사 ~에	바다	물가
구분	0	0	x

한자 쓰기	耶穌乘舟 復濟彼岸 衆集 就之於海濱

22. 有宰會堂者 名睚魯 來見耶穌俯伏

(회당장 중의 하나인 야이로라 하는 이가 와서 예수를 보고 발 아래 엎드리어)

모양	有	宰	會	堂	者	名	睚	魯	來	見	耶	穌
음	유	재	회	당	자	명	애	노	래	견	야	소
뜻	있을	재상 우두머리	모일	집	사람 것	이름	눈초리	노나라 미련할	올	볼	어조사 아버지	깨어날 살다
구분	0	△	0	0	0	0	x	x	0	0	△	△

모양	俯	伏
음	부	복
뜻	구부릴	엎드릴
구분	x	0

한자 쓰기	有宰會堂者 名睚魯 來見耶穌俯伏

23. 切求日 幼女將死 爾來按之 使得愈則生矣

(간곡히 구하여 이르되 내 어린 딸이 죽게 되었사오니 오셔서 그 위에 손을 얹으사 그로 구원을 받아 살게 하소서 하거늘)

모양	切	求	曰	幼	女	將	死	爾	來	按	之	使
음	절	구	왈	유	여(녀)	장	사	이	래	안	지	사
뜻	끊을 간절할	구할 간구할	가로되 말하다	어릴	여자	장차 장수	죽을	너	올	살필 안수할	갈 어조사	하여금 부릴
구분	△	0	0	0	0	0	0	x	0	x	0	0

모양	得	愈	則	生	矣
음	득	유	즉	생	의
뜻	얻을	나을	곧 즉 법칙 칙	날 살	어조사 ~이다
구분	0	△	0	0	0

한자 쓰기	切求日 幼女將死 爾來按之 使得愈則生矣

24. 耶穌偕往 衆擁從之

(이에 그와 함께 가실새 큰 무리가 따라가며 에워싸 밀더라)

모양	耶	穌	偕	往	衆	擁	從	之
음	야	소	해	왕	중	옹	종	지
뜻	어조사 아버지	깨어날 살다	함께	갈	무리 많은	안을 옹위할	따를	갈 어조사
구분	△	△	x	0	0	△	0	0

한자 쓰기	耶穌偕往 衆擁從之

25. 有婦血漏十二年

(열두 해를 혈루증으로 앓아 온 한 여자가 있어)

모양	有	婦	血	漏	十	二	年
음	유	부	혈	루	십	이	년
뜻	있을	아내 여자	피	샐	열 10	두 2	해
구분	0	0	0	△	0	0	0

한자 쓰기	有婦血漏十二年

26. 甚爲多醫所苦 盡耗其資 不見益而勢轉劇

(많은 의사에게 많은 괴로움을 받았고 가진 것도 다 허비하였으되 아무 효험이 없고 도리어 더 중하여졌던차에)

모양	甚	爲	多	醫	所	苦	盡	耗	其	資	不	見
음	심	위	다	의	소	고	진	모	기	자	불	견
뜻	심할	될 위할	많을	치료할 의사	바 것	괴롭힐 쓸	다할	소모할 쓸	그 그것	재물 자본	아닐 불 아니 부	볼 당하다
구분	0	0	0	0	0	0	0	x	0	△	0	0

모양	益	而	勢	轉	劇
음	익	이	세	전	극
뜻	더할 유익할	말 이을	형세 기세	구를 회전할	심할
구분	0	0	0	△	△

한자 쓰기	甚爲多醫所苦 盡耗其資 不見益而勢轉劇

114

27. 聞耶穌事 雜衆中而至 自後捫其衣

(예수의 소문을 듣고 무리 가운데 끼어 뒤로 와서 그의 옷에 손을 대니)

모양	聞	耶	穌	事	雜	衆	中	而	至	自	後	捫
음	문	야	소	사	잡	중	중	이	지	자	후	문
뜻	들을	어조사 아버지	깨어날 살다	일 섬길	섞일	무리 많은	가운데	말 이을	이를 도달할	스스로 ~부터	뒤	어루만질
구분	0	△	△	0	△	0	0	0	0	0	0	x

모양	其	衣
음	기	의
뜻	그 그것	옷
구분	0	0

한자 쓰기	聞耶穌事 雜衆中而至 自後捫其衣

28. 蓋曰 第捫其衣則愈

(이는 내가 그의 옷에만 손을 대어도 구원을 받으리라 생각함일러라)

모양	蓋	曰	第	捫	其	衣	則	愈
음	개	왈	제	문	기	의	즉	유
뜻	대개 덮을	가로되 말하다	차례 다만	어루만질	그 그것	옷	곧 즉 법칙 칙	나을
구분	△	0	0	x	0	0	0	△

한자 쓰기	蓋曰 第捫其衣則愈

29. 血漏卽止 覺疾已瘳

(이에 그의 혈루 근원이 곧 마르매 병이 나은 줄을 몸에 깨달으니라)

모양	血	漏	卽	止	覺	疾	已	瘳
음	혈	루	즉	지	각	질	이	추
뜻	피	샐	곧 나아갈	그칠 멈출	깨달을	병 질병	이미 벌써	나을 좋을
구분	0	△	0	0	△	△	0	x

한자 쓰기	血漏卽止 覺疾已瘳

30. 耶穌知己有異能顯出 乃於衆中顧曰 誰捫我衣耶

(예수께서 그 능력이 자기에게서 나간 줄을 곧 스스로 아시고 무리 가운데서 돌이켜 말씀하시되
누가 내 옷에 손을 대었느냐 하시니)

모양	耶	穌	知	己	有	異	能	顯	出	乃	於	衆
음	야	소	지	기	유	이	능	현	출	내	어	중
뜻	어조사 아버지	깨어날 살다	알 알다	몸 자기	있을	다를 기이할	능할 능력	드러날 나타날	나갈	이에 곧	어조사 ~에서	무리 많은
구분	△	△	0	0	0	0	0	△	0	0	0	0

모양	中	顧	曰	誰	捫	我	衣	耶
음	중	고	왈	수	문	아	의	야
뜻	가운데	돌아볼	가로되 말하다	누구 무엇	어루만질	나	옷	어조사 느냐~
구분	0	△	0	0	x	0	0	△

한자 쓰기	耶穌知己有異能顯出 乃於衆中顧曰 誰捫我衣耶

31. 門徒曰 爾見衆擁爾乃問誰捫我乎

(제자들이 여짜오되 무리가 에워싸 미는 것을 보시며 누가 내게 손을 대었느냐 물으시나이까 하되)

모양	門	徒	曰	爾	見	衆	擁	爾	乃	問	誰	捫
음	문	도	왈	이	견	중	옹	이	내	문	수	문
뜻	문	무리	가로되 말하다	너	볼	무리 많은	안을 옹위할	너	이에 곧	물을	누구 무엇	어루만질
구분	0	0	0	x	0	0	Δ	x	0	0	0	x

모양	我	乎
음	아	호
뜻	나 우리	어조사 ~느냐?
구분	0	0

한자 쓰기	門徒曰 爾見衆擁爾乃問誰捫我乎

32. 耶穌圜視 欲見行此之婦

(예수께서 이 일 행한 여자를 보려고 둘러 보시니)

모양	耶	穌	圜	視	欲	見	行	此	之	婦
음	야	소	환	시	욕	견	행	차	지	부
뜻	어조사 아버지	깨어날 살다	둥글 두를	볼	하고자 할	볼	행할 다닐	이	갈 어조사	아내 여자
구분	Δ	Δ	x	0	0	0	0	0	0	0

한자 쓰기	耶穌圜視 欲見行此之婦

117

33. 婦知其身所歷 恐懼戰慄 前而俯伏 悉以實告

(여자가 자기에게 이루어진 일을 알고 두려워하여 떨며 와서 그 앞에 엎드려 모든 사실을 여쭈니)

모양	婦	知	其	身	所	歷	恐	懼	戰	慄	前	而
음	부	지	기	신	소	력	공	구	전	율(률)	전	이
뜻	아내 여자	알 알다	그 그것	몸	바 것	지낼 겪을	두려울	두려울	싸울 두려울	떨릴	앞 나아가다	말 이을
구분	0	0	0	0	0	0	△	△	0	x	0	0

모양	俯	伏	悉	以	實	告
음	부	복	실	이	실	고
뜻	구부릴	엎드릴	다 모두	써 ~로써	열매 사실	고할 알릴
구분	x	0	x	0	0	0

한자 쓰기	婦知其身所歷 恐懼戰慄 前而俯伏 悉以實告

34. 耶穌曰 女 爾信愈爾 安然以歸 爾疾瘳矣

(예수께서 이르시되 딸아 네 믿음이 너를 구원하였으니 평안히 가라 네 병에서 놓여 건강할지어다)

모양	耶	穌	曰	女	爾	信	愈	爾	安	然	以	歸
음	야	소	왈	여(녀)	이	신	유	이	안	연	이	귀
뜻	어조사 아버지	깨어날 살다	가로되 말하다	여자	너	믿을	나을	너	어찌 편안할	그러할	써 어조사	돌아갈
구분	△	△	0	0	x	0	△	x	0	0	0	0

모양	爾	疾	瘳	矣
음	이	질	추	의
뜻	너	병 질병	나을 좋을	어조사 ~이다
구분	x	△	x	0

한자 쓰기	耶穌曰 女 爾信愈爾 安然以歸 爾疾瘳矣

35. 言時 有自宰會堂者之家來 曰 爾女亡矣 何勞師爲

(아직 예수께서 말씀하실 때에 회당장의 집에서 사람들이 와서 회당장에게 이르되 당신의 딸이 죽었나이다 어찌하여 선생을 더 괴롭게 하나이까)

모양	言	時	有	自	宰	會	堂	者	之	家	來	曰
음	언	시	유	자	재	회	당	자	지	가	래	왈
뜻	말씀 말할	때 시간	있을	스스로 ~부터	재상 우두머리	모일	집	사람 것	갈 어조사	집	올	가로되 말하다
구분	0	0	0	0	△	0	0	0	0	0	0	0

모양	爾	女	亡	矣	何	勞	師	爲
음	이	여(녀)	망	의	하	로(노)	사	위
뜻	너	여자	망할 죽을	어조사 ~이다	어찌 어떤	일할 괴롭게할	스승	될 할
구분	x	0	0	0	0	0	0	0

한자 쓰기	言時 有自宰會堂者之家來 曰 爾女亡矣 何勞師爲

36. 耶穌聞斯言 謂宰會堂者曰 勿懼 惟信而已

(예수께서 그 하는 말을 곁에서 들으시고 회당장에게 이르시되 두려워하지 말고 믿기만 하라 하시고)

모양	耶	穌	聞	斯	言	謂	宰	會	堂	者	曰	勿
음	야	소	문	사	언	위	재	회	당	자	왈	물
뜻	어조사 아버지	깨어날 살다	들을	이 이것	말씀 말할	이를 고할	재상 우두머리	모일	집	사람 것	가로되 말하다	말라 하지말라
구분	△	△	0	△	0	△	△	0	0	0	0	0

모양	懼	惟	信	而	已
음	구	유	신	이	이
뜻	두려울	오직	믿을	말 이을	이미 벌써
구분	△	0	0	0	0

한자 쓰기	耶穌聞斯言 謂宰會堂者曰 勿懼 惟信而已

37. 耶穌於彼得 雅各與兄弟約翰而外 不許他人偕行

(베드로와 <u>야고보</u>와 <u>야고보</u>의 형제 <u>요한</u> 외에 아무도 따라옴을 허락하지 아니하시고)

모양	耶	穌	於	彼	得	雅	各	與	兄	弟	約	翰
음	야	소	어	피	득	아	각	여	형	제	약	한
뜻	어조사 아버지	깨어날 살다	~에 ~에서	저	얻을	우아할	각각 각자	더불 ~과	형 맏	동생	묶을 약속할	편지 글
구분	△	△	0	0	0	△	0	0	0	0	0	x

모양	而	外	不	許	他	人	偕	行
음	이	외	불	허	타	인	해	행
뜻	말 이을	바깥	아닐	허락할	남 다를	사람	함께	행할 다닐
구분	0	0	0	0	0	0	x	0

한자 쓰기	耶穌於彼得 雅各與兄弟約翰而外 不許他人偕行

38. 至宰會堂者之家 見號咷哭泣不勝

(회당장의 집에 함께 가사 떠드는 것과 사람들이 울며 심히 통곡함을 보시고)

모양	至	宰	會	堂	者	之	家	見	號	咷	哭	泣
음	지	재	회	당	자	지	가	견	호	도	곡	읍
뜻	이를 도달할	재상 우두머리	모일	집	사람 것	갈 어조사	집	볼	부르짖을	울	울	울
구분	0	△	0	0	0	0	0	0	0	x	△	0

모양	不	勝
음	불	승
뜻	아닐	이길
구분	0	0

한자 쓰기	至宰會堂者之家 見號咷哭泣不勝

39. 入曰 胡爲號咷而哭乎 女非死寢耳

(들어가서 그들에게 이르시되 너희가 어찌하여 떠들며 우느냐 이 아이가 죽은 것이 아니라 잔다 하시니)

모양	入	曰	胡	爲	號	咷	而	哭	乎	女	非	死
음	입	왈	호	위	호	도	이	곡	호	여(녀)	비	사
뜻	들 들어갈	가로되 말하다	어찌	될 할	부르짖을	울	말 이을	울	어조사 ~느냐?	여자	아닐	죽을
구분	O	O	△	O	O	x	O	△	O	O	O	O

모양	寢	耳
음	침	이
뜻	잠잘	귀 뿐
구분	△	O

한자 쓰기	入曰 胡爲號咷而哭乎 女非死寢耳

40. 衆哂之 耶穌遣衆出 率女之父母與從者 入女寢室

(그들이 비웃더라 예수께서 그들을 다 내보내신 후에 아이의 부모와 또 자기와 함께 한 자들을 데리시고 아이 있는 곳에 들어가사)

모양	衆	哂	之	耶	穌	遣	衆	出	率	女	之	父
음	중	신	지	야	소	견	중	출	솔	여(녀)	지	부
뜻	무리	웃을 비웃을	갈 어조사	어조사 아버지	깨어날 살다	보낼	무리	나갈	거느릴	여자	갈 어조사	아버지
구분	O	x	O	△	△	△	O	O	△	O	O	O

모양	母	與	從	者	入	女	寢	室
음	모	여	종	자	입	여(녀)	침	실
뜻	어미	더불 ~과	따를	사람 것	들 들어갈	여자	잠잘	집
구분	O	O	O	O	O	O	△	O

한자 쓰기	衆哂之 耶穌遣衆出 率女之父母與從者 入女寢室

41. 執其手曰 呔唎大咕咪 譯卽女我命爾起

(그 아이의 손을 잡고 이르시되 달리다굼 하시니 번역하면 곧 내가 네게 말하노니 소녀야 일어나라 하심이라)

모양	執	其	手	曰	呔	唎	大	咕	咪	譯	卽	女
음	집	기	수	왈	대	리	대	고	미	역	즉	여(녀)
뜻	잡을 집행할	그 그것	손	가로되 말하다	x	가는 소리	큰	투덜 거릴	양이 울	번역할	곧 나아갈	여자
구분	0	0	0	0	x	x	0	x	x	△	0	0

모양	我	命	爾	起
음	아	명	이	기
뜻	나 우리	명령 목숨	너	일어날
구분	0	0	x	0

한자 쓰기	執其手曰 呔唎大咕咪 譯卽女我命爾起

42. 女卽起且行 時女年十有二矣 衆不勝駭異

(소녀가 곧 일어나서 걸으니 나이가 열두 살이라 사람들이 곧 크게 놀라고 놀라거늘)

모양	女	卽	起	且	行	時	女	年	十	有	二	矣
음	여(녀)	즉	기	차	행	시	여(녀)	년	십	유	이	의
뜻	여자	곧 나아갈	일어날	또 또한	행할 다닐	때 시간	여자	해	열 10	있을	두 2	어조사 ~이다
구분	0	0	0	0	0	0	0	0	0	0	0	0

모양	衆	不	勝	駭	異
음	중	불	승	해	이
뜻	무리	아닐	이길	놀랄	다를 기이할
구분	0	0	0	x	0

한자 쓰기	女卽起且行 時女年十有二矣 衆不勝駭異

43. 耶穌嚴戒之曰 勿令人知之 於是命予女食

(예수께서 이 일을 아무도 알지 못하게 하라고 그들을 많이 경계하시고 이에 소녀에게 먹을 것을 주라 하시니라)

모양	耶	穌	嚴	戒	之	曰	勿	令	人	知	之	於
음	야	소	엄	계	지	왈	물	령	인	지	지	어
뜻	어조사 아버지	깨어날 살다	엄할	경계할	갈 어조사	가로되 말하다	말라 하지말	하여금 명령할	사람	알 알다	갈 어조사	어조사 ~에
구분	△	△	0	△	0	0	0	0	0	0	0	0

모양	是	命	予	女	食
음	시	명	여	여(녀)	식
뜻	옳을 이	명령 목숨	줄 주다	여자	먹을
구분	0	0	△	0	0

한자 쓰기	耶穌嚴戒之曰 勿令人知之 於是命予女食

123

傻睡魯之女復活

耶穌被本鄉輕視

年、甚寫多醫所苦盡耗其資不見益而勢轉劇、聞耶穌事、雜眾中而至、自後捫

其衣、蓋曰、第捫其衣則愈、血漏即止、覺疾已瘳、耶穌知已有異能顯出、乃於眾

中顧曰、誰捫我耶、門徒曰、爾見眾擁爾、乃問誰捫我乎、耶穌圜視、欲見行此

之婦、婦知其身所歷、恐懼戰慄、前而俯伏、悉以實告耶穌、曰女、爾信愈爾、安然

以歸、爾疾瘳矣、○言時、有自宰會堂者之家來曰、爾女亡矣、何勞師爲、耶穌聞

斯言、謂宰會堂者曰、勿懼、惟信而已、耶穌於彼得雅各與兄弟約翰而外、不許

他人偕行、至宰會堂者之家、見號咷哭泣不勝、入曰、胡爲號咷而哭乎、女非死、

寢耳、眾哂之、耶穌遣眾出、率女之父母與從者入女寢室、執其手曰、呔唎呔咕

咪、譯即女我命爾起、女即起、且行、時女年十有二矣、眾不勝駭異、耶穌嚴戒之、

曰勿令人知之、於是命予女食、

第六章

耶穌離彼、歸故鄉、門徒從之、適安息日、耶穌於會堂教誨、眾聽奇曰、斯焉得斯、

所賦智慧何其大耶、蓋此異能自其手出、此非馬利亞子木工乎、非雅各約西

猶大西門兄弟乎、其姊妹非與我比鄰乎、遂厭而棄之、耶穌曰、先知者在故鄉

宗族室家而外莫不尊焉耶穌在彼不行異能惟手按數病人而醫之且以人

不信故怪之乃周行諸鄉教誨焉

耶穌召十二徒耦而遣之賜權以制邪神命勿攜資斧惟杖勿袋勿糧勿金於

囊惟著屨勿二衣又曰凡入人室則居彼及去而後已有不接爾不聽爾者去

之日拂去足塵以為眾證我誠告爾當審判日所多馬蛾摩拉之刑較斯邑尤

易受也門徒遂往傳悔改之道逐諸鬼以膏膏病者而醫之於是

焉○希律聞斯言曰此乃施洗約翰死而復生故建異能也或曰是以利亞或

曰先知猶古先知之一○希律聞斯言曰是我所斬之約翰死而復生耳初希

律遣人執約翰繫獄以希律娶兄弟腓力妻希羅底約翰諫曰納兄弟妻非宜

也希羅底由是怨約翰欲殺之而弗得蓋希律知約翰義且聖有聞頻行欣然

聽受尊而護之會希律誕日肆筵宴諸大夫千夫長加利利尊者希羅底女入

舞希律及同席者喜王謂女曰凡爾所求我予爾且矢之曰爾所求即國之半

我亦予爾女退問母曰我當何求其母曰施洗約翰之首女亟入見王請曰我

欲施洗約翰首盤上即時賜我王甚憂然既誓又以同席者在無可拒乃遣卒

新約全書一　馬可　第六章　九

便徒傳道
歸回見耶穌
耶穌

耶穌以五
餅二魚食
五千人

得
摸
海

取約翰首遂斬於獄、盤首於盤賜女、女獻母、其徒聞之、至、取屍葬於墓、○十二

便徒集就耶穌、悉以所行所教復之、耶穌曰爾曹潛往曠野、憩息片時、蓋往來

者衆、不遑暇食、乃乘舟潛往曠野、○衆見其往、多識之者、從諸邑徒行共趨先

於其所往、至則就之、耶穌出見衆、憫之、以其猶羊無牧、敎以多術、○日旰門徒

就耶穌曰、此乃曠野、日已旰矣、衆無所食、請散之、周往村落市、餅耶穌曰爾與

之食可也、曰、得毋謂我以金二十市餅乃與之食乎、耶穌曰、有餅幾何、爾往觀之、

曰、五餅二魚、遂命衆徒使列坐草間、乃坐或隊百、或隊五十、耶穌取五餅二

魚、仰天祝而擘之、與門徒使陳於衆前、亦以二魚分諸人皆食而飽、拾其屑及

殘魚盈十二筐、食者約五千人、○耶穌令門徒登舟、先濟至伯賽大俟己散衆、

散後往山祈禱、○既暮舟在海中、耶穌獨在岸、見門徒鼓櫂甚苦、以風逆也、時

約四更、耶穌履海就之、若欲過者、然門徒見其履海、疑爲怪物而呼、衆懼耶穌

語之曰安爾心、我也、勿懼、遂登舟、風卽止、衆駭異不勝、蓋擘餅之事、頓忘之矣、

心頑故也、○既濟至革尼撒勒地、泊岸離舟、人識之、周馳四方、以牀舁病者聞

耶穌所在、徧就之、凡耶穌所入、或鄕或邑或村、人置病者於市、第求捫其裾、捫

1. 耶穌離彼 歸故鄕 門徒從之

(예수께서 거기를 떠나사 고향으로 가시니 제자들도 따르니라)

모양	耶	穌	離	彼	歸	故	鄕	門	徒	從	之
음	야	소	이(리)	피	귀	고	향	문	도	종	지
뜻	어조사 아버지	깨어날 살다	떠날	저	돌아갈	까닭 옛	시골 고향	문	무리	따를	갈 어조사
구분	△	△	△	0	0	0	0	0	0	0	0

한자 쓰기	耶穌離彼 歸故鄕 門徒從之

2. 適安息日 耶穌於會堂敎誨 衆聽 奇曰 斯焉得斯所賦智慧 何其大耶 蓋此異能 自其手出

(안식일이 되어 회당에서 가르치시니 많은 사람이 듣고 놀라 이르되 이 사람이 어디서 이런 것을 얻었느냐 이 사람이 받은 지혜와 그 손으로 이루어지는 이런 권능이 어찌됨이냐)

모양	適	安	息	日	耶	穌	於	會	堂	敎	誨	衆
음	적	안	식	일	야	소	어	회	당	교	회	중
뜻	갈 마침	편안할	쉴 휴식	날 해	어조사 아버지	깨어날 살다	어조사 ~에서	모일	집	가르칠	가르칠	무리
구분	0	0	△	0	△	△	0	0	0	0	x	0

모양	聽	奇	曰	斯	焉	得	斯	所	賦	智	慧	何
음	청	기	왈	사	언	득	사	소	부	지	혜	하
뜻	들을	기이할 기적	가로되 말하다	이 이것	어조사 어찌	얻을	이 이것	바 것	부여할 줄	지혜 슬기	지혜 슬기로울	어찌 얼마
구분	0	△	0	△	△	0	△	0	△	△	△	0

모양	其	大	耶	蓋	此	異	能	自	其	手	出
음	기	대	야	개	차	이	능	자	기	수	출
뜻	그 그것	큰	어조사 ~느냐	대개 덮을	이	다를 기이할	능할 능력	스스로 ~부터	그 그것	손	나갈
구분	O	O	△	△	O	O	O	O	O	O	O

한자 쓰기	適安息日 耶穌於會堂教誨 衆聽 奇日 斯焉得斯所賦智慧 何其大耶 蓋此異能 自其手出

3. 此非馬利亞子木工乎 非雅各 約西 猶大 西門兄弟乎
   其姊妹非與我比隣乎 遂厭而棄之

(이 사람이 마리아의 아들 목수가 아니냐 야고보와 요셉과 유다와 시몬의 형제가 아니냐 그 누이들이 우리와 함께 여기 있지 아니하냐 하고 예수를 배척한지라)

모양	此	非	馬	利	亞	子	木	工	乎	非	雅	各
음	차	비	마	이(리)	아	자	목	공	호	비	아	각
뜻	이	아닐	말	이로울 이익	버금	아들	나무	장인	어조사 ~니냐?	아닐	우아할	각각 각자
구분	O	O	O	△	O	O	O	O	O	O	△	O

모양	約	西	猶	大	西	門	兄	弟	乎	其	姊	妹
음	약	서	유	대	서	문	형	제	호	기	자	매
뜻	묶을 약속할	서쪽	오히려 같을	큰	서쪽	문	형 맏	동생	어조사 ~니냐?	그 그것	자매 누이	자매 누이
구분	O	O	O	O	O	O	O	O	O	O	O	O

모양	非	與	我	比	隣	乎	遂	厭	而	棄	之
음	비	여	아	비	린	호	수	염	이	기	지
뜻	아닐	더불 ~과	나	견줄 나란히	이웃	어조사 ~니냐?	마침내 따를	싫어할	말 이을	버릴	갈 어조사
구분	O	O	O	O	△	O	△	x	O	△	O

한자 쓰기	此非馬利亞子木工乎 非雅各 約西 猶大 西門兄弟乎 其姊妹非與我比隣乎 遂厭而棄之

4. 耶穌曰 先知者 在故鄉宗族室家而外 莫不尊焉

(예수께서 그들에게 이르시되 선지자가 자기 고향과 자기 친척과 자기 집 외에서는 존경을 받지 못함이 없느니라 하시며)

모양	耶	穌	曰	先	知	者	在	故	鄕	宗	族	室
음	야	소	왈	선	지	자	재	고	향	종	족	실
뜻	어조사 아버지	깨어날 살다	가로되 말하다	먼저	알 알다	사람 것	있을	까닭 옛	시골 고향	으뜸 종족	겨레 친족	집
구분	△	△	0	0	0	0	0	0	0	0	0	0

모양	家	而	外	莫	不	尊	焉
음	가	이	외	막	부	존	언
뜻	집	말 이을	바깥	없을	아니 부 아닐 불	높을 존귀할	어조사
구분	0	0	0	0	0	0	△

한자 쓰기	耶穌曰 先知者 在故鄕宗族室家而外 莫不尊焉

5. 耶穌在彼 不行異能 惟手按數病人而醫之

(거기서는 아무 권능도 행하실 수 없어 다만 소수의 병자에게 안수하여 고치실 뿐이었고)

모양	耶	穌	在	彼	不	行	異	能	惟	手	按	數
음	야	소	재	피	불	행	이	능	유	수	안	수
뜻	어조사 아버지	깨어날 살다	있을	저	아닐 불 아닐 부	행할 다닐	다를 기이할	능할 능력	오직	손	살필 안수할	셀 몇
구분	△	△	0	0	0	0	0	0	0	0	x	0

모양	病	人	而	醫	之
음	병	인	이	의	지
뜻	병 질병	사람	말 이을	치료할 의사	갈 어조사
구분	0	0	0	0	0

한자 쓰기	耶穌在彼 不行異能 惟手按數病人而醫之

6. 且以人不信 故怪之 乃周行諸鄕敎誨焉

(그들이 믿지 않음을 이상히 여기셨더라 이에 모든 촌에 두루 다니시며 가르치시더라)

모양	且	以	人	不	信	故	怪	之	乃	周	行	諸
음	차	이	인	불	신	고	괴	지	내	주	행	제
뜻	또 또한	써 때문	사람	아닐 불 아니 부	믿을	까닭 그러므로	기이할	갈 어조사	이에 곧	두루 널리	행할 다닐	모든 여러
구분	O	O	O	O	O	O	△	O	O	△	O	O

모양	鄕	敎	誨	焉
음	향	교	회	언
뜻	시골 고향	가르칠	가르칠	어조사
구분	O	O	x	△

한자 쓰기	且以人不信 故怪之 乃周行諸鄕敎誨焉

7. 耶穌召十二徒 耦而遣之 賜權以制邪神

(열두 제자를 부르사 둘씩 둘씩 보내시며 더러운 귀신을 제어하는 권능을 주시고)

모양	耶	穌	召	十	二	徒	耦	而	遣	之	賜	權
음	야	소	소	십	이	도	우	이	견	지	사	권
뜻	어조사 아버지	깨어날 살다	부를	열 10	두 2	무리 사도	나란히 갈 짝	말 이을	보낼	갈 어조사	줄 하사할	권세 권한
구분	△	△	△	O	O	O	x	O	△	O	△	O

모양	以	制	邪	神
음	이	제	사	신
뜻	써 ~로써	제어할 억제할	간사할	신(god) 귀신
구분	O	△	△	O

한자 쓰기	耶穌召十二徒 耦而遣之 賜權以制邪神

8. 命勿攜資斧 惟杖 勿袋 勿糧 勿金於囊

(명하시되 여행을 위하여 지팡이 외에는 양식이나 배낭이나 전대의 돈이나 아무 것도 가지지 말며)

모양	命	勿	攜	資	斧	惟	杖	勿	袋	勿	糧	勿
음	명	물	휴	자	부	유	장	물	대	물	량	물
뜻	명령 목숨	말라 하지말	이끌 휴대할	재물 자본	도끼	오직	지팡이	말라 하지말	자루 주머니	말라 하지말	양식	말라 하지말
구분	0	0	x	Δ	x	0	x	0	x	0	Δ	0

모양	金	於	囊
음	금	어	낭
뜻	쇠금 성김	어조사 ~에서	주머니
구분	0	0	x

한자 쓰기	命勿攜資斧 惟杖 勿袋 勿糧 勿金於囊

9. 惟著履 勿二衣

(신만 신고 두 벌 옷도 입지 말라 하시고)

모양	惟	著	履	勿	二	衣
음	유	착	이(리)	물	이	의
뜻	오직	신을 착 나타날 저	밟을 신	말라 하지말	두 2	옷 입다
구분	0	0	Δ	0	0	0

한자 쓰기	惟著履 勿二衣

10. 又曰 凡入人室 則居彼 及去而後已

(또 이르시되 어디서든지 누구의 집에 들어가거든 그 곳을 떠나기까지 거기 유하라)

모양	又	曰	凡	入	人	室	則	居	彼	及	去	而
음	우	왈	범	입	인	실	즉	거	피	급	거	이
뜻	또	가로되 말하다	무릇	들 들어갈	사람	집	곧 즉 법칙 칙	있을 주거할	저	이를 및	갈	말 이을
구분	0	0	0	0	0	0	0	0	0	0	0	0

모양	後	已
음	후	이
뜻	뒤	이미 벌써
구분	0	0

한자 쓰기	又曰 凡入人室 則居彼 及去而後已

11. 有不接爾 不聽爾者 去之日 拂去足塵 以爲衆證 我誠告爾 當審判日 所多馬 蛾摩拉之刑 較斯邑 尤易受也

(어느 곳에서든지 너희를 영접하지 아니하고 너희 말을 듣지도 아니하거든 거기서 나갈 때에 발 아래 먼지를 떨어버려 그들에게 증거를 삼으라 하시니)

모양	有	不	接	爾	不	聽	爾	者	去	之	日	拂
음	유	부	접	이	불	청	이	자	거	지	일	불
뜻	있을	아니 부 아닐 불	사귈 영접할	너	아닐 불 아니 부	들을	너	사람 것	갈 제거할	갈 어조사	날 해	떨칠 먼지 털
구분	0	0	0	x	0	0	x	0	0	0	0	△

모양	去	足	塵	以	爲	衆	證	我	誠	告	爾	當
음	거	족	진	이	위	중	증	아	성	고	이	당
뜻	갈	발	티끌 먼지	써 ~로써	될 위할	무리	증거할	나	성실 참으로	고할 알릴	너	마땅할
구분	0	0	x	0	0	0	0	0	0	0	x	0

모양	審	判	日	所	多	馬	蛾	摩	拉	之	刑	較
음	심	판	일	소	다	마	아	마	납(랍)	지	형	교
뜻	살필	판단할	날 해	바 것	많을	말	나방	문지를 마찰	끌 납치	갈 어조사	형벌	비교할
구분	△	O	O	O	O	O	x	x	x	O	O	△

모양	斯	邑	尤	易	受	也
음	사	읍	우	이	수	야
뜻	이 이것	고을	더욱	쉬울 이 무역 역	받을	어조사 ~이다.
구분	x	O	O	O	O	O

한자 쓰기	有不接爾 不聽爾者 去之日 拂去足塵 以爲衆證 我誠告爾 當審判日 所多馬 蛾摩拉之刑 較斯邑 尤易受也

■ 我誠告爾 當審判日 所多馬 蛾摩拉之刑 較斯邑 尤易受也
(내가 진실로 너희에게 이르노니 심판 날에 소돔과 고모라의 형벌이 이 읍에 비해 받기 쉬우니라)

▶ 이 구절은 개역개정, 개역한글, 공동번역, 새번역, 현대인의 성경, NIV, NASB 에는 없고, 한문성경과 킹제임스 성경(KJV)에는 있음.

12. 門徒遂往 傳悔改之道

(제자들이 나가서 회개하라 전파하고)

모양	門	徒	遂	往	傳	悔	改	之	道
음	문	도	수	왕	전	회	개	지	도
뜻	문	무리	드디어 따를	갈	전할	뉘우칠 회개할	고칠	갈 어조사	길 말씀
구분	0	0	Δ	0	0	Δ	0	0	0

한자 쓰기	門徒遂往 傳悔改之道

13. 逐諸鬼 以膏膏病者而醫之 於是耶穌聲稱爛焉

(많은 귀신을 쫓아내며 많은 병자에게 기름을 발라 고치더라)

모양	逐	諸	鬼	以	膏	膏	病	者	而	醫	之	於
음	축	제	귀	이	고	고	병	자	이	의	지	어
뜻	쫓을	모든 여러	귀신	써 ~로써	기름	기름 바를	병들 질병	사람 것	말 이을	치료할 의사	갈 어조사	어조사 ~에
구분	Δ	0	Δ	0	x	x	0	0	0	0	0	0

모양	是	耶	穌	聲	稱	爛	焉
음	시	야	소	성	칭	난(란)	언
뜻	옳을 이	어조사 아버지	깨어날 살다	소리 명성	일컬을 칭할	빛날	어조사
구분	0	Δ	Δ	0	Δ	x	Δ

한자 쓰기	逐諸鬼 以膏膏病者而醫之 於是耶穌聲稱爛焉

14. 希律王聞之曰 此乃施洗約翰 死而復生 故建異能也

(이에 예수의 이름이 드러난지라 헤롯 왕이 듣고 이르되 이는 세례 요한이 죽은 자 가운데서 살아났도다 그러므로 이런 능력이 그 속에서 일어나느니라 하고)

모양	希	律	王	聞	之	曰	此	乃	施	洗	約	翰
음	희	율(률)	왕	문	지	왈	차	내	시	세	약	한
뜻	드물 바랄	법	왕 임금	들을	갈 어조사	가로되 말하다	이	이에 곧	베풀	씻을	묶을 약속할	편지 글
구분	0	0	0	0	0	0	0	0	0	0	0	x

모양	死	而	復	生	故	建	異	能	也
음	사	이	부	생	고	건	이	능	야
뜻	죽을	말 이을	다시 부 돌아올 복	날 살	까닭 그러므로	세울 일으킬	다를 기이할	능할 능력	어조사 ~이다.
구분	0	0	0	0	0	0	0	0	0

한자 쓰기	希律王聞之曰 此乃施洗約翰 死而復生 故建異能也

15. 或曰 是以利亞 或曰先知 猶古先知之一

(어떤 이는 그가 엘리야라 하고 또 어떤 이는 그가 선지자니 옛 선지자 중의 하나와 같다 하되)

모양	或	曰	是	以	利	亞	或	曰	先	知	猶	古
음	혹	왈	시	이	이(리)	아	혹	왈	선	지	유	고
뜻	혹 어떤 이	가로되 말하다	옳을 이	써 ~로써	이로울 이익	버금	혹 어떤 이	가로되 말하다	먼저	알 알다	같을 오히려	옛 옛날
구분	0	0	0	0	0	Δ	0	0	0	0	0	0

모양	先	知	之	一
음	선	지	지	일
뜻	먼저	알 알다	갈 어조사	한 1
구분	0	0	0	0

한자 쓰기	或曰 是以利亞 或曰先知 猶古先知之一

16. 希律聞斯言 曰 是我所斬之約翰 死而復生耳

(헤롯은 듣고 이르되 내가 목 벤 요한 그가 살아났다 하더라)

모양	希	律	聞	斯	言	曰	是	我	所	斬	之	約
음	희	율(률)	문	사	언	왈	시	아	소	참	지	약
뜻	드물 바랄	법	들을	이 이것	말씀 말할	가로되 말하다	옳을 이	나	바 것	벨	갈 어조사	묶을 약속할
구분	0	0	0	△	0	0	0	0	0	x	0	0

모양	翰	死	而	復	生	耳
음	한	사	이	부	생	이
뜻	편지 글	죽을	말 이을	다시 부 돌아올 복	날 살	귀 ~뿐
구분	x	0	0	0	0	0

한자 쓰기	希律聞斯言 曰 是我所斬之約翰 死而復生耳

17. 初希律遣人執約翰繫獄 以希律娶兄弟腓力妻希羅底

(전에 헤롯이 자기가 동생 빌립의 아내 헤로디아에게 장가 든 고로 이 여자를 위하여 사람을 보내어 요한을 잡아 옥에 가두었으니)

모양	初	希	律	遣	人	執	約	翰	繫	獄	以	希
음	초	희	율(률)	견	인	집	약	한	계	옥	이	희
뜻	처음	드물 바랄	법	보낼	사람	잡을 집행할	묶을 약속할	편지 글	멜	옥 감옥	써 때문	드물 바랄
구분	0	0	0	△	0	0	0	x	△	△	0	0

모양	律	娶	兄	弟	腓	力	妻	希	羅	底
음	율(률)	취	형	제	비	력	처	희	라	저
뜻	법	장가들	형 맏	동생	장딴지	힘	아내	드물 바랄	벌일 그물	밑
구분	0	x	0	0	x	0	0	0	△	△

한자 쓰기	初希律遣人執約翰繫獄 以希律娶兄弟腓力妻希羅底

18. 約翰諫曰 納兄弟妻 非宜也

(이는 요한이 헤롯에게 말하되 동생의 아내를 취한 것이 옳지 않다 하였음이라)

모양	約	翰	諫	曰	納	兄	弟	妻	非	宜	也
음	약	한	간	왈	납	형	제	처	비	의	야
뜻	묶을 약속할	편지 글	간할	가로되 말하다	들일 가질	형 맏	동생	아내	아닐	마땅할	어조사 ~이다.
구분	0	x	x	0	0	0	0	0	0	△	0

한자 쓰기	約翰諫曰 納兄弟妻 非宜也

19. 希羅底由是怨約翰 欲殺之而弗得

(헤로디아가 요한을 원수로 여겨 죽이고자 하였으되 하지 못한 것은)

모양	希	羅	底	由	是	怨	約	翰	欲	殺	之	而
음	희	라	저	유	시	원	약	한	욕	살	지	이
뜻	드물 바랄	벌일 그물	밑	말이암을 ~부터	옳을 이	원망할 원수	묶을 약속할	편지 글	하고자 할	죽일	갈 어조사	말 이을
구분	0	△	△	0	0	0	0	x	0	0	0	0

모양	弗	得
음	불	득
뜻	아닐	얻을
구분	x	0

한자 쓰기	希羅底 由是怨約翰 欲殺之而弗得

20. 蓋希律知約翰義且聖 有聞頻行 欣然聽受 尊而護之

(헤롯이 요한을 의롭고 거룩한 사람으로 알고 두려워하여 보호하며 또 그의 말을 들을 때에 크게 번민을 하면서도 달갑게 들음이러라)

모양	蓋	希	律	知	約	翰	義	且	聖	有	聞	頻
음	개	희	율(률)	지	약	한	의	차	성	유	문	빈
뜻	대개 덮을	드물 바랄	법	알 알다	묶을 약속할	편지 글	옳을	또 또한	거룩할 성스러울	있을	들을	자주 찡그릴
구분	△	0	0	0	0	△	0	0	0	0	0	△

모양	行	欣	然	聽	受	尊	而	護	之
음	행	흔	연	청	수	존	이	호	지
뜻	행할 다닐	기쁠	그러할 자연	들을	받을	높을 존귀할	말 이을	도울 보호할	갈 어조사
구분	0	x	0	0	0	0	0	△	0

한자 쓰기	蓋希律知約翰義且聖 有聞頻行 欣然聽受 尊而護之

21. 會希律誕日 肆筵 宴諸大夫 千夫長 加利利尊者

(마침 기회가 좋은 날이 왔으니 곧 헤롯이 자기 생일에 대신들과 천부장들과 갈릴리의 귀인들로 더불어 잔치할새)

모양	會	希	律	誕	日	肆	筵	宴	諸	大	夫	千
음	회	희	율(률)	탄	일	사	연	연	제	대	부	천
뜻	모일 때마침	드물 바랄	법	태어날 탄생할	날 해	방자할	대자리 펼	잔치	모든 여러	큰	지아비 장정	일천 1.000
구분	0	0	0	△	0	x	x	△	0	0	0	0

모양	夫	長	加	利	利	尊	者
음	부	장	가	이(리)	이(리)	존	자
뜻	지아비 장정	길 우두머리	더할	이로울 이익	이로울 이익	높을 존귀할	사람 것
구분	0	0	0	0	0	0	0

한자 쓰기	會希律誕日 肆筵 宴諸大夫 千夫長 加利利尊者

138

22. 希羅底女入舞 希律及同席者喜 王謂女曰 凡爾所求我予爾

(헤로디아의 딸이 친히 들어와 춤을 추어 헤롯과 그와 함께 앉은 자들을 기쁘게 한지라 왕이 그 소녀에게 이르되 무엇이든지 네가 원하는 것을 내게 구하라 내가 주리라 하고)

모양	希	羅	底	女	入	舞	希	律	及	同	席	者
음	희	라	저	여(녀)	입	무	희	율(률)	급	동	석	자
뜻	드물 바랄	벌일 그물	밑 바닥	여자	들 들어갈	춤출	드물 바랄	법	이를 ~와	같을	자리	사람 것
구분	0	△	△	0	0	0	0	0	0	0	0	0

모양	喜	王	謂	女	曰	凡	爾	所	求	我	予	爾
음	희	왕	위	여(녀)	왈	범	이	소	구	아	여	이
뜻	기쁠	왕 임금	이를 고할	여자	가로되 말하다	무릇	너	바 것	구할 간구할	나	줄 주다	너
구분	0	0	△	0	0	0	x	0	0	0	△	x

한자 쓰기	希羅底女入舞 希律及同席者喜 王謂女曰 凡爾所求我予爾

23. 且矢之 曰 爾所求 卽國之半 我亦予爾

(또 맹세하기를 무엇이든지 네가 내게 구하면 내 나라의 절반까지라도 주리라 하거늘)

모양	且	矢	之	曰	爾	所	求	卽	國	之	半	我
음	차	시	지	왈	이	소	구	즉	국	지	반	아
뜻	또 또한	화살 맹세할	갈 어조사	가로되 말하다	너	바 것	구할 간구할	곧 나아갈	나라	갈 어조사	반 절반	나
구분	0	△	0	0	x	0	0	0	0	0	0	0

모양	亦	予	爾
음	역	여	이
뜻	또	줄 주다	너
구분	0	△	x

한자 쓰기	且矢之 曰 爾所求 卽國之半 我亦予爾

24. 女退 問母曰 我當何求 其母曰 施洗約翰之首

(그가 나가서 그 어머니에게 말하되 내가 무엇을 구하리이까 그 어머니가 이르되 세례 요한의 머리를 구하라 하니)

모양	女	退	問	母	曰	我	當	何	求	其	母	曰
음	여(녀)	퇴	문	모	왈	아	당	하	구	기	모	왈
뜻	여자	물러날 후퇴할	물을	어미	가로되 말하다	나	마땅할	어찌 무엇	구할 간구할	그 그것	어미	가로되 말하다
구분	0	0	0	0	0	0	0	0	0	0	0	0

모양	施	洗	約	翰	之	首
음	시	세	약	한	지	수
뜻	베풀	씻을	묶을 약속할	편지 글	갈 어조사	머리
구분	0	0	0	x	0	0

한자 쓰기	女退 問母曰 我當何求 其母曰 施洗約翰之首

25. 女亟入見王 請曰 我欲施洗約翰首 盤上即時賜我

(그가 곧 왕에게 급히 들어가 구하여 이르되 세례 요한의 머리를 소반에 얹어 곧 내게 주기를 원하옵나이다 하니)

모양	女	亟	入	見	王	請	曰	我	欲	施	洗	約
음	녀(여)	극	입	견	왕	청	왈	아	욕	시	세	약
뜻	여자	빠를	들 들어갈	볼	왕 임금	청할	가로되 말하다	나	하고자할	베풀	씻을	묶을 약속할
구분	0	x	0	0	0	0	0	0	0	0	0	0

모양	翰	首	盤	上	即	時	賜	我
음	한	수	반	상	즉	시	사	아
뜻	편지 글	머리	소반 쟁반	위	곧 나아갈	때 시간	줄 하사할	나
구분	x	0	△	0	0	0	△	0

한자 쓰기	女亟入見王 請曰 我欲施洗約翰首 盤上即時賜我

26. 王甚憂 然旣誓 又以同席者在 無可拒

(왕이 심히 근심하나 자기가 맹세한 것과 그 앉은 자들로 인하여 그를 거절할 수 없는지라)

모양	王	甚	憂	然	旣	誓	又	以	同	席	者	在
음	왕	심	우	연	기	서	우	이	동	석	자	재
뜻	왕 임금	심할	근심	그러할 그러나	이미	맹세할	또	써 때문	같을	자리	사람 것	있을
구분	O	O	O	O	O	△	O	O	O	O	O	O

모양	無	可	拒
음	무	가	거
뜻	없을	옳을	막을 거절할
구분	O	O	△

한자 쓰기	王甚憂 然旣誓 又以同席者在 無可拒

27. 乃遣卒 取約翰首 遂斬於獄

(왕이 곧 시위병 하나를 보내어 요한의 머리를 가져오라 명하니 그 사람이 나가 옥에서 요한을 목 베어)

모양	乃	遣	卒	取	約	翰	首	遂	斬	於	獄
음	내	견	졸	취	약	한	수	수	참	어	옥
뜻	이에 곧	보낼	마칠 군사	취할	묶을 약속할	편지 글	머리	마침내 따를	벨	어조사 ~에서	옥 감옥
구분	O	△	O	O	O	x	O	△	x	O	△

한자 쓰기	乃遣卒 取約翰首 遂斬於獄

28. 盛首於盤賜女 女獻母

(그 머리를 소반에 얹어다가 소녀에게 주니 소녀가 이것을 그 어머니에게 주니라)

모양	盛	首	於	盤	賜	女	女	獻	母
음	성	수	어	반	사	여(녀)	여(녀)	헌	모
뜻	담을 성대할	머리	어조사 ~에	소반 쟁반	줄 하사할	여자	여자	드릴 헌신할	어미
구분	O	O	O	△	△	O	O	△	O

한자 쓰기	盛首於盤賜女 女獻母

29. 其徒聞之 至取屍葬於墓

(요한의 제자들이 듣고 와서 시체를 가져다가 장사하니라)

모양	其	徒	聞	之	至	取	屍	葬	於	墓
음	기	도	문	지	지	취	시	장	어	묘
뜻	그 그것	무리	들을	갈 어조사	이를 지극히	취할	주검 시체	장사지낼	어조사 ~에	무덤
구분	O	O	O	O	O	O	x	△	O	△

한자 쓰기	其徒聞之 至取屍葬於墓

30. 十二使徒集就耶穌 悉以所行所教復之

(사도들이 예수께 모여 자기들이 행한 것과 가르친 것을 낱낱이 고하니)

모양	十	二	使	徒	集	就	耶	穌	悉	以	所	行
음	십	이	사	도	집	취	야	소	실	이	소	행
뜻	열 10	두 2	부릴 사신	무리	모을 모일	나아갈	어조사 아버지	깨어날 살다	다 모두	써 ~로써	바 것	행할 다닐
구분	0	0	0	0	0	0	△	△	x	0	0	0

모양	所	敎	復	之
음	소	교	복	지
뜻	바 것	가르칠	아뢸 복 다시 부	갈 어조사
구분	0	0	0	0

한자 쓰기	十二使徒集就耶穌 悉以所行所教復之

31. 耶穌曰 爾曹潛往曠野 憩息片時 蓋往來者衆 不遑暇食

(이르시되 너희는 따로 한적한 곳에 가서 잠깐 쉬어라 하시니 이는 오고 가는 사람이 많아 음식 먹을 겨를도 없음이라)

모양	耶	穌	曰	爾	曹	潛	往	曠	野	憩	息	片
음	야	소	왈	이	조	잠	왕	광	야	게	식	편
뜻	어조사 아버지	깨어날 살다	가로되 말하다	너	무리 성씨	잠길 잠잠히	갈	넓을 빌	들 들판	쉴	쉴	조각 아주작은
구분	△	△	0	x	x	△	0	x	0	x	△	0

모양	時	蓋	往	來	者	衆	不	遑	暇	食
음	시	개	왕	래	자	중	불	황	가	식
뜻	때 시간	대개 덮을	갈	올	사람 것	무리 많은	아닐 불 아니 부	한가할 급할	틈 겨를	먹을
구분	0	△	0	0	0	0	0	x	△	0

한자 쓰기	耶穌曰 爾曹潛往曠野 憩息片時 蓋往來者衆 不遑暇食

32. 乃乘舟潛往曠野

(이에 배를 타고 따로 한적한 곳에 갈새)

모양	乃	乘	舟	潛	往	曠	野
음	내	승	주	잠	왕	광	야
뜻	이에 곧	탈	배	잠길 몰래	갈	넓을 빌	들 들판
구분	O	O	△	△	O	x	O

한자 쓰기	乃乘舟潛往曠野

33. 衆見其往 多識之者 從諸邑 徒行共趨 先於其所往 至則就之

(그들이 가는 것을 보고 많은 사람이 그들인 줄 안지라 모든 고을로부터 도보로 그 곳에 달려와 그들보다 먼저 갔더라)

모양	衆	見	其	往	多	識	之	者	從	諸	邑	徒
음	중	견	기	왕	다	식	지	자	종	제	읍	도
뜻	무리 많은	볼	그 그것	갈	많을	알	갈 어조사	사람 것	따를 부터	모든 여러	고을	걸을 무리
구분	O	O	O	O	O	O	O	O	O	O	O	O

모양	行	共	趨	先	於	其	所	往	至	則	就	之
음	행	공	추	선	어	기	소	왕	지	즉	취	지
뜻	행할 다닐	함께	달릴	먼저	어조사 ~에	그 그것	바 것	갈	이를 지극히	곧 즉 법칙 칙	나아갈	갈 어조사
구분	O	O	x	O	O	O	O	O	O	O	O	O

한자 쓰기	衆見其往 多識之者 從諸邑 徒行共趨 先於其所往 至則就之

144

34. 耶穌出 見衆憫之 以其猶羊無牧 教以多術

(예수께서 나오사 큰 무리를 보시고 그 목자 없는 양 같음으로 인하여 불쌍히 여기사 이에 여러 가지로 가르치시더라)

모양	耶	穌	出	見	衆	憫	之	以	其	猶	羊
음	야	소	출	견	중	민	지	이	기	유	양
뜻	어조사 아버지	깨어날 살다	나갈	볼	무리 많은	민망할 불쌍히 여길	갈 어조사	써 ~때문	그 그것	오히려 같을	양
구분	△	△	0	0	0	△	0	0	0	0	0

모양	無	牧	敎	以	多	術
음	무	목	교	이	다	술
뜻	없을	기를 목자	가르칠	써 ~때문	많을	재주 방법
구분	0	△	0	0	0	△

한자 쓰기	耶穌出 見衆憫之 以其猶羊無牧 敎以多術

35. 日旰 門徒就耶穌曰 此乃曠野 日已旰矣

(때가 저물어가매 제자들이 예수께 나아와 여짜오되 이 곳은 빈 들이요 날도 저물어가니)

모양	日	旰	門	徒	就	耶	穌	曰	此	乃	曠	野
음	일	간	문	도	취	야	소	왈	차	내	광	야
뜻	날 해	해질	문	무리	나아갈	어조사 아버지	깨어날 살다	가로되 말하다	이	이에 곧	넓을 빌	들 들판
구분	0	x	0	0	0	△	△	0	0	0	x	0

모양	日	已	旰	矣
음	일	이	간	의
뜻	날 해	이미 벌써	해질	어조사 ~이다
구분	0	0	x	0

한자 쓰기	日旰 門徒就耶穌曰 此乃曠野 日已旰矣

145

36. 衆無所食 請散之 周往村落 市餅

(무리를 보내어 두루 촌과 마을로 가서 무엇을 사 먹게 하옵소서)

모양	衆	無	所	食	請	散	之	周	往	村	落	市
음	중	무	소	식	청	산	지	주	왕	촌	락	시
뜻	무리 많은	없을	바 것	먹을	청할	흩을	갈 어조사	두루 널리	갈	마을	떨어질 마을	시장 사다
구분	0	0	0	0	0	0	0	△	0	0	0	0

모양	餅
음	병
뜻	떡
구분	x

한자 쓰기	衆無所食 請散之 周往村落 市餅

37. 耶穌曰 爾與之食 可也 曰 得毋謂我以金二十市餅 與之食乎

(대답하여 이르시되 너희가 먹을 것을 주라 하시니 여짜오되 우리가 가서 이백 데나리온의 떡을 사다 먹이리이까)

모양	耶	穌	曰	爾	與	之	食	可	也	曰	得	毋
음	야	소	왈	이	여	지	식	가	야	왈	득	무
뜻	어조사 아버지	깨어날 살다	가로되 말하다	너	주다 더불	갈 어조사	먹을	옳을 가능할	어조사 ~이다.	가로되 말하다	얻을	하지말 아닐
구분	△	△	0	x	0	0	0	0	0	0	0	x

모양	謂	我	以	金	二	十	市	餅	與	之	食	乎
음	위	아	이	금	이	십	시	병	여	지	식	호
뜻	이를 고할	나	써 ~로써	쇠금 성 김	두 2	열 10	시장 사다	떡	주다 더불	갈 어조사	먹을	어조사 ~느냐?
구분	△	0	0	0	0	0	0	x	0	0	0	0

한자 쓰기	耶穌曰 爾與之食 可也 曰 得毋謂我以金二十市餅 與之食乎

38. 耶穌曰 有餅幾何 爾往觀之 曰 五餅二魚

(이르시되 너희에게 떡 몇 개나 있는지 가서 보라 하시니 알아보고 이르되 떡 다섯 개와 물고기 두 마리가 있더이다 하거늘)

모양	耶	穌	曰	有	餅	幾	何	爾	往	觀	之	曰
음	야	소	왈	유	병	기	하	이	왕	관	지	왈
뜻	어조사 아버지	깨어날 살다	가로되 말하다	있을	떡	몇	어찌 얼마	너	갈	볼	갈 어조사	가로되 말하다
구분	△	△	0	0	x	0	0	x	0	0	0	0

모양	五	餅	二	魚
음	오	병	이	어
뜻	다섯 5	떡	두 2	물고기
구분	0	x	0	0

한자 쓰기	耶穌曰 有餅幾何 爾往觀之 曰 五餅二魚

39. 遂命衆徒 使衆列坐草間

(제자들에게 명하사 그 모든 사람으로 떼를 지어 푸른 잔디 위에 앉게 하시니)

모양	遂	命	衆	徒	使	衆	列	坐	草	間
음	수	명	중	도	사	중	열(렬)	좌	초	간
뜻	드디어 따를	명령 목숨	무리 많은	무리	하여금 부릴	무리 많은	벌일 줄	앉을	풀	사이
구분	△	0	0	0	0	0	0	0	0	0

한자 쓰기	遂命衆徒 使衆列坐草間

40. 乃坐或隊百 或隊五十
(떼로 백 명씩 또는 오십 명씩 앉은지라)

모양	乃	坐	或	隊	百	或	隊	五	十
음	내	좌	혹	대	백	혹	대	오	십
뜻	이에 곧	앉을	혹 혹은	무리 떼	일백 100	혹 혹은	무리 떼	다섯 5	열 10
구분	0	0	0	△	0	0	△	0	0

한자 쓰기	乃坐或隊百 或隊五十

41. 耶穌取五餠二魚 仰天祝而擘之 與門徒 使陳於衆前 亦以二魚 分諸人
(예수께서 떡 다섯 개와 물고기 두 마리를 가지사 하늘을 우러러 축사하시고 떡을 떼어 제자들에게 주어 사람들에게 나누어 주게 하시고 또 물고기 두 마리도 모든 사람에게 나누시매)

모양	耶	穌	取	五	餠	二	魚	仰	天	祝	而	擘
음	야	소	취	오	병	이	어	앙	천	축	이	벽
뜻	어조사 아버지	깨어날 살다	취할	다섯 5	떡	두 2	물고기	우러를	하늘	빌 축복할	말이을`	나눌
구분	△	△	0	0	x	0	0	0	0	0	0	x

모양	之	與	門	徒	使	陳	於	衆	前	亦	以	二
음	지	여	문	도	사	진	어	중	전	역	이	이
뜻	갈 어조사	줄 더불	문	무리	하여금 부릴	베풀 늘어놓을	어조사 ~에	무리	앞	또	써 ~로써	두 2
구분	0	0	0	0	0	△	0	0	0	0	0	0

모양	魚	分	諸	人
음	어	분	제	인
뜻	물고기	나눌	모든 모두	사람
구분	0	0	0	0

한자 쓰기	耶穌取五餠二魚 仰天祝而擘之 與門徒 使陳於衆前 亦以二魚分諸人

42. 皆食而飽

(다 배불리 먹고)

모양	皆	食	而	飽
음	개	식	이	포
뜻	모두다	먹을	말 이을	배부를
구분	0	0	0	Δ
한자 쓰기	皆食而飽			

43. 拾其屑及殘魚 盈十二筐

(남은 떡 조각과 물고기를 열두 바구니에 차게 거두었으며)

모양	拾	其	屑	及	殘	魚	盈	十	二	筐
음	습	기	설	급	잔	어	영	십	이	광
뜻	주울	그 그것	가루	이를 ~와	남을 잔인할	물고기	찰 가득할	열 10	두 2	광주리
구분	0	0	x	0	Δ	0	0	0	0	x
한자 쓰기	拾其屑及殘魚 盈十二筐									

44. 食者約五千人

(떡을 먹은 남자는 오천 명이었더라)

모양	食	者	約	五	千	人
음	식	자	약	오	천	인
뜻	먹을	사람 것	묶을 대략	다섯 5	일천 1.000	사람
구분	0	0	0	0	0	0
한자 쓰기	食者約五千人					

45. 耶穌令門徒登舟 先濟至伯賽大 俟己散衆

(예수께서 즉시 제자들을 재촉하사 자기가 무리를 보내는 동안에 배 타고 앞서 건너편 <u>벳새다</u>로 가게 하시고)

모양	耶	穌	令	門	徒	登	舟	先	濟	至	伯	賽
음	야	소	령	문	도	등	주	선	제	지	백	새
뜻	어조사 아버지	깨어날 살다	하여금 명령할	문	무리	오를	배	먼저	건널	이를 지극히	맏 첫	주사위 내기하다
구분	△	△	0	0	0	0	△	0	△	0	△	x

모양	大	俟	己	散	衆
음	대	사	기	산	중
뜻	큰	기다릴	몸 자기	흩을	무리
구분	0	x	0	0	0

한자 쓰기	耶穌令門徒登舟 先濟至伯賽大 俟己散衆

46. 散後 往山祈禱

(무리를 작별하신 후에 기도하러 산으로 가시니라)

모양	散	後	往	山	祈	禱
음	산	후	왕	산	기	도
뜻	흩을	뒤	갈	산	빌 고하다	빌 기도
구분	0	0	0	0	△	x

한자 쓰기	散後 往山祈禱

47. 既暮 舟在海中 耶穌獨在岸
(저물매 배는 바다 가운데 있고 <u>예수</u>께서는 홀로 뭍에 계시다가)

모양	既	暮	舟	在	海	中	耶	穌	獨	在	岸
음	기	모	주	재	해	중	야	소	독	재	안
뜻	이미	저물 해질	배	있을	바다	가운데	어조사 아버지	깨어날 살다	홀로	있을	언덕 기슭
구분	O	O	△	O	O	O	△	△	O	O	△

한자 쓰기	既暮 舟在海中 <u>耶穌</u>獨在岸

48. 見門徒鼓櫂甚苦 以風逆也 時約四更 耶穌履海就之 若欲過者然
(바람이 거스르므로 제자들이 힘겹게 노 젓는 것을 보시고 밤 사경쯤에 바다 위로 걸어서 그들에게 오사 지나가려고 하시매)

모양	見	門	徒	鼓	櫂	甚	苦	以	風	逆	也	時
음	견	문	도	고	도	심	고	이	풍	역	야	시
뜻	볼	문	무리	북 칠	노	심할	고생할 쓸	써 때문	바람	거스릴	어조사 ~이다.	때 시간
구분	O	O	O	△	x	O	O	O	O	O	O	O

모양	約	四	更	耶	穌	履	海	就	之	若	欲	過
음	약	사	경	야	소	이(리)	해	취	지	약	욕	과
뜻	묶을 대략	넉 4	고칠 밤 시각	어조사 아버지	깨어날 살다	밟을 이력서	바다	나아갈	갈 어조사	같을 어조사	하고자 할	지날 과거
구분	O	O	O	△	△	△	O	O	O	O	O	O

모양	者	然
음	자	연
뜻	사람 것	그러할 그러나
구분	O	O

한자 쓰기	見門徒鼓櫂甚苦 以風逆也 時約四更 <u>耶穌</u>履海就之 若欲過者然

49. 門徒見其履海 疑爲怪物而呼

(제자들이 그가 바다 위로 걸어 오심을 보고 유령인가 하여 소리 지르니)

모양	門	徒	見	其	履	海	疑	爲	怪	物	而	呼
음	문	도	견	기	이(리)	해	의	위	괴	물	이	호
뜻	문	무리	볼	그 그것	밟을	바다	의심할	될 위할	괴이할 기이할	물건	말 이을	부를
구분	0	0	0	0	△	0	△	0	△	0	0	0

한자 쓰기	門徒見其履海 疑爲怪物而呼

50. 衆懼 耶穌語之曰 安爾心 我也 勿懼

(그들이 다 예수를 보고 놀람이라 이에 예수께서 곧 그들에게 말씀하여 이르시되 안심하라 내니 두려워하지 말라 하시고)

모양	衆	懼	耶	穌	語	之	曰	安	爾	心	我	也
음	중	구	야	소	어	지	왈	안	이	심	아	야
뜻	무리 많은	두려울	어조사 아버지	깨어날 살다	말씀	갈 어조사	가로되 말하다	어찌 편안할	너	마음	나	어조사 ~이다.
구분	0	△	△	△	0	0	0	0	x	0	0	0

모양	勿	懼
음	물	구
뜻	말라 하지말	두려울
구분	0	△

한자 쓰기	衆懼 耶穌語之曰 安爾心 我也 勿懼

51. 遂登舟 風卽止 衆駭異不勝

(배에 올라 그들에게 가시니 바람이 그치는지라 제자들이 마음에 심히 놀라니)

모양	遂	登	舟	風	卽	止	衆	駭	異	不	勝
음	수	등	주	풍	즉	지	중	해	이	불	승
뜻	마침내 따를	오를	배	바람	곧 나아갈	그칠 멈출	무리	놀랄	다를 기이할	아닐	이길
구분	△	0	△	0	0	0	0	x	0	0	0

한자 쓰기	遂登舟 風卽止 衆駭異不勝

52. 蓋擘餠之事 頓忘之矣 心頑故也

(이는 그들이 그 떡 떼시던 일을 깨닫지 못하고 도리어 그 마음이 둔하여졌음이러라)

모양	蓋	擘	餠	之	事	頓	忘	之	矣	心	頑	故
음	개	벽	병	지	사	둔	망	지	의	심	완	고
뜻	대개 덮을	나눌	떡	갈 어조사	일 섬길	둔할	잊을	갈 어조사	어조사 ~이다	마음	완고할	까닭 그러므로
구분	△	x	x	0	0	x	0	0	0	0	x	0

모양	也
음	야
뜻	어조사 ~이다.
구분	0

한자 쓰기	蓋擘餠之事 頓忘之矣 心頑故也

53. 旣濟 至革尼撒勒地 泊岸

(건너가 게네사렛 땅에 이르러 대고)

모양	旣	濟	至	革	尼	撒	勒	地	泊	岸
음	기	제	지	혁	니	살	늑(륵)	지	박	안
뜻	이미	건널	이를 지극히	가죽	화평할 성씨	뿌릴	굴레	땅	배 댈 정박할	언덕 기슭
구분	0	△	0	△	x	x	x	0	△	△

한자 쓰기	旣濟 至革尼撒勒地 泊岸

54. 離舟 人識之

(배에서 내리니 사람들이 곧 예수신 줄을 알고)

모양	離	舟	人	識	之
음	이(리)	주	인	식	지
뜻	떠날	배	사람	알	갈 어조사
구분	△	△	0	0	0

한자 쓰기	離舟 人識之

55. 周馳四方 以牀舁病者 聞<u>耶穌</u>所在 徧就之

(그 온 지방으로 달려 돌아 다니며 <u>예수</u>께서 어디 계시다는 말을 듣는 대로 병든 자를 침상째로 메고 나아오니)

모양	周	馳	四	方	以	牀	舁	病	者	聞	耶	穌
음	주	치	사	방	이	상	여	병	자	문	야	소
뜻	두루 널리	달릴	넉 4	모 사방	써 ~로써	평상 상	마주 들 메다	병 질병	사람 것	들을	어조사 아버지	깨어날 살다
구분	Δ	x	0	0	0	x	x	0	0	0	Δ	Δ

모양	所	在	徧	就	之
음	소	재	편	취	지
뜻	바 것	있을	두루	나아갈	갈 어조사
구분	0	0	x	0	0

한자 쓰기	周馳四方 以牀舁病者 聞<u>耶穌</u>所在 徧就之

155

56. 凡耶穌所入 或鄕 或邑 或村 人置病者於市 第求捫其裾 捫者得愈

(아무데나 예수께서 들어가시는 지방이나 도시나 마을에서 병자를 시장에 두고 예수께 그의 옷 가에라도 손을 대게 하시기를 간구하니 손을 대는 자는 다 성함을 얻으니라)

모양	凡	耶	穌	所	入	或	鄕	或	邑	或	村	人
음	범	야	소	소	입	혹	향	혹	읍	혹	촌	인
뜻	무릇	어조사 아버지	깨어날 살다	바 것	들 들어갈	혹 혹은	시골 고향	혹 혹은	고을	혹 혹은	마을	사람
구분	0	△	△	0	0	0	0	0	0	0	0	0

모양	置	病	者	於	市	第	求	捫	其	裾	捫	者
음	치	병	자	어	시	제	구	문	기	거	문	자
뜻	둘	병 질병	사람 것	어조사 ~에	시장 사다	차례 다만	구할 간구할	어루만질	그 그것	옷자락	어루만질	사람 것
구분	△	0	0	0	0	0	0	x	0	x	x	0

모양	得	愈
음	득	유
뜻	얻을	나을
구분	0	0

한자 쓰기	凡耶穌所入 或鄕 或邑 或村 人置病者於市 第求捫其裾 捫者得愈

第七章

哇唎嚷人及士子、自耶路撒冷集就耶穌見其門徒數人不潔手而食卽未盥

哈唎嚷人猶太衆執古人遺傳不精盥其手、或曰精卽擦舉不

手也故責之蓋哈唎嚷人

食自市歸不洗其受而守者更有多端若杯爵銅器及牀亦洗之於是哈

唎嚷人士子問耶穌曰爾門徒不遵古人遺傳手未盥而食何也耶穌曰以賽

亞預言指爾僞善者誠是其言曰此民口則敬我心則遠我其所教者乃人所

命是以徒拜我也蓋爾曹棄上帝誡執人遺傳而洗杯爵所行多如是又曰爾

誠廢上帝誡執爾遺傳者摩西曰敬爾父母又曰詈父母者必死之惟爾則曰

若人對父母云我所當奉親者咯啝譯卽已獻爲禮物是後不許之養父母

爾以所授遺傳廢上帝道也爾所爲多類此○遂呼衆曰宜聽而悟也凡自外

入者不能汚人自內出者乃汚人宜傾耳聽焉○耶穌離衆入室門徒以此譬

問之耶穌曰爾亦不悟乎豈不知自外入者不能汚人因不入其心乃入其腹

食化而遺於厠於厠則所食者潔矣又曰由人出者斯汚人蓋自其內卽由

新約全書　馬可　第七章　十一

1. 㕦唎囔人及士子 自耶路撒冷集就耶穌

(바리새인들과 또 서기관 중 몇이 예루살렘에서 와서 예수께 모여들었다가)

모양	㕦	唎	囔	人	及	士	子	自	耶	路	撒	冷
음	법	리	새	인	급	사	자	자	야	로	살	냉(랭)
뜻	x	가는 소리	가득 채울	사람	이를 ~과	선비	아들 어조사	스스로 ~부터	어조사 아버지	길	뿌릴	찰
구분	x	x	x	0	0	0	0	0	Δ	0	x	0

모양	集	就	耶	穌
음	집	취	야	소
뜻	모을 모일	나아갈	어조사 아버지	깨어날 살다
구분	0	0	Δ	Δ

한자 쓰기	㕦唎囔人及士子 自耶路撒冷集就耶穌

2. 見其門徒數人 不潔手而食 卽未盥手也 故責之

(그의 제자 중 몇 사람이 부정한 손 곧 씻지 아니한 손으로 떡 먹는 것을 보았더라)

모양	見	其	門	徒	數	人	不	潔	手	而	食	卽
음	견	기	문	도	수	인	불	결	수	이	식	즉
뜻	볼	그 그것	문	무리	셈할 몇	사람	아닐 불 아니 부	깨끗할 성결할	손	말 이을	먹을	곧 나아갈
구분	0	0	0	0	0	0	0	0	0	0	0	0

모양	未	盥	手	也	故	責	之
음	미	관	수	야	고	책	지
뜻	아닐	대야 씻을	손	어조사 ~이다	까닭 그러므로	꾸짖을	갈 어조사
구분	0	x	0	0	0	0	0

한자 쓰기	見其門徒數人 不潔手而食 卽未盥手也 故責之

3. 蓋呔唎嚷人 猶太衆 執古人遺傳 不精盥其手 不食
(或曰精卽摩拳 或至肘之謂)

(바리새인들과 모든 유대인들은 장로들의 전통을 지키어 손을 잘 씻지 않고서는 음식을 먹지 아니하며)

모양	蓋	呔	唎	嚷	人	猶	太	衆	執	古	人	遺
음	개	법	리	새	인	유	태	중	집	고	인	유
뜻	대개 덮을	x	가는 소리	가득 채울	사람	오히려 같을	클 처음	무리 많은	잡을 집행할	옛 옛날	사람	남길 버릴
구분	△	x	x	x	0	0	0	0	0	0	0	0

모양	傳	不	精	盥	其	手	不	食	或	曰	精	卽
음	전	불	정	관	기	수	불	식	혹	왈	정	즉
뜻	전할	아닐 불 아니 부	정할 깨끗할	대야 씻을	그 그것	손	아닐 불 아니 부	먹을	혹 혹은	가로되 말하다	정할 깨끗할	곧 나아갈
구분	0	0	0	x	0	0	0	0	0	0	0	0

모양	摩	拳	或	至	肘	之	謂
음	마	권	혹	지	주	지	위
뜻	문지를	주먹	혹 혹은	이를 지극히	팔꿈치	갈 어조사	이를 고할
구분	x	△	0	0	x	0	△

한자 쓰기	蓋呔唎嚷人 猶太衆 執古人遺傳 不精盥其手 不食

4. 自市歸 不洗不食 其受而守者 更有多端 若杯爵銅器及牀 亦洗之

(또 시장에서 돌아와서도 물을 뿌리지 않고서는 먹지 아니하며 그 외에도 여러 가지를 지키어 오는 것이 있으니 잔과 주발과 놋그릇을 씻음이러라)

모양	自	市	歸	不	洗	不	食	其	受	而	守	者
음	자	시	귀	불	세	불	식	기	수	이	수	자
뜻	스스로 ~부터	시장 사다	돌아올	아닐 불 아니 부	씻을	아닐 불 아니 부	먹을	그 그것	받을	말 이을	지킬	사람 것
구분	0	0	0	0	0	0	0	0	0	0	0	0

모양	更	有	多	端	若	杯	爵	銅	器	及	牀	亦
음	갱	유	다	단	약	배	작	동	기	급	상	역
뜻	더욱 갱 고칠 경	있을	많을	단서 가지	같을 어조사	잔	벼슬 술잔	구리 구리 그릇	그릇	이를 및	평상 상	또
구분	0	0	0	0	0	0	Δ	Δ	Δ	0	x	0

모양	洗	之
음	세	지
뜻	씻을	갈 어조사
구분	0	0

한자 쓰기	自市歸 不洗不食 其受而守者 更有多端 若杯爵銅器及牀 亦洗之

160

5. 於是 呿唎囔人 士子 問耶穌曰 爾門徒不遵古人遺傳 手未盥而食 何也

(이에 바리새인들과 서기관들이 예수께 묻되 어찌하여 당신의 제자들은 장로들의 전통을 준행하지 아니하고 부정한 손으로 떡을 먹나이까)

모양	於	是	呿	唎	囔	人	士	子	問	耶	穌	曰
음	어	시	법	리	새	인	사	자	문	야	소	왈
뜻	어조사 ~에	옳을 이	x	가는 소리	가득 채울	사람	선비	아들 어조사	물을	어조사 아버지	깨어날 살다	가로되 말하다
구분	0	0	x	x	x	0	0	0	0	△	△	0

모양	爾	門	徒	不	遵	古	人	遺	傳	手	未	盥
음	이	문	도	부	준	고	인	유	전	수	미	관
뜻	너	문	무리	아니 부 아닐 불	준행할 따를	옛 옛날	사람	남길 버릴	전할	손	아닐	대야 씻을
구분	x	0	0	0	△	0	0	0	0	0	0	x

모양	而	食	何	也
음	이	식	하	야
뜻	말 이을	먹을	무엇 어떤	어조사 ~이다.
구분	0	0	0	0

한자 쓰기	於是 呿唎囔人 士子 問耶穌曰 爾門徒不遵古人遺傳 手未盥而食 何也

6. 耶穌曰 以賽亞預言 指爾僞善者 誠是 其言曰 此民口則敬我
心則遠我

(이르시되 이사야가 너희 외식하는 자에 대하여 잘 예언하였도다 기록하였으되 이 백성이 입술로
는 나를 공경하되 마음은 내게서 멀도다)

모양	耶	穌	曰	以	賽	亞	預	言	指	爾	僞	善
음	야	소	왈	이	새	아	예	언	지	이	위	선
뜻	어조사 아버지	깨어날 살다	가로되 말하다	써 때문	주사위 내기하다	버금	미리	말씀 말할	가리킬 손가락	너	거짓	착할
구분	△	△	O	O	x	△	x	O	O	x	△	O

모양	者	誠	是	其	言	曰	此	民	口	則	敬	我
음	자	성	시	기	언	왈	차	민	구	즉	경	아
뜻	사람 것	성실 참으로	옳을 이것	그 그것	말씀 말하다	가로 말하다	이	백성	입	곧즉 법칙 칙	공경할	나
구분	O	O	O	O	O	O	O	O	O	O	O	O

모양	心	則	遠	我
음	심	즉	원	아
뜻	마음	곧즉 법칙 칙	멀	나
구분	O	O	O	O

한자 쓰기	耶穌曰 以賽亞預言 指爾僞善者 誠是 其言曰 此民口 則敬我 心則遠我

162

7. 其所教者 及人所命 是以徒拜我也

(사람의 계명으로 교훈을 삼아 가르치니 나를 헛되이 경배하는도다 하였느니라)

모양	其	所	教	者	及	人	所	命	是	以	徒	拜
음	기	소	교	자	급	인	소	명	시	이	도	배
뜻	그 그것	바 것	가르칠	사람 것	이를 및	사람	바 것	명령 목숨	옳을 이	써 때문	무리 헛되이	절 경배할
구분	0	0	0	0	0	0	0	0	0	0	0	0

모양	我	也
음	아	야
뜻	나	어조사 ~이다.
구분	0	0

한자 쓰기	其所教者 及人所命 是以徒拜我也

8. 蓋爾曹棄上帝誡執人遺傳 而洗杯爵 所行多如是

(너희가 하나님의 계명은 버리고 사람의 전통을 지키느니라)

모양	蓋	爾	曹	棄	上	帝	誡	執	人	遺	傳	而
음	개	이	조	기	상	제	계	집	인	유	전	이
뜻	대개 덮을	너	무리 성씨	버릴	위	임금	계명 경계할	잡을 집행할	사람	남길 버릴	전할	말 이을
구분	△	x	x	△	0	0	x	0	0	0	0	0

모양	洗	杯	爵	所	行	多	如	是
음	세	배	작	소	행	다	여	시
뜻	씻을	잔	벼슬 술잔	바 것	행할 다닐	많을	같을	옳을 이
구분	0	0	△	0	0	0	0	0

한자 쓰기	蓋爾曹棄上帝誡執人遺傳 而洗杯爵 所行多如是

9. 又曰 爾誠廢上帝誡執爾遺傳者

(또 이르시되 너희가 너희 전통을 지키려고 하나님의 계명을 잘 저버리는도다)

모양	又	曰	爾	誠	廢	上	帝	誡	執	爾	遺	傳
음	우	왈	이	성	폐	상	제	계	집	이	유	전
뜻	또	가로되 말하다	너	성실 참으로	폐할	위	임금	계명 경계할	잡을 집행할	너	남길 버릴	전할
구분	O	O	x	O	△	O	O	x	O	x	O	O

모양	者
음	자
뜻	사람 것
구분	O

한자 쓰기	又曰 爾誠廢上帝誡執爾遺傳者

10. 摩西曰 敬爾父母 又曰 詈父母者必死之

(모세는 네 부모를 공경하라 하고 또 아버지나 어머니를 모욕하는 자는 죽임을 당하리라 하였거늘)

모양	摩	西	曰	敬	爾	父	母	又	曰	詈	父	母
음	마	서	왈	경	이	부	모	우	왈	리	부	모
뜻	문지를 마찰	서쪽	가로되 말하다	공경할	너	아버지	어미	또	가로되 말하다	꾸짖을	아버지	어미
구분	x	O	O	O	x	O	O	O	O	x	O	O

모양	者	必	死	之
음	자	필	사	지
뜻	사람 것	반드시 필요할	죽을	갈 어조사
구분	O	O	O	O

한자 쓰기	摩西曰 敬爾父母 又曰 詈父母者必死之

11. 惟爾則曰 若人對父母云 我所當奉親者 咯哌譯卽已獻爲禮物

(너희는 이르되 사람이 아버지에게나 어머니에게나 말하기를 내가 드려 유익하게 할 것이 고르반 곧 하나님께 드림이 되었다고 하기만 하면 그만이라 하고)

모양	惟	爾	則	曰	若	人	對	父	母	云	我	所
음	유	이	즉	왈	약	인	대	부	모	운	아	소
뜻	오직	너	곧 즉 법칙 칙	가로되 말하다	같을 만약	사람	대할 대답할	아비 아버지	어미 어머니	말할	나	바 것
구분	0	x	0	0	0	0	0	0	0	0	0	0

모양	當	奉	親	者	咯	哌	譯	卽	已	獻	爲	禮
음	당	봉	친	자	각	판	역	즉	이	헌	위	예(례)
뜻	마땅할	섬길 받들	친할 어버이	사람 것	울	x	번역할	곧 나아갈	이미 벌써	드릴 헌신할	될 위할	예절
구분	0	0	0	0	x	x	Δ	0	0	Δ	0	0

모양	物
음	물
뜻	물건
구분	0

한자 쓰기	惟爾則曰 若人對父母云 我所當奉親者 咯哌譯卽已獻爲禮物

12. 是後 不許之養父母

(자기 아버지나 어머니에게 다시 아무 것도 하여 드리기를 허락하지 아니하여)

모양	是	後	不	許	之	養	父	母
음	시	후	불	허	지	양	부	모
뜻	옳을이	뒤	아닐 불 아니 부	허락할	갈 어조사	기를 봉양할	아버지	어미
구분	0	0	0	0	0	0	0	0

한자 쓰기	是後 不許之養父母

13. 是爾以所授遺傳 廢上帝道也 爾所爲 多類此

(너희가 전한 전통으로 하나님의 말씀을 폐하며 또 이같은 일을 많이 행하느니라 하시고)

모양	是	爾	以	所	授	遺	傳	廢	上	帝	道	也
음	시	이	이	소	수	유	전	폐	상	제	도	야
뜻	옳을이	너	써 때문	바것	줄	남길 버릴	전할	폐할	위	임금	길 말씀	어조사 ~이다.
구분	0	x	0	0	0	0	0	Δ	0	0	0	0

모양	爾	所	爲	多	類	此
음	이	소	위	다	류	차
뜻	너	바것	될 위할	많을	무리 같은	이
구분	x	0	0	0	0	0

한자 쓰기	是爾以所授遺傳 廢上帝道也 爾所爲 多類此

14. 遂呼衆曰 宜聽而悟也

(무리를 다시 불러 이르시되 너희는 다 내 말을 듣고 깨달으라)

모양	遂	呼	衆	曰	宜	聽	而	悟	也
음	수	호	중	왈	의	청	이	오	야
뜻	마침내 따를	부를	무리	가로되 말하다	마땅할	들을	말 이을	깨달을	어조사 ~이다.
구분	△	0	0	0	△	0	0	0	0

한자 쓰기	遂呼衆曰 宜聽而悟也

15. 凡自外入者 不能汚人

(무엇이든지 밖에서 사람에게로 들어가는 것은 능히 사람을 더럽게 하지 못하되)

모양	凡	自	外	入	者	不	能	汚	人
음	범	자	외	입	자	불	능	오	인
뜻	무릇	스스로 ~부터	바깥	들 들어갈	사람 것	아닐 불 아니 부	능할 능력	더러울	사람
구분	0	0	0	0	0	0	0	△	0

한자 쓰기	凡自外入者 不能汚人

16. 自內出者 乃汚人 宜傾耳聽焉

(사람 안에서 나오는 것이 사람을 더럽게 하는 것이니라 하시고)

모양	自	內	出	者	乃	汚	人	宜	傾	耳	聽	焉
음	자	내	출	자	내	오	인	의	경	이	청	언
뜻	스스로 ~부터	안 속	나갈	사람 것	이에 곧	더러울	사람	마땅할	기울	귀 뿐	들을	어조사
구분	0	0	0	0	0	△	0	△	△	0	0	△

한자 쓰기	自內出者 乃汚人 宜傾耳聽焉

17. 耶穌離衆入室 門徒以此譬問之

(무리를 떠나 집으로 들어가시니 제자들이 그 비유를 묻자온대)

모양	耶	穌	離	衆	入	室	門	徒	以	此	譬	問
음	야	소	이(리)	중	입	실	문	도	이	차	비	문
뜻	어조사 아버지	깨어날 살다	떠날	무리	들 들어갈	집	문	무리	써 때문	이	비유 비유할	물을
구분	△	△	△	0	0	0	0	0	0	0	x	0

모양	之
음	지
뜻	갈 어조사
구분	0

한자 쓰기	耶穌離衆入室 門徒以此譬問之

18. 耶穌曰 爾亦不悟乎 豈不知自外入者 不能汚人

(예수께서 이르시되 너희도 이렇게 깨달음이 없느냐 무엇이든지 밖에서 들어가는 것이 능히 사람을 더럽게 하지 못함을 알지 못하느냐)

모양	耶	穌	曰	爾	亦	不	悟	乎	豈	不	知	自
음	야	소	왈	이	역	불	오	호	기	불	지	자
뜻	어조사 아버지	깨어날 살다	가로되 말하다	너	또 또한	아닐 불 아니 부	깨달을	어조사 ~느냐?	어찌	아닐 불 아니 부	알 알다	스스로 ~부터
구분	△	△	0	x	0	0	0	0	△	0	0	0

모양	外	入	者	不	能	汚	人
음	외	입	자	불	능	오	인
뜻	바깥	들 들어갈	사람 것	아닐 불 아니 부	능할 능력	더러울	사람
구분	0	0	0	0	0	△	0

한자 쓰기	耶穌曰 爾亦不悟乎 豈不知自外入者 不能汚人

19. 因不入其心 乃入其腹 食化而遺於厠

(食化而遺於厠 或曰 遺於厠則所食者潔矣)

(이는 마음으로 들어가지 아니하고 배로 들어가 뒤로 나감이라 이러므로 모든 음식물을 깨끗하다 하시니라)

모양	因	不	入	其	心	乃	入	其	腹	食	化	而
음	인	불	입	기	심	내	입	기	복	식	화	이
뜻	인할 때문	아닐 불 아니 부	들 들어갈	그 그것	마음	이에 곧	들 들어갈	그 그것	배	먹을	될 변화될	말 이을
구분	0	0	0	0	0	0	0	0	Δ	0	0	0

모양	遺	於	厠	食	化	而	遺	於	厠	或	曰	遺
음	유	어	측	식	화	이	유	어	측	혹	왈	유
뜻	남길 버릴	어조사 ~에서	뒷간	먹을	될 변화될	말 이을	남길 버릴	어조사 ~에서	뒷간	혹 어떤 이	가로되 말하다	남길 버릴
구분	0	0	x	0	0	0	0	0	x	0	0	0

모양	於	厠	則	所	食	者	潔	矣
음	어	측	즉	소	식	자	결	의
뜻	어조사 ~에서	뒷간	곧 즉 법칙 칙	바 것	먹을	사람 것	깨끗할 성결할	어조사 ~이다
구분	0	x	0	0	0	0	0	0

한자 쓰기	因不入其心 乃入其腹 食化而遺於厠

20. 又曰 由人出者 斯汚人

(또 이르시되 사람에게서 나오는 그것이 사람을 더럽게 하느니라)

모양	又	曰	由	人	出	者	斯	汚	人
음	우	왈	유	인	출	자	사	오	인
뜻	또	가로되 말하다	말이암을 ~부터	사람	나갈	사람 것	이 이것	더러울	사람
구분	0	0	0	0	0	0	Δ	Δ	0

한자 쓰기	又曰 由人出者 斯汚人

21. 蓋自其內 卽由心出 如惡念 姦淫 苟合 凶殺 盜竊

(속에서 곧 사람의 마음에서 나오는 것은 악한 생각 곧 음란과 도둑질과 살인과)

모양	蓋	自	其	內	卽	由	心	出	如	惡	念	姦
음	개	자	기	내	즉	유	심	출	여	악	염(념)	간
뜻	대개 덮을	스스로 ~부터	그 그것	안 속	곧 나아갈	말이암을 ~부터	마음	나갈	같을	악할	생각	간음할
구분	△	0	0	0	0	0	0	0	0	0	0	△

모양	淫	苟	合	凶	殺	盜	竊
음	음	구	합	흉	살	도	절
뜻	음란할	구차할	합할	흉할 흉악할	죽일	도둑 훔칠	훔칠
구분	△	△	0	0	0	△	△

한자 쓰기	蓋自其內 卽由心出 如惡念 姦淫 苟合 凶殺 盜竊

22. 貪婪 惡毒 詭騙 邪侈 疾視 訕謗 驕傲 狂悖

(간음과 탐욕과 악독과 속임과 음탕과 질투와 비방과 교만과 우매함이니)

모양	貪	婪	惡	毒	詭	騙	邪	侈	疾	視	訕	謗
음	탐	남(람)	악	독	궤	편	사	치	질	시	산	방
뜻	탐할	탐할	악할	독	속일	속일	간사할	사치할	병 미워할	볼	헐뜯을	헐뜯을
구분	△	x	0	△	x	x	△	x	△	0	x	x

모양	驕	傲	狂	悖
음	교	오	광	패
뜻	교만할	거만할	미칠	어그러질 거스를
구분	x	△	△	x

한자 쓰기	貪婪 惡毒 詭騙 邪侈 疾視 訕謗 驕傲 狂悖

23. 凡此惡行 皆由內出 是汚人也
(이 모든 악한 것이 다 속에서 나와서 사람을 더럽게 하느니라)

모양	又	此	惡	行	皆	由	內	出	是	汚	人	也
음	우	차	악	행	개	유	내	출	시	오	인	야
뜻	또 또한	이	악할	행할 다닐	모두 다	말이암을 ~부터	안 속	나갈	옳을 이	더러울	사람	어조사 ~이다.
구분	0	0	0	0	0	0	0	0	0	Δ	0	0

한자 쓰기	凡此惡行 皆由內出 是汚人也

24. 耶穌興 往推羅西頓交境 入一室 不欲人知 而不得隱
(예수께서 일어나사 거기를 떠나 두로 지방으로 가서 한 집에 들어가 아무도 모르게 하시려 하나 숨길수 없더라)

모양	耶	穌	興	往	推	羅	西	頓	交	境	入	一
음	야	소	흥	왕	추	라	서	돈	교	경	입	일
뜻	어조사 아버지	깨어날 살다	일어날 일으킬	갈	밀 추천할	벌일 그물	서쪽	조아릴	사귈 인접할	지경	들 들어갈	한 1
구분	Δ	Δ	0	0	0	Δ	0	x	0	Δ	0	0

모양	室	不	欲	人	知	而	不	得	隱
음	실	불	욕	인	지	이	부	득	은
뜻	집	아닐 불 아니 부	하고자할	사람	알 알다	말 이을	아니 부 아닐 불	얻을	숨을 숨길
구분	0	0	0	0	0	0	0	0	Δ

한자 쓰기	耶穌興 往推羅西頓交境 入一室 不欲人知 而不得隱

171

25. 有希利尼婦 屬叙利腓利基國 其幼女患邪神 聞耶穌事
(希利尼 或曰 異邦之類)

(이에 더러운 귀신 들린 어린 딸을 둔 한 여자가 예수의 소문을 듣고 곧 와서 그 발 아래에 엎드리니)

모양	有	希	利	尼	婦	屬	叙	利	腓	利	基	國
음	유	희	이(리)	니	부	속	서	이(리)	비	이(리)	기	국
뜻	있을	드물 바랄	이로울 이익	화평할 성씨	아내 여자	무리 속할	펼 차례	이로울 이익	장딴지	이로울 이익	터 기초	나라
구분	0	0	0	x	0	△	0	0	x	0	0	0

모양	其	幼	女	患	邪	神	聞	耶	穌	事	希	利
음	기	유	여(녀)	환	사	신	문	야	소	사	희	이(리)
뜻	그 그것	어릴	여자	병 앓다	간사할	신 귀신	들을	어조사 아버지	깨어날 살다	일 섬길	드물 바랄	이로울 이익
구분	△	△	0	0	0	△	0	△	△	0	0	0

모양	尼	或	曰	異	邦	之	類
음	니	혹	왈	이	방	지	류
뜻	화평할 성씨	혹 혹은	가로되 말하다	다를 기이할	나라	갈 어조사	무리 같은
구분	x	0	0	0	△	0	0

한자 쓰기	有希利尼婦 屬叙利腓利基國 其幼女患邪神 聞耶穌事

26. 來而俯伏 求耶穌逐鬼

(그 여자는 헬라인이요 수로보니게 족속이라 자기 딸에게서 귀신 쫓아내 주시기를 간구하거늘)

모양	來	而	俯	伏	求	耶	穌	逐	鬼
음	래	이	부	복	구	야	소	축	귀
뜻	올	말 이을	구부릴	엎드릴	구할 간구할	어조사 아버지	깨어날 살다	쫓을	귀신
구분	0	0	x	0	0	△	△	△	△

한자 쓰기	來而俯伏 求耶穌逐鬼

27. 耶穌曰 容兒曹食飽 若先取兒曹餠投狗 未善也

(예수께서 이르시되 자녀로 먼저 배불리 먹게 할지니 자녀의 떡을 취하여 개들에게 던짐이 마땅치 아니하니라)

모양	耶	穌	曰	容	兒	曹	食	飽	若	先	取	兒
음	야	소	왈	용	아	조	식	포	약	선	취	아
뜻	어조사 아버지	깨어날 살다	가로되 말하다	얼굴 용납하다	아이	무리 성씨	먹을	배부를	같을 만약	먼저	취할	아이
구분	△	△	0	0	0	x	0	△	0	0	0	0

모양	曹	餠	投	狗	未	善	也
음	조	병	투	구	미	선	야
뜻	무리 성씨	떡	던질	개	아닐	착할 선할	어조사 ~이다.
구분	x	x	0	△	0	0	0

한자 쓰기	耶穌曰 容兒曹食飽 若先取兒曹餠投狗 未善也

28. 婦對曰 主然 第兒曹几下餘屑 狗亦得食

(여자가 대답하여 이르되 주여 옳소이다마는 상 아래 개들도 아이들이 먹던 부스러기를 먹나이다)

모양	婦	對	曰	主	然	第	兒	曹	几	下	餘	屑
음	부	대	왈	주	연	제	아	조	궤	하	여	설
뜻	아내 여자	대할 대답할	가로되 말하다	주인	그러할 자연	차례 다만	아이	무리 성씨	책상	아래 내리다	남을	가루
구분	0	0	0	0	0	0	0	x	x	0	0	x

모양	狗	亦	得	食
음	구	역	득	식
뜻	개	또 또한	얻을	먹을
구분	△	0	0	0

한자 쓰기	婦對曰 主然 第兒曹几下餘屑 狗亦得食

29. 耶穌曰 卽此一言 鬼離女矣 爾歸可也

(예수께서 이르시되 이 말을 하였으니 돌아가라 귀신이 네 딸에게서 나갔느니라 하시매)

모양	耶	穌	曰	卽	此	一	言	鬼	離	女	矣	爾
음	야	소	왈	즉	차	일	언	귀	이(리)	여(녀)	의	이
뜻	어조사 아버지	깨어날 살다	가로되 말하다	곧 나아갈	이	한 1	말씀 말할	귀신	떠날	여자	어조사 ~이다	너
구분	△	△	0	0	0	0	0	△	△	0	0	x

모양	歸	可	也
음	귀	가	야
뜻	돌아갈	옳을 가능할	어조사 ~이다.
구분	0	0	0

한자 쓰기	耶穌曰 卽此一言 鬼離女矣 爾歸可也

30. 婦歸 見女臥牀 知鬼已出

(여자가 집에 돌아가 본즉 아이가 침상에 누웠고 귀신이 나갔더라)

모양	婦	歸	見	女	臥	牀	知	鬼	已	出
음	부	귀	견	여(녀)	와	상	지	귀	이	출
뜻	아내 여자	돌아갈	볼	여자	누울	평상 상	알 알다	귀신	이미 벌써	나갈
구분	0	0	0	0	0	x	0	△	0	0

한자 쓰기	婦歸 見女臥牀 知鬼已出

31. 耶穌去推羅西頓境 至加利利海 經低加波利

(예수께서 다시 두로 지방에서 나와 시돈을 지나고 데가볼리 지방을 통과하여 갈릴리 호수에 이르시매)

모양	耶	穌	去	推	羅	西	頓	境	至	加	利	利
음	야	소	거	추	라	서	돈	경	지	가	이(리)	이(리)
뜻	어조사 아버지	깨어날 살다	갈 떠나다	밀 추천할	벌일 그물	서쪽	조아릴	지경 곳	이를 지극히	더할	이로울 이익	이로울 이익
구분	△	△	0	0	△	0	x	△	0	0	0	0

모양	海	經	低	加	波	利
음	해	경	저	가	파	이(리)
뜻	바다	지날	낮을	더할	물결	이로울 이익
구분	0	0	0	0	0	0

한자 쓰기	耶穌去推羅西頓境 至加利利海 經低加波利

32. 有攜聾而結舌者 求耶穌按之

(사람들이 귀 먹고 말 더듬는 자를 데리고 예수께 나아와 안수하여 주시기를 간구하거늘)

모양	有	攜	聾	而	結	舌	者	求	耶	穌	按	之
음	유	휴	롱	이	결	설	자	구	야	소	안	지
뜻	있을	이끌 휴대할	귀먹을 귀머거리	말 이을	맺을 굳어질	혀	사람 것	구할 간구할	어조사 아버지	깨어날 살다	살필 안수할	갈 어조사
구분	0	x	x	0	0	0	0	0	△	△	x	0

한자 쓰기	有攜聾而結舌者 求耶穌按之

33. 耶穌引之離衆至僻處 以指探其耳 唾而捫其舌

(예수께서 그 사람을 따로 데리고 무리를 떠나사 손가락을 그의 양 귀에 넣고 침을 뱉어 그의 혀에 손을 대시며)

모양	耶	穌	引	之	離	衆	至	僻	處	以	指	探
음	야	소	인	지	이(리)	중	지	벽	처	이	지	탐
뜻	어조사 아버지	깨어날 살다	끌 인도할	갈 어조사	떠날	무리	이를 지극히	궁벽할 구석	거주할 곳	써 ~로써	가리킬 손가락	찾을
구분	△	△	0	0	△	0	0	x	0	0	0	0

모양	其	耳	唾	而	捫	其	舌
음	기	이	타	이	문	기	설
뜻	그 그것	귀 뿐	침 침 뱉을	말 이을	어루만질	그 그것	혀
구분	0	0	x	0	x	0	0

한자 쓰기	耶穌引之離衆至僻處 以指探其耳 唾而捫其舌

34. 仰天嘆曰 以啦吠 譯卽聰也

(하늘을 우러러 탄식하시며 그에게 이르시되 에바다 하시니 이는 열리라는 뜻이라)

모양	仰	天	嘆	曰	以	啦	吠	譯	卽	聰	也
음	앙	천	탄	왈	이	법	대	역	즉	총	야
뜻	우러를	하늘	탄식할	가로되 말하다	x	x	x	번역할	곧 나아갈	귀 밝을	어조사 ~이다.
구분	0	0	x	0	x	x	x	△	0	△	0

한자 쓰기	仰天嘆曰 以啦吠 譯卽聰也

35. 耳卽聰 舌結解而言明矣

(그의 귀가 열리고 혀가 맺힌 것이 곧 풀려 말이 분명하여졌더라)

모양	耳	卽	聰	舌	結	解	而	言	明	矣
음	이	즉	총	설	결	해	이	언	명	의
뜻	귀 뿐	곧 나아갈	귀 밝을	혀	맺을 굳어질	풀 이해할	말 이을	말씀 말할	밝을	어조사 ~이다
구분	0	0	△	0	0	0	0	0	0	0

한자 쓰기	耳卽聰 舌結解而言明矣

36. 耶穌戒勿告人 然愈戒而彼益播揚

(예수께서 그들에게 경고하사 아무에게도 이르지 말라 하시되 경고하실수록 그들이 더욱 널리 전파하니)

모양	耶	穌	戒	勿	告	人	然	愈	戒	而	彼	益
음	야	소	계	물	고	인	연	유	계	이	피	익
뜻	어조사 아버지	깨어날 살다	경계할	말라 하지말	고할 알릴	사람	그러할 자연	더욱 나을	경계할	말 이을	저	더할 유익할
구분	△	△	△	0	0	0	0	0	△	0	0	0

모양	播	揚
음	파	양
뜻	뿌릴 전파할	날릴 드러낼
구분	△	0

한자 쓰기	耶穌戒勿告人 然愈戒而彼益播揚

37. 衆不勝異曰 其所爲者善 使聾者聰 啞者言矣

(사람들이 심히 놀라 이르되 그가 모든 것을 잘하였도다 못 듣는 사람도 듣게 하고 말 못하는 사람
도 말하게한다 하니라)

모양	衆	不	勝	異	曰	其	所	爲	者	善	使	聾
음	중	불	승	이	왈	기	소	위	자	선	사	롱
뜻	무리	아닐	이길	다를 기이할	가로되 말하다	그 그것	바 것	될 위할	사람 것	착할 선할	부릴 하여금	귀먹을 귀머거리
구분	0	0	0	0	0	0	0	0	0	0	0	x

모양	者	聰	啞	者	言	矣
음	자	총	아	자	언	의
뜻	사람 것	귀 밝을	벙어리	사람 것	말씀 말할	어조사 ~이다
구분	0	Δ	x	0	0	0

한자 쓰기	衆不勝異曰 其所爲者善 使聾者聰 啞者言矣

醫希利尼為鬼所附之女　醫治耳聾口吃者　以七餅數小魚食四千人

心出如惡念姦淫苟合兇殺盜竊貪婪惡毒詭騙邪侈疾視訕謗驕傲狂悖凡

此惡行皆由內出是污人也○耶穌興往推羅西頓交境入一室不欲人知而

不得隱有希利尼〔希利尼邦之尼或曰婦屬敘利腓利基國其幼女患邪神聞耶穌事而

來而俯伏求耶穌逐鬼耶穌曰容兒曹食飽若先取兒曹餅投狗未善也婦對

曰主然第兒曹几下餘屑狗亦得食耶穌曰即此一言鬼離女矣爾歸可也婦

歸見女臥牀知鬼已出○耶穌去推羅西頓境至加利利海經低加波利有攜

聾而結舌者求耶穌按之耶穌引之離眾至僻處以指探其耳唾而捫其舌

天嘆曰𠵽吠噠譯即聰也耳即聰舌結解而言明矣耶穌戒勿告人然愈戒而

彼益播揚眾不勝異曰其所為者善使聾者聰啞者言矣

第八章

當日眾大和會無所食耶穌召門徒曰我憫眾偕我三日今無食倘使饑餓而

歸途間必困憊蓋有遠來者也門徒曰此乃曠野何由得餅以飽之乎曰爾有

餅幾何曰七耶穌命眾坐地取七餅祝而擘焉予門徒使陳之遂陳於眾前又

有些小魚亦祝使陳之皆食而飽拾餘屑七籃食者約四千人耶穌乃散眾

○耶穌不顯異兆與法利賽人看
儆門徒謹防法利賽人與希律之異教
醫治瞽者
其說不一人猜耶穌
彼得認耶穌爲基督
耶穌豫言己將被殺至三日復活
欲從耶穌

○與門徒登舟至大馬擧大境、哱喇嚷人出而詰之、求天異蹟欲試耶穌、耶穌中心太息曰此世胡爲求異蹟、我誠告爾、我必不以異蹟示此世於是去之、復登舟往彼岸○門徒忘取餅舟中無長物、一餅而已、耶穌戒之曰謹防哱喇嚷與希律之酵門徒相議曰是爲無餅與、耶穌知之曰曷以無餅議乎爾猶未知未悟歟心猶頑耶爾有目不視、有耳不聽、亦不憶乎、我擘五餅分五千人拾屑盈幾筐乎曰十二、又七餅分四千人拾屑有幾籃乎、曰七、遂語之曰何不悟乎、至伯賽大、有攜瞽者求耶穌捫之、耶穌執瞽者手、攜出鄉外、唾其目、按其手、問其所見、醫者仰曰、我見行人若樹焉、復按其目、使仰、遂得愈明、察庶物、之歸曰勿入告鄉人○耶穌與門徒往該撒利亞腓立比諸鄉、途間問門徒曰、爾曹言我爲人言我爲誰、對曰、施洗約翰、有曰以利亞、有曰先知之一、曰爾曹言我爲誰彼得曰、基督也、耶穌戒門徒、勿告人、○乃言曰、人子必備受害爲長老祭司諸長、士子所棄、且見殺、三日復生、耶穌言此彼得援而諫之、耶穌顧門徒、責彼得曰、撒但退、爾不體上帝情、乃人之情耳、○遂呼衆與門徒曰、欲爲我徒、則當克己負十字架以從、凡欲救生命者反喪之、爲我及福音而喪生命者必救之

新約全書　　馬可　第八章　　十三

第八章

1. 當日 眾大和會 無所食 耶穌召門徒曰

(그 무렵에 또 큰 무리가 있어 먹을 것이 없는지라 예수께서 제자들을 불러 이르시되)

모양	當	日	眾	大	和	會	無	所	食	耶	穌	召
음	당	일	중	대	화	회	무	소	식	야	소	소
뜻	마땅할	날 해	무리 많은	큰	화할 모일	모일 때마침	없을	바 것	먹을	어조사 아버지	깨어날 살다	부를
구분	0	0	0	0	0	0	0	0	0	Δ	Δ	Δ

모양	門	徒	曰
음	문	도	왈
뜻	문	무리	가로되 말하다
구분	0	0	0

한자 쓰기	當日 眾大和會 無所食 耶穌召門徒曰

2. 我憫眾 偕我三日 今無食

(내가 무리를 불쌍히 여기노라 그들이 나와 함께 있은 지 이미 사흘이 지났으나 먹을 것이 없도다)

모양	我	憫	眾	偕	我	三	日	今	無	食
음	아	민	중	해	아	삼	일	금	무	식
뜻	나	민망할 불쌍히 여길	무리 많은	함께	나	석 3	날 해	이제 지금	없을	먹을
구분	0	Δ	0	x	0	0	0	0	0	0

한자 쓰기	我憫眾 偕我三日 今無食

3. 倘使饑餓而歸 途間必困憊 蓋有遠來者也

(만일 내가 그들을 굶겨 집으로 보내면 길에서 기진하리라 그 중에는 멀리서 온 사람들도 있느니라)

모양	倘	使	饑	餓	而	歸	途	間	必	困	憊	蓋
음	상	사	기	아	이	귀	도	간	필	곤	비	개
뜻	오히려 만일	부릴 사신	주릴	주릴	말 이을	돌아올	길	사이	반드시 필요할	곤할	고단할	대개 덮을
구분	x	0	x	△	0	0	△	0	0	△	x	△

모양	有	遠	來	者	也
음	유	원	래	자	야
뜻	있을	멀	올	사람 것	어조사 ~이다
구분	0	0	0	0	0

한자 쓰기	倘使饑餓而歸 途間必困憊 蓋有遠來者也

4. 門徒曰 此乃曠野 何由得餅以飽之乎

(제자들이 대답하되 이 광야 어디서 떡을 얻어 이 사람들로 배부르게 할 수 있으리이까)

모양	門	徒	曰	此	乃	曠	野	何	由	得	餅	以
음	문	도	왈	차	내	광	야	하	유	득	병	이
뜻	문	무리	가로되 말하다	이	이에 곧	넓을 빌	들 들판	어찌 어느	말이암을 ~부터	얻을	떡	써 ~로써
구분	0	0	0	0	0	x	0	0	0	0	x	0

모양	飽	之	乎
음	포	지	호
뜻	배부를	갈 어조사	어조사 ~느냐?
구분	△	0	0

한자 쓰기	門徒曰 此乃曠野 何由得餅以飽之乎

5. 曰 爾有餠幾何 曰 七

(예수께서 물으시되 너희에게 떡 몇 개나 있느냐 이르되 일곱이로소이다 하거늘)

모양	曰	爾	有	餠	幾	何	曰	七
음	왈	이	유	병	기	하	왈	칠
뜻	가로되 말하다	너	있을	떡	몇	어찌 얼마	가로되 말하다	일곱 7
구분	O	x	O	x	O	O	O	O

한자 쓰기	曰 爾有餠幾何 曰 七

6. 耶穌命衆坐地 取七餠 祝而擘焉予門徒 使陳之 遂陳於衆前

(예수께서 무리를 명하여 땅에 앉게 하시고 떡 일곱 개를 가지사 축사하시고 떼어 제자들에게 주어 나누어 주게 하시니 제자들이 무리에게 나누어 주더라)

모양	耶	穌	命	衆	坐	地	取	七	餠	祝	而	擘
음	야	소	명	중	좌	지	취	칠	병	축	이	벽
뜻	어조사 아버지	깨어날 살다	명령 목숨	무리 많은	앉을	땅	취할	일곱 7	떡	빌 축복할	말 이을	나눌
구분	△	△	O	O	O	O	O	O	x	O	O	x

모양	焉	予	門	徒	使	陳	之	遂	陳	於	衆	前
음	언	여	문	도	사	진	지	수	진	어	중	전
뜻	어찌 어조사	줄 주다	문	무리	하여금 부릴	베풀 늘어놓을	갈 어조사	마침내 따를	베풀 늘어놓을	어조사 ~에	무리	앞
구분	x	△	O	O	O	△	O	△	△	O	O	O

한자 쓰기	耶穌命衆坐地 取七餠 祝而擘焉予門徒 使陳之 遂陳於衆前

183

7. 又有些須小魚 亦祝 使陳之

(또 작은 생선 두어 마리가 있는지라 이에 축복하시고 명하사 이것도 나누어 주게 하시니)

모양	又	有	些	須	小	魚	亦	祝	使	陳	之
음	우	유	사	수	소	어	역	축	사	진	지
뜻	또	있을	적을 조금	모름지기 마땅히	작을	물고기	또 또한	빌 축복할	하여금 부릴	베풀 늘어놓을	갈 어조사
구분	0	0	x	0	0	0	0	0	0	Δ	0

한자 쓰기	又有些須小魚 亦祝 使陳之

8. 皆食而飽 拾餘屑七籃

(배불리 먹고 남은 조각 일곱 광주리를 거두었으며)

모양	皆	食	而	飽	拾	餘	屑	七	籃
음	개	식	이	포	습	여	설	칠	람
뜻	모두 다	먹을	말 이을	배부를	주울	남을	가루	일곱 7	바구니
구분	0	0	0	Δ	0	0	x	0	x

한자 쓰기	皆食而飽 拾餘屑七籃

9. 食者約四千人 耶穌乃散衆

(사람은 약 사천 명이었더라 <u>예수</u>께서 그들을 흩어 보내시고)

모양	食	者	約	四	千	人	耶	穌	乃	散	衆
음	식	자	약	사	천	인	야	소	내	산	중
뜻	먹을	사람 것	묶을 약속할	넉 4	일천 1,000	사람	어조사 아버지	깨어날 살다	이에 곧	흩을	무리
구분	0	0	0	0	0	0	Δ	Δ	0	0	0

한자 쓰기	食者約四千人 耶穌乃散衆

10. 與門徒登舟 至大馬拏大境

(곧 제자들과 함께 배에 오르사 달마누다 지방으로 가시니라)

모양	與	門	徒	登	舟	至	大	馬	拏	大	境
음	여	문	도	등	주	지	대	마	라	대	경
뜻	더불 ~과	문	무리	오를	배	이를 지극히	큰	말	붙잡을	큰	지경
구분	0	0	0	0	Δ	0	0	0	x	0	Δ

한자 쓰기	與門徒登舟 至大馬拏大境

11. 呿唎噻人出而詰之 求天異蹟 欲試耶穌

(바리새인들이 나와서 예수를 힐난하며 그를 시험하여 하늘로부터 오는 표적을 구하거늘)

모양	呿	唎	噻	人	出	而	詰	之	求	天	異	蹟
음	법	리	새	인	출	이	힐	지	구	천	이	적
뜻	x	가는 소리	가득 채울	사람	나갈	말 이을	힐문할 물을	갈 어조사	구할 간구할	하늘	다를 기이할	자취 기적
구분	x	x	x	0	0	0	x	0	0	0	0	Δ

모양	欲	試	耶	穌
음	욕	시	야	소
뜻	하고자 할	시험할 시험	어조사 아버지	깨어날 살다
구분	0	0	Δ	Δ

한자 쓰기	呿唎噻人出而詰之 求天異蹟 欲試耶穌

12. 耶穌心太息曰 此世胡爲求異蹟 我誠告爾 我必不以異蹟示此世

(예수께서 마음속으로 깊이 탄식하시며 이르시되 어찌하여 이 세대가 표적을 구하느냐 내가 진실로 너희에게 이르노니 이 세대에 표적을 주지 아니하리라 하시고)

모양	耶	穌	心	太	息	曰	此	世	胡	爲	求	異
음	야	소	심	태	식	왈	차	세	호	위	구	이
뜻	어조사 아버지	깨어날 살다	마음	클 처음	쉴 탄식할	가로되 말하다	이	세상	어찌	될 할	구할 간구할	다를 기이할
구분	△	△	0	0	△	0	0	0	△	0	0	0

모양	蹟	我	誠	告	爾	我	必	不	以	異	蹟	示
음	적	아	성	고	이	아	필	불	이	이	적	시
뜻	자취 기적	나	성실 참으로	고할 알릴	너	나	반드시 필요할	아닐	써 ~로써	다를 기이할	자취 기적	보일
구분	△	0	0	0	x	0	0	0	0	0	△	0

모양	此	世
음	차	세
뜻	이	세상
구분	0	0

한자 쓰기	耶穌心太息曰 此世胡爲求異蹟 我誠告爾 我必不以異蹟示此世

13. 於是去之 復登舟往彼岸

(그들을 떠나 다시 배에 올라 건너편으로 가시니라)

모양	於	是	去	之	復	登	舟	往	彼	岸
음	어	시	거	지	부	등	주	왕	피	안
뜻	어조사 ~에	옳을 이	갈 떠나다	갈 어조사	다시 부 돌아올 복	오를	배	갈	저	언덕 기슭
구분	0	0	0	0	0	0	△	0	0	△

한자 쓰기	於是去之 復登舟往彼岸

14. 門徒忘取餠 舟中無長物 一餠而已

(제자들이 떡 가져오기를 잊었으매 배에 떡 한 개밖에 그들에게 없더라)

모양	門	徒	忘	取	餠	舟	中	無	長	物	一	餠
음	문	도	망	취	병	주	중	무	장	물	일	병
뜻	문	무리	잊을	취할	떡	배	가운데	없을	길 늘	물건	한 1	떡
구분	O	O	O	O	x	△	O	O	O	O	O	x

모양	而	已
음	이	이
뜻	말 이을	이미 벌써
구분	O	O

한자 쓰기	門徒忘取餠 舟中無長物 一餠而已

15. 耶穌戒之曰 謹防咶唎嚷與希律之酵

(예수께서 경고하여 이르시되 삼가 바리새인들의 누룩과 헤롯의 누룩을 주의하라 하시니)

모양	耶	穌	戒	之	曰	謹	防	咶	唎	嚷	與	希
음	야	소	계	지	왈	근	방	법	리	새	여	희
뜻	어조사 아버지	깨어날 살다	경계할	갈 어조사	가로되 말하다	삼갈	막을	x	가는 소리	가득 채울	더불 ~과	드물 바랄
구분	△	△	△	O	O	△	O	x	x	x	O	O

모양	律	之	酵
음	율(률)	지	효
뜻	법	갈 어조사	삭힐 누룩
구분	O	O	x

한자 쓰기	耶穌戒之曰 謹防咶唎嚷與希律之酵

16. 門徒相議日 是爲無餠與

(제자들이 서로 수군거리기를 이는 우리에게 떡이 없음이로다 하거늘)

모양	門	徒	相	議	曰	是	爲	無	餠	與
음	문	도	상	의	왈	시	위	무	병	여
뜻	문	무리	서로	의논할	가로되 말하다	옳을 이것	될 위할	없을	떡	더불 어조사
구분	0	0	0	0	0	0	0	0	x	0

한자 쓰기	門徒相議曰 是爲無餠與

17. 耶穌知之曰 曷以無餠議乎 爾猶未知未悟歟 心猶頑耶

(예수께서 아시고 이르시되 너희가 어찌 떡이 없음으로 수군거리느냐 아직도 알지 못하며 깨닫지 못하느냐 너희 마음이 둔하냐)

모양	耶	穌	知	之	曰	曷	以	無	餠	議	乎	爾
음	야	소	지	지	왈	갈	이	무	병	의	호	이
뜻	어조사 아버지	깨어날 살다	알 알다	갈 어조사	가로되 말하다	어찌 어찌하여	써 때문	없을	떡	의논할	어조사 ~느냐?	너
구분	Δ	Δ	0	0	0	x	0	0	x	0	0	x

모양	猶	未	知	未	悟	歟	心	猶	頑	耶
음	유	미	지	미	오	여	심	유	완	야
뜻	오히려 같을	아닐	알 알다	아닐	깨달을	어조사	마음	오히려 같을	완고할	어조사 ~느냐?
구분	0	0	0	0	Δ	x	0	0	x	Δ

한자 쓰기	耶穌知之曰 曷以無餠議乎 爾猶未知未悟歟 心猶頑耶

18. 爾有目不視 有耳不聽 亦不憶乎

(너희가 눈이 있어도 보지 못하며 귀가 있어도 듣지 못하느냐 또 기억하지 못하느냐)

모양	爾	有	目	不	視	有	耳	不	聽	亦	不	憶
음	이	유	목	불	시	유	이	불	청	역	불	억
뜻	너	있을	눈	아닐 불 아니 부	볼	있을	귀 뿐	아닐 불 아니 부	들을	또 또한	아닐 불 아니 부	기억할 생학할
구분	x	0	0	0	0	0	0	0	0	0	0	0

모양	乎
음	호
뜻	어조사 ~느냐?
구분	0

한자 쓰기	爾有目不視 有耳不聽 亦不憶乎

19. 我擘五餠分五千人 拾屑盈幾筐乎 曰 十二

(내가 떡 다섯 개를 오천 명에게 떼어 줄 때에 조각 몇 바구니를 거두었더냐 이르되 열둘이니이다)

모양	我	擘	五	餠	分	五	千	人	拾	屑	盈	幾
음	아	벽	오	병	분	오	천	인	습	설	영	기
뜻	나	나눌	다섯 5	떡	나눌	다섯 5	일천 1.000	사람	주울	가루	찰 가득할	몇 얼마
구분	0	x	0	x	0	0	0	0	0	x	x	0

모양	筐	乎	曰	十	二
음	광	호	왈	십	이
뜻	광주리	어조사 ~느냐?	가로되 말하다	열 10	두 2
구분	x	0	0	0	0

한자 쓰기	我擘五餠分五千人 拾屑盈幾筐乎 曰 十二

20. 又七餠分四千人 拾屑有幾籃乎 曰 七

(또 일곱 개를 사천 명에게 떼어 줄 때에 조각 몇 광주리를 거두었더냐 이르되 일곱이니이다)

모양	又	七	餠	分	四	千	人	拾	屑	有	幾	籃
음	우	칠	병	분	사	천	인	습	설	유	기	람
뜻	또	일곱 7	떡	나눌	넉 4	일천 1,000	사람	주울	가루	있을	몇	바구니
구분	0	0	x	0	0	0	0	0	x	0	0	x

모양	乎	曰	七
음	호	왈	칠
뜻	어조사 ~느냐?	가로되 말하다	일곱 7
구분	0	0	0

한자 쓰기	又七餠分四千人 拾屑有幾籃乎 曰 七

21. 遂語之曰 何不悟乎

(이르시되 아직도 깨닫지 못하느냐 하시니라)

모양	遂	語	之	曰	何	不	悟	乎
음	수	어	지	왈	하	불	오	호
뜻	마침내 따를	말씀	갈 어조사	가로되 말하다	어찌 무엇	아닐 불 아니 부	깨달을	어조사 ~느냐?
구분	Δ	0	0	0	0	0	Δ	0

한자 쓰기	遂語之曰 何不悟乎

22. 至伯賽大有攜瞽者 求耶穌捫之

(벳새다에 이르매 사람들이 맹인 한 사람을 데리고 예수께 나아와 손 대시기를 구하거늘)

모양	至	伯	賽	大	有	攜	瞽	者	求	耶	穌	捫
음	지	백	새	대	유	휴	고	자	구	야	소	문
뜻	이를 지극히	맏 첫	주사위 내기하다	큰	있을	이끌 휴대할	소경 시력을 잃다	사람 것	구할 간구할	어조사 아버지	깨어날 살다	어루만질
구분	O	△	x	O	O	x	x	O	O	△	△	x

모양	之
음	지
뜻	갈 어조사
구분	O

한자 쓰기	至伯賽大有攜瞽者 求耶穌捫之

23. 耶穌執瞽者手 攜出鄕外 唾其目 手按之 問何所見

(예수께서 맹인의 손을 붙잡으시고 마을 밖으로 데리고 나가사 눈에 침을 뱉으시며 그에게 안수하시고 무엇이 보이느냐 물으시니)

모양	耶	穌	執	瞽	者	手	攜	出	鄕	外	唾	其
음	야	소	집	고	자	수	휴	출	향	외	타	기
뜻	어조사 아버지	깨어날 살다	잡을 집행할	소경 시력을 잃다	사람 것	손	이끌 휴대할	나갈	시골 고향	바깥	침 침 뱉을	그 그것
구분	△	△	O	x	O	O	x	O	O	O	x	O

모양	目	手	按	之	問	何	所	見
음	목	수	안	지	문	하	소	견
뜻	눈	손	살필 안수할	갈 어조사	물을	어찌 무엇	바 것	볼
구분	O	O	x	O	O	O	O	O

한자 쓰기	耶穌執瞽者手 攜出鄕外 唾其目 手按之 問何所見

24. 瞽者仰曰 我見行人若樹焉

(쳐다보며 이르되 사람들이 보이나이다 나무 같은 것들이 걸어 가는 것을 보나이다 하거늘)

모양	瞽	者	仰	曰	我	見	行	人	若	樹	焉
음	고	자	앙	왈	아	견	행	인	약	수	언
뜻	소경	사람 것	우러를	가로되 말하다	나	볼	행할 다닐	사람	같을 어조사	나무	어조사
구분	x	0	0	0	0	0	0	0	0	0	△

한자 쓰기	瞽者仰曰 我見行人若樹焉

25. 復按其目 使仰遂得愈 明察庶物

(이에 그 눈에 다시 안수하시매 그가 주목하여 보더니 나아서 모든 것을 밝히 보는지라)

모양	復	按	其	目	使	仰	遂	得	愈	明	察	庶
음	부	안	기	목	사	앙	수	득	유	명	찰	서
뜻	다시 부 돌아올 복	살필 안수할	그 그것	눈	부릴 하여금	우러를	마침내 따를	얻을	나을	밝을	살필	여러
구분	0	x	0	0	0	0	△	0	△	0	0	△

모양	物
음	물
뜻	물건
구분	0

한자 쓰기	復按其目 使仰遂得愈 明察庶物

26. 耶穌遣之歸 曰 勿入告鄕人

(예수께서 그 사람을 집으로 보내시며 이르시되 마을에는 들어가지 말라 하시니라)

모양	耶	穌	遣	之	歸	曰	勿	入	告	鄕	人
음	야	소	견	지	귀	왈	물	입	고	향	인
뜻	어조사 아버지	깨어날 살다	보낼	갈 어조사	돌아올 돌아갈	가로되 말하다	말라 하지말	들 들어갈	고할 알릴	시골 고향	사람
구분	△	△	△	0	0	0	0	0	0	0	0

한자 쓰기	耶穌遣之歸 曰 勿入告鄕人

27. 耶穌與門徒往 該撒利亞 腓立比諸鄕 途間 問門徒曰 人言我爲誰

(예수와 제자들이 빌립보 가이사랴 여러 마을로 나가실새 길에서 제자들에게 물어 이르시되 사람들이 나를 누구라고 하느냐)

모양	耶	穌	與	門	徒	往	該	撒	利	亞	腓	立
음	야	소	여	문	도	왕	해	살	이(리)	아	비	입(립)
뜻	어조사 아버지	깨어날 살다	더불 ~과	문	무리	갈	갖출	뿌릴	이로울 이익	버금	장딴지	설
구분	△	△	0	0	0	0	△	x	0	△	x	0

모양	比	諸	鄕	途	間	問	門	徒	曰	人	言	我
음	비	제	향	도	간	문	문	도	왈	인	언	아
뜻	견줄 나란히	모든 여러	시골 고향	길	사이	물을	문	무리	가로되 말하다	사람	말씀 말할	나
구분	0	0	0	△	0	0	0	0	0	0	0	0

모양	爲	誰
음	위	수
뜻	될 위할	누구 무엇
구분	0	0

한자 쓰기	耶穌與門徒往 該撒利亞 腓立比諸鄕　途間 問門徒曰 人言我爲誰

28. 對曰 施洗約翰 有曰 以利亞 有曰 先知之一

(제자들이 여짜와 이르되 세례 요한이라 하고 더러는 엘리야, 더러는 선지자 중의 하나라 하나이다)

모양	對	曰	施	洗	約	翰	有	曰	以	利	亞	有
음	대	왈	시	세	약	한	유	왈	이	이(리)	아	유
뜻	대할 대답할	가로되 말하다	베풀	씻을	묶을 약속할	편지 글	있을	가로되 말하다	써 ~로써	이로울 이익	버금	있을
구분	0	0	0	0	0	x	0	0	0	0	Δ	0

모양	曰	先	知	之	一
음	왈	선	지	지	일
뜻	가로되 말하다	먼저	알 알다	갈 어조사	한 1
구분	0	0	0	0	0

한자 쓰기	對曰 施洗約翰 有曰 以利亞 有曰 先知之一

29. 耶穌曰 爾曹言我爲誰 彼得曰 基督也

(또 물으시되 너희는 나를 누구라 하느냐 베드로가 대답하여 이르되 주는 그리스도시니이다 하매)

모양	耶	穌	曰	爾	曹	言	我	爲	誰	彼	得	曰
음	야	소	왈	이	조	언	아	위	수	피	득	왈
뜻	어조사 아버지	깨어날 살다	가로되 말하다	너	무리 성씨	말씀 말할	나	될 위할	누구 무엇	저	얻을	가로되 말하다
구분	Δ	Δ	0	x	x	0	0	0	0	0	0	0

모양	基	督	也
음	기	독	야
뜻	터 기초	감독할 살필	어조사 ~이다.
구분	0	Δ	0

한자 쓰기	耶穌曰 爾曹言我爲誰 彼得曰 基督也

30. 耶穌戒門徒勿告人

(이에 자기의 일을 아무에게도 말하지 말라 경고하시고)

모양	耶	穌	戒	門	徒	勿	告	人
음	야	소	계	문	도	물	고	인
뜻	어조사 아버지	깨어날 살다	경계할	문	무리	말라 하지말	고할 알릴	사람
구분	△	△	△	0	0	0	0	0

한자 쓰기	耶穌戒門徒勿告人

31. 乃言曰 人子必備受害 爲長老 祭司諸長 士子所棄 且見殺 三日 復生

(인자가 많은 고난을 받고 장로들과 대제사장들과 서기관들에게 버린 바 되어 죽임을 당하고 사흘 만에 살아나야 할 것을 비로소 그들에게 가르치시되)

모양	乃	言	曰	人	子	必	備	受	害	爲	長	老
음	내	언	왈	인	자	필	비	수	해	위	장	노(로)
뜻	이에 곧	말씀 말할	가로되 말하다	사람	아들 어조사	반드시 필요할	준비 갖출	받을	해 해칠	될 위할	길(long) 우두머리	늙을
구분	0	0	0	0	0	0	0	0	0	0	0	0

모양	祭	司	諸	長	士	子	所	棄	且	見	殺	三
음	제	사	제	장	사	자	소	기	차	견	살	삼
뜻	제사	맡을	모든 여러	길(long) 우두머리	선비	아들 어조사	바 것	버릴	또 또한	볼 당하다	죽일	석 3
구분	0	△	0	0	0	0	△	0	0	0	0	0

모양	日	復	生
음	일	부	생
뜻	날 해	다시 부 돌아올 복	날 살
구분	0	0	0

한자 쓰기	乃言曰 人子必備受害 爲長老 祭司諸長 士子所棄 且見殺 三日復生

32. 耶穌言此 彼得援而諫之

(드러내 놓고 이 말씀을 하시니 베드로가 예수를 붙들고 항변하매)

모양	耶	穌	言	此	彼	得	援	而	諫	之
음	야	소	언	차	피	득	원	이	간	지
뜻	어조사 아버지	깨어날 살다	말씀 말할	이	저	얻을	구원할 당길	말 이을	간할	갈 어조사
구분	△	△	0	0	0	0	△	0	x	0

한자 쓰기	耶穌言此 彼得援而諫之

33. 耶穌顧門徒 責彼得曰 撒但退 爾不體上帝情 乃人之情耳

(예수께서 돌이키사 제자들을 보시며 베드로를 꾸짖어 이르시되 사탄아 내 뒤로 물러가라 네가 하나님의 일을 생각하지 아니하고 도리어 사람의 일을 생각하는도다 하시고)

모양	耶	穌	顧	門	徒	責	彼	得	曰	撒	但	退
음	야	소	고	문	도	책	피	득	왈	살	단	퇴
뜻	어조사 아버지	깨어날 살다	돌아볼	문	무리	꾸짖을	저	얻을	가로되 말하다	뿌릴	다만 단지	물러날 후퇴할
구분	△	△	△	0	0	0	0	0	0	x	0	0

모양	爾	不	體	上	帝	情	乃	人	之	情	耳
음	이	불	체	상	제	정	내	인	지	정	이
뜻	너	아닐 불 아니 부	몸 체득할	위	임금	뜻 정	이에 곧	사람	갈 어조사	뜻 정	귀 뿐
구분	x	0	0	0	0	0	0	0	0	0	0

한자 쓰기	耶穌顧門徒 責彼得曰 撒但退 爾不體上帝情 乃人之情耳

34. 遂呼衆與門徒 曰 欲爲我徒 則當克己 負十字架以從

(무리와 제자들을 불러 이르시되 누구든지 나를 따라오려거든 자기를 부인하고 자기 십자가를 지고 나를 따를 것이니라)

모양	遂	呼	衆	與	門	徒	曰	欲	爲	我	徒	則
음	수	호	중	여	문	도	왈	욕	위	아	도	즉
뜻	마침내 따를	부를	무리	더불 ~과	문	무리	가로되 말하다	하고자 할	될 위할	나	무리	곧 즉 법칙 칙
구분	△	0	0	0	0	0	0	0	0	0	0	0

모양	當	克	己	負	十	字	架	以	從
음	당	극	기	부	십	자	가	이	종
뜻	마땅할	이길 능할	몸 자기	질 부담	열 10	글자	시렁 선반	써 ~로써	따를 부터
구분	0	△	0	△	0	0	△	0	0

한자 쓰기	遂呼衆與門徒 曰 欲爲我徒 則當克己 負十字架以從

35. 凡欲救生命者 反喪之 爲我及福音而喪生命者 必救之

(누구든지 자기 목숨을 구원하고자 하면 잃을 것이요 누구든지 나와 복음을 위하여 자기 목숨을 잃으면 구원하리라)

모양	凡	欲	救	生	命	者	反	喪	之	爲	我	及
음	범	욕	구	생	명	자	반	상	지	위	아	급
뜻	무릇	하고자 할	구원할 건질	날 살	명령 목숨	사람 것	반대 돌이킬	잃을	갈 어조사	될 위할	나	이를 및
구분	0	0	0	0	0	0	0	0	0	0	0	0

모양	福	音	而	喪	生	命	者	必	救	之
음	복	음	이	상	생	명	자	필	구	지
뜻	복	소리	말 이을	잃을	날 살	명령 목숨	사람 것	반드시 필요할	구원할 건질	갈 어조사
구분	0	0	0	0	0	0	0	0	0	0

한자 쓰기	凡欲救生命者 反喪之 爲我及福音而喪生命者 必救之

36. 利盡天下 而失生命者 何益之有 (或曰生命當作靈魂)

(사람이 만일 온 천하를 얻고도 자기 목숨을 잃으면 무엇이 유익하리요)

모양	利	盡	天	下	而	失	生	命	者	何	益	之
음	이(리)	진	천	하	이	실	생	명	자	하	익	지
뜻	이로울 이익	다할	하늘	아래 내리다	말 이을	잃을	날 살	명령 목숨	사람 것	어찌 무슨	더할 유익할	갈 어조사
구분	0	0	0	0	0	0	0	0	0	0	0	0

모양	有	或	曰	生	命	當	作	靈	魂
음	유	혹	왈	생	명	당	작	영	혼
뜻	있을	혹 혹은	가로되 말하다	날 살	명령 목숨	마땅할	지을 만들	신령 영혼	넋 영혼
구분	0	0	0	0	0	0	0	x	Δ

한자 쓰기	利盡天下 而失生命者 何益之有

37. 人將以何者易生命乎

(사람이 무엇을 주고 자기 목숨과 바꾸겠느냐)

모양	人	將	以	何	者	易	生	命	乎
음	인	장	이	하	자	역	생	명	호
뜻	사람	장차 장수	써 ~로써	어찌 무엇	사람 것	바꿀 역 쉬울 이	날 살	명령 목숨	어조사 ~느냐?
구분	0	0	0	0	0	0	0	0	0

한자 쓰기	人將以何者易生命乎

38. 當姦惡之世 耻我及我道者 人子以父榮 偕聖使臨時 亦必耻其人矣

(누구든지 이 음란하고 죄 많은 세대에서 나와 내 말을 부끄러워하면 인자도 아버지의 영광으로 거룩한 천사들과 함께 올 때에 그 사람을 부끄러워하리라)

모양	當	姦	惡	之	世	耻	我	及	我	道	者	人
음	당	간	악	지	세	치	아	급	아	도	자	인
뜻	마땅할 해당할	간음할	악할	갈 어조사	세상	부끄러울	나	이를 및	나	길 말씀	사람 것	사람
구분	0	△	0	0	0	x	0	0	0	0	0	0

모양	子	以	父	榮	偕	聖	使	臨	時	亦	必	耻
음	자	이	부	영	해	성	사	임(림)	시	역	필	치
뜻	아들	써 ~로써	아버지	영광	함께	성스러울 거룩할	부릴 사신	내릴 임할	때 시간	또 또한	반드시 필요할	부끄러울
구분	0	0	0	0	x	0	0	0	0	0	0	x

모양	其	人	矣
음	기	인	의
뜻	그 그것	사람	어조사 ~이다
구분	0	0	0

한자 쓰기	當姦惡之世 耻我及我道者 人子以父榮 偕聖使臨時 亦必耻其人矣

利盡天下、而失生命、或曰生命、當作靈魂者、何益之有、人將以何者易生命乎、當此姦惡

之世、耻我及我道者、人子以父榮偕聖使臨時、亦必耻其人矣

第九章

耶穌曰、我誠告爾、立於此者有人、未死之先、見上帝國乘權而臨也、○越六

日、耶穌潛攜彼得雅各約翰、至高山、當前變化、其衣燦爛皎白如雪、世之漂者、

不能白之若此、時以利亞摩西現、與耶穌語、彼得謂耶穌曰、夫子、我儕在此善

矣、容我建三廬、一爲爾、一爲摩西、一爲以利亞、彼得不自知所謂、門徒甚懼適

雲蓋之、雲間有聲云、此我愛子、爾宜聽之、門徒環視、不見一人、惟耶穌而已、○

下山時、耶穌戒之曰、人子未復生、勿以所見告人

意問耶穌曰、士子有言、以利亞當先至、何歟、曰、以利亞先至、振興諸事、而人子

必備受害、爲人所忽、記已言之、吾謂、汝以利亞已至、而人任意以待如記所言、

○至門徒所見衆環之、士子與之辯論、衆見耶穌甚異之、趨前加禮、耶穌問士

子曰、爾與之辯論何歟、衆中一人曰、先生、我攜我子就爾、爲神所憑而啞、崇時

傾跌流涎、切齒枯槁、請爾門徒逐之、而不能也、耶穌曰、噫不信之世、我偕爾當

必須克己負十字架

耶穌改變形像

言以利亞已至

驅逐聾啞之鬼

再言己將
被殺至三
日復活

勤門徒宜
謙卑

舉主名行
奇事者不
可禁止

幾何時我忍爾當幾何時乎且攜子就我遂攜至一見耶穌神卽拘攣之仆地

輾轉流涎耶穌問其父曰患此幾時矣曰自少時屢投於冰火欲滅吾子倘爾

能爲則憫而助我耶穌曰如爾能信則可信者無不能也其父垂淚呼曰主我

信若信未篤則助余耶穌見衆趨集叱邪神曰使人喑聾之神我命爾出勿再

入之神號呼拘攣舉之甚乃出其子若死然人謂其已死耶穌執其手扶之遂起

○入室門徒竊問曰吾儕逐之不得何歟耶穌曰藉非祈禱禁食此族不得出

也○於是去彼過加利利不欲人知示門徒曰人子將賣與人見殺殺後三日

復生門徒未達而不敢問○至迦百農在室門徒曰爾途間私議何歟門徒

默然以途間爭長也耶穌坐呼十二門徒曰欲爲先者當爲衆後爲衆役也耶

穌取孩提置於前且抱之謂門徒曰凡以我名接如此孩提者卽接我接我者

非接我接遣我者也○約翰言於耶穌曰先生我儕見一人不從我而以爾名

逐鬼故禁之爲其不從我也耶穌曰勿禁之未有托我名行異能而忍輕誹我

者也凡不攻我者則向我者也凡托我名以一杯水飲爾因爾爲基督之徒我

誠告爾彼必不失賞也○凡陷信我之小子於罪者寧以磨石懸其頸投於海

新約全書　馬可　第九章　十五

201

第九章

1. 耶穌曰 我誠告爾 立於此者有人 未死之先 克見<u>上帝</u>國乘權而臨也

(또 그들에게 이르시되 내가 진실로 너희에게 이르노니 여기 서 있는 사람 중에는 죽기 전에 하나님의 나라가 권능으로 임하는 것을 볼 자들도 있느니라 하시니라)

모양	耶	穌	曰	我	誠	告	爾	立	於	此	者	有
음	야	소	왈	아	성	고	이	입(립)	어	차	자	유
뜻	어조사 아버지	깨어날 살다	가로되 말하다	나	성실 참으로	고할 알릴	너	설	어조사 ~에	이	사람 것	있을
구분	△	△	0	0	0	0	x	0	0	0	0	0

모양	人	未	死	之	先	克	見	上	帝	國	乘	權
음	인	미	사	지	선	극	견	상	제	국	승	권
뜻	사람	아닐	죽을	갈 어조사	먼저	이길 능히	볼	위	임금	나라	탈	권세 권한
구분	0	0	0	0	0	△	0	0	0	0	0	0

모양	而	臨	也
음	이	임(림)	야
뜻	말 이을	내릴 임할	어조사 ~이다
구분	0	△	0

한자 쓰기	耶穌曰 我誠告爾 立於此者有人 未死之先 克見上帝國乘權而臨也

2. 越六日 耶穌潛攜彼得 雅各 約翰 至高山 當前變化

(엿새 후에 예수께서 베드로와 야고보와 요한을 데리시고 따로 높은 산에 올라가셨더니 그들 앞에서 변형되사)

모양	越	六	日	耶	穌	潛	攜	彼	得	雅	各	約
음	월	육	일	야	소	잠	휴	피	득	아	각	약
뜻	넘을 넘길	여섯 6	날 해	어조사 아버지	깨어날 살다	잠길 잠잠히	이끌 휴대할	저	얻을	우아할	각각 각자	묶을 약속할
구분	△	0	0	△	△	△	x	0	0	△	0	0

모양	翰	至	高	山	當	前	變	化
음	한	지	고	산	당	전	변	화
뜻	편지 글	이를 지극히	높을	산	마땅할 해당할	앞	변할	될 변화될
구분	x	0	0	0	0	0	0	0

한자 쓰기	越六日 耶穌潛攜彼得 雅各 約翰 至高山 當前變化

3. 其衣燦爛 皎白如雪 世之漂者 不能白之若此

(그 옷이 광채가 나며 세상에서 빨래하는 자가 그렇게 희게 할 수 없을 만큼 매우 희어졌더라)

모양	其	衣	燦	爛	皎	白	如	雪	世	之	漂	者
음	기	의	찬	란	교	백	여	설	세	지	표	자
뜻	그 그것	옷 입다	빛날	빛날	밝을 깨끗할	흰	같을	눈	세상	갈 어조사	떠다닐 빨래할	사람 것
구분	0	0	x	x	x	0	0	0	0	0	△	0

모양	不	能	白	之	若	此
음	불	능	백	지	약	차
뜻	아닐 불 아니 부	능할 능력	흰	갈 어조사	같을 어조사	이
구분	0	0	0	0	0	0

한자 쓰기	其衣燦爛 皎白如雪 世之漂者 不能白之若此

4. 時以利亞 摩西現 與耶穌語

(이에 엘리야가 모세와 함께 그들에게 나타나 예수와 더불어 말하거늘)

모양	時	以	利	亞	摩	西	現	與	耶	穌	語
음	서	이	이(리)	아	마	서	현	여	야	소	어
뜻	때 시간	써 ~로써	이로울 이익	버금	문지를 마찰	서쪽	나타날	더불 ~과	어조사 아버지	깨어날 살다	말씀
구분	0	0	0	△	0	0	0	0	△	△	0

한자 쓰기	時以利亞 摩西現 與耶穌語

5. 彼得謂耶穌曰 夫子 我儕在此善矣 容我建三廬 一爲爾 一爲摩西 一爲以利亞

(베드로가 예수께 고하되 랍비여 우리가 여기 있는 것이 좋사오니 우리가 초막 셋을 짓되 하나는 주를 위하여, 하나는 모세를 위하여, 하나는 엘리야를 위하여 하사이다 하니)

모양	彼	得	謂	耶	穌	曰	夫	子	我	儕	在	此
음	피	득	위	야	소	왈	부	자	아	제	재	차
뜻	저	얻을	이를 고할	어조사 아버지	깨어날 살다	가로되 말하다	지아비 장정	아들	나 우리	무리	있을	이
구분	0	0	△	△	△	0	0	0	0	x	0	0

모양	善	矣	容	我	建	三	廬	一	爲	爾	一	爲
음	선	의	용	아	건	삼	려	일	위	이	일	위
뜻	착할 좋을	어조사 ~이다	얼굴 용납하다	나 우리	세울 일으킬	석 3	오두막집	한 1	될 위할	너	한 1	될 위할
구분	0	0	0	0	0	0	x	0	0	x	0	0

모양	摩	西	一	爲	以	利	亞
음	마	서	일	위	이	이(리)	아
뜻	문지를 마찰	서쪽	한 1	될 위할	써 ~로써	이로울 이익	버금
구분	x	0	0	0	0	0	△

한자 쓰기	彼得謂耶穌曰 夫子 我儕在此善矣 容我建三廬 一爲爾 一爲摩西 一爲以利亞

6. 彼得不自知所謂 門徒甚懼

(이는 그들이 몹시 무서워하므로 그가 무슨 말을 할지 알지 못함이더라)

모양	彼	得	不	自	知	所	謂	門	徒	甚	懼
음	피	득	부	자	지	소	위	문	도	심	구
뜻	저	얻을	아니 부 아닐 불	스스로 ~부터	알 알다	바 것	이를 고할	문	무리	심할	두려울
구분	0	0	0	0	0	0	△	0	0	0	△

한자 쓰기	彼得不自知所謂 門徒甚懼

7. 適雲蓋之 雲間有聲云 此我愛子 爾宜聽之

(마침 구름이 와서 그들을 덮으며 구름 속에서 소리가 나되 이는 내 사랑하는 아들이니 너희는
그의 말을 들으라 하는지라)

모양	適	雲	蓋	之	雲	間	有	聲	云	此	我	愛
음	적	운	개	지	운	간	유	성	운	차	아	애
뜻	갈(=go) 마침	구름	대개 덮을	갈 어조사	구름	사이	있을	소리	말할	이	나	사랑할
구분	0	0	△	0	0	0	0	0	0	0	0	0

모양	子	爾	宜	聽	之
음	자	이	의	청	지
뜻	아들	너	마땅할	들을	갈 어조사
구분	0	x	△	0	0

한자 쓰기	適雲蓋之 雲間有聲云 此我愛子 爾宜聽之

8. 門徒環視 不見一人 惟耶穌而已

(문득 둘러보니 아무도 보이지 아니하고 오직 예수와 자기들뿐이었더라)

모양	門	徒	環	視	不	見	一	人	惟	耶	穌	而
음	문	도	환	시	불	견	일	인	유	야	소	이
뜻	문	무리	둘레 고리	볼	아닐 불 아니 부	볼	한 1	사람	오직	어조사 아버지	깨어날 살다	말 이을
구분	0	0	△	0	0	0	0	0	0	△	△	0

모양	已
음	이
뜻	이미 벌써
구분	0

한자 쓰기	門徒環 不見一人 惟耶穌而已

9. 下山時 耶穌戒之曰 人子未復生 勿以所見告人

(그들이 산에서 내려올 때에 예수께서 경고하시되 인자가 죽은 자 가운데서 살아날 때까지는
본 것을 아무에게도 이르지 말라 하시니)

모양	下	山	時	耶	穌	戒	之	曰	人	子	未	復
음	하	산	시	야	소	계	지	왈	인	자	미	부
뜻	아래 내리다	산	때 시간	어조사 아버지	깨어날 살다	경계할	갈 어조사	가로되 말하다	사람	아들	아닐	다시 부 돌아올 복
구분	0	0	0	△	△	△	0	0	0	0	0	0

모양	生	勿	以	所	見	告	人
음	생	물	이	소	견	고	인
뜻	날 살	말라 하지말	써 ~로써	바 것	볼	고할 알릴	사람
구분	0	0	0	0	0	0	0

한자 쓰기	下山時 耶穌戒之曰 人子未復生 勿以所見告人

10. 門徒服膺斯語 共議復生何意

(그들이 이 말씀을 마음에 두며 서로 문의하되 죽은 자 가운데서 살아나는 것이 무엇일까 하고)

모양	門	徒	服	膺	斯	語	共	議	復	生	何	意
음	문	도	복	응	사	어	공	의	부	생	하	의
뜻	문	무리	옷 생각할	가슴 마음	이 이것	말씀 말할	함께	의논할	다시 부 돌아올 복	날 살	어찌 무엇	뜻 생각
구분	0	0	0	x	Δ	0	0	0	0	0	0	0

한자 쓰기	門徒服膺斯語 共議復生何意

11. 問耶穌曰 士子有言 以利亞當先至 何歟

(이에 예수께 묻자와 이르되 어찌하여 서기관들이 엘리야가 먼저 와야 하리라 하나이까)

모양	問	耶	穌	曰	士	子	有	言	以	利	亞	當
음	문	야	소	왈	사	자	유	언	이	이(리)	아	당
뜻	물을	어조사 아버지	깨어날 살다	가로되 말하다	선비	아들 어조사	있을	말씀 말할	써 ~로써	이로울 이익	버금	마땅할
구분	0	Δ	Δ	0	0	0	0	0	0	0	Δ	0

모양	先	至	何	歟
음	선	지	하	여
뜻	먼저	이를 지극히	어찌 무엇	어조사
구분	0	0	0	x

한자 쓰기	問耶穌曰 士子有言 以利亞當先至 何歟

12. 曰 以利亞先至 振興諸事 而人子必備受害 爲人所忽 記已言之

(이르시되 엘리야가 과연 먼저 와서 모든 것을 회복하거니와 어찌 인자에 대하여 기록하기를 많은 고난을 받고 멸시를 당하리라 하였느냐)

모양	曰	以	利	亞	先	至	振	興	諸	事	而	人
음	왈	이	이(리)	아	선	지	진	흥	제	사	이	인
뜻	가로되 말하다	써 ~로써	이로울 이익	버금	먼저	이를 지극히	떨칠	일어날 일으킬	모든 여러	일 섬길	말이을	사람
구분	0	0	0	Δ	0	0	Δ	0	0	0	0	0

모양	子	必	備	受	害	爲	人	所	忽	記	已	言
음	자	필	비	수	해	위	인	소	홀	기	이	언
뜻	아들	반드시 필요할	준비 갖출	받을	해 해칠	될 위할	사람	바 것	소홀히할 갑자기	기록 기록할	이미 벌써	말씀 말할
구분	0	0	0	0	0	0	0	0	Δ	0	0	0

모양	之
음	지
뜻	갈 어조사
구분	0

한자 쓰기	曰 以利亞先至 振興諸事 而人子必備受害 爲人所忽 記已言之

13. 吾語汝 以利亞已至 人任意以待 如記所言

(그러나 내가 너희에게 이르노니 엘리야가 왔으되 기록된 바와 같이 사람들이 함부로 대우하였느니라 하시니라)

모양	吾	語	汝	以	利	亞	已	至	人	任	意	以
음	오	어	여	이	이(리)	아	이	지	인	임	의	이
뜻	나 우리	말씀	너	써 ~로써	이로울 이익	버금	이미 벌써	이를 지극히	사람	맡길	뜻	써 ~로써
구분	0	0	0	0	0	Δ	0	0	0	Δ	0	0

모양	待	如	記	所	言
음	대	여	기	소	언
뜻	기다릴	같을	기록할	바 것	말씀 말할
구분	0	0	0	0	0

한자 쓰기	吾語汝 以利亞已至 人任意以待 如記所言

14. 至門徒所 見衆環之 士子與之辯論

(이에 그들이 제자들에게 와서 보니 큰 무리가 그들을 둘러싸고 서기관들이 그들과 더불어 변론하고 있더라)

모양	至	門	徒	所	見	衆	環	之	士	子	與	之
음	지	문	도	소	견	중	환	지	사	자	여	지
뜻	이를 지극히	문	무리	바 장소	볼	무리 많은	둘레 고리	갈 어조사	선비	아들	더불 ~과	갈 어조사
구분	0	0	0	0	0	0	Δ	0	0	0	0	0

모양	辯	論
음	변	논(론)
뜻	말 잘할 분별할	논할 말할
구분	Δ	0

한자 쓰기	至門徒所 見衆環之 士子與之辯論

15. 衆見耶穌 甚異之 趨前加禮

(온 무리가 곧 예수를 보고 매우 놀라며 달려와 문안하거늘)

모양	衆	見	耶	穌	甚	異	之	趨	前	加	禮
음	중	견	야	소	심	이	지	추	전	가	예(례)
뜻	무리 많은	볼	어조사 아버지	깨어날 살다	심할	다를 기이할	갈 어조사	달릴	앞	더할	예절 인사
구분	0	0	Δ	Δ	0	0	0	x	0	0	0

한자 쓰기	衆見耶穌 甚異之 趨前加禮

16. 耶穌問士子曰 爾與之辯論何歟

(예수께서 물으시되 너희가 무엇을 그들과 변론하느냐)

모양	耶	穌	問	士	子	曰	爾	與	之	辯	論	何
음	야	소	문	사	자	왈	이	여	지	변	논(론)	하
뜻	어조사 아버지	깨어날 살다	물을	선비	아들	가로되 말하다	너	더불 ~과	갈 어조사	말 잘할 분별할	논할 말할	어찌 무엇
구분	△	△	0	0	0	0	x	0	0	△	0	0

모양	歟
음	여
뜻	어조사
구분	x

한자 쓰기	耶穌問士子曰 爾與之辯論何歟

17. 衆中一人曰 先生 我攜我子就爾 爲神所憑而啞

(무리 중의 하나가 대답하되 선생님 말 못하게 귀신 들린 내 아들을 선생님께 데려왔나이다)

모양	衆	中	一	人	曰	先	生	我	攜	我	子	就
음	중	중	일	인	왈	선	생	아	휴	아	자	취
뜻	무리 많은	가운데	한 1	사람	가로되 말하다	먼저	날 살	나	이끌 휴대할	나	아들	나아갈
구분	0	0	0	0	0	0	0	0	x	0	0	0

모양	爾	爲	神	所	憑	而	啞
음	이	위	신	소	빙	이	아
뜻	너	될 위할	귀신 정신	바 것	기댈 귀신들릴	말 이을	벙어리
구분	x	0	0	0	x	0	x

한자 쓰기	衆中一人曰 先生 我攜我子就爾 爲神所憑而啞

18. 崇時傾跌 流涎 切齒 枯槁 請爾門徒逐之 而不能也

(귀신이 어디서든지 그를 잡으면 거꾸러져 거품을 흘리며 이를 갈며 그리고 파리해지는지라 내가 선생님의 제자들에게 내쫓아 달라 하였으나 그들이 능히 하지 못하더이다)

모양	崇	時	傾	跌	流	涎	切	齒	枯	槁	請	爾
음	수	시	경	질	류	연	절	치	고	고	청	이
뜻	빌미	때 시간	기울	거꾸러질	흐를	침	끊을 갈	이	마를 수척할	마를 여월	청할	너
구분	x	0	△	x	0	x	0	0	△	x	0	x

모양	門	徒	逐	之	而	不	能	也
음	문	도	축	지	이	불	능	야
뜻	문	무리	쫓을	갈 어조사	말 이을	아닐 불 아니 부	능할 능력	어조사 ~이다
구분	0	0	△	0	0	0	0	0

한자 쓰기	崇時傾跌 流涎 切齒 枯槁 請爾門徒逐之 而不能也

19. 耶穌曰 噫 不信之世 我偕爾當幾何時 我忍爾當幾何時乎 且攜子就我

(대답하여 이르시되 믿음이 없는 세대여 내가 얼마나 너희와 함께 있으며 얼마나 너희에게 참으리요 그를 내게로 데려오라 하시매)

모양	耶	穌	曰	噫	不	信	之	世	我	偕	爾	當
음	야	소	왈	희	불	신	지	세	아	해	이	당
뜻	어조사 아버지	깨어날 살다	가로되 말하다	탄식할 아!	아닐 불 아니 부	믿을	갈 어조사	세상	나	함께	너	마땅할
구분	△	△	0	x	0	0	0	0	0	x	x	0

모양	幾	何	時	我	忍	爾	當	幾	何	時	乎	且
음	기	하	시	아	인	이	당	기	하	시	호	차
뜻	몇	어찌 얼마	때 시간	나	참을 잔인할	너	마땅할	몇	어찌 얼마	때 시간	어조사 ~느냐	또 또한
구분	0	0	0	0	0	x	0	0	0	0	0	0

모양	攜	子	就	我
음	휴	자	취	아
뜻	이끌 휴대할	아들	나아갈	나
구분	x	0	0	0

한자 쓰기	耶穌曰 噫 不信之世 我偕爾當幾何時 我忍爾當幾何時乎 且攜子就我

20. 遂攜至 一見耶穌 神卽拘攣之 仆地 輾轉流涎

(이에 데리고 오니 귀신이 예수를 보고 곧 그 아이로 심히 경련을 일으키게 하는지라 그가 땅에 엎드러져 구르며 거품을 흘리더라)

모양	遂	攜	至	一	見	耶	穌	神	卽	拘	攣	之
음	수	휴	지	일	견	야	소	신	즉	구	연(련)	지
뜻	마침내 따를	이끌 휴대할	이를 지극히	한 1	볼	어조사 아버지	깨어날 살다	귀신 정신	곧 나아갈	잡을 구속할	걸릴 경련일으킬	갈 어조사
구분	△	x	0	0	0	△	△	0	0	△	x	0

모양	仆	地	輾	轉	流	涎
음	복	지	전	전	류	연
뜻	엎드릴	땅	돌아누울 돌	구를 회전할	흐를	침
구분	x	0	x	△	0	x

한자 쓰기	遂攜至 一見耶穌 神卽拘攣之 仆地 輾轉流涎

21. 耶穌問其父曰 患此幾時矣 曰 自少時

(예수께서 그 아버지에게 물으시되 언제부터 이렇게 되었느냐 하시니 이르되 어릴 때부터니이다)

모양	耶	穌	問	其	父	曰	患	此	幾	時	矣	曰
음	야	소	문	기	부	왈	환	차	기	시	의	왈
뜻	어조사 아버지	깨어날 살다	물을	그 그것	아버지	가로되 말하다	근심 않다	이	몇 얼마	때 시간	어조사 ~이다	가로되 말하다
구분	△	△	0	0	0	0	0	0	0	0	0	0

모양	自	少	時
음	자	소	시
뜻	스스로 ~부터	적을 조금	때 시간
구분	0	0	0

한자 쓰기	耶穌問其父曰 患此幾時矣 曰 自少時

22. 屢投於水火 欲滅吾子 倘爾能爲 則憫而助我

(귀신이 그를 죽이려고 불과 물에 자주 던졌나이다 그러나 무엇을 하실 수 있거든 우리를 불쌍히 여기사 도와 주옵소서)

모양	屢	投	於	水	火	欲	滅	吾	子	倘	爾	能
음	누(루)	투	어	수	화	욕	멸	오	자	상	이	능
뜻	여러 자주	던질	어조사 ~에	물	불	하고자할	멸할 멸망할	나	아들	오히려 만일	너	능할 능력
구분	△	0	0	0	0	0	△	0	0	x	x	0

모양	爲	則	憫	而	助	我
음	위	즉	민	이	조	아
뜻	될 위할	곧 즉 법칙 칙	민망할 불쌍히여길	말 이을	도울	나
구분	0	0	△	0	0	0

한자 쓰기	屢投於水火 欲滅吾子 倘爾能爲 則憫而助我

23. 耶穌曰 如爾能信 則可 信者無不能也

(예수께서 이르시되 할 수 있거든이 무슨 말이냐 믿는 자에게는 능히 하지 못할 일이 없느니라 하시니)

모양	耶	穌	曰	如	爾	能	信	則	可	信	者	無
음	야	소	왈	여	이	능	신	즉	가	신	자	무
뜻	어조사 아버지	깨어날 살다	가로되 말하다	같을 만일	너	능할 능력	믿을	곧 즉 법칙 칙	옳을 가능할	믿을	사람 것	없을
구분	Δ	Δ	0	0	x	0	0	0	0	0	0	0

모양	不	能	也
음	불	능	야
뜻	아닐 불 아니 부	능할 능력	어조사 ~이다
구분	0	0	0

한자 쓰기	耶穌曰 如爾能信 則可 信者無不能也

24. 其父垂淚 呼曰 主我信 若信未篤 則助余

(곧 그 아이의 아버지가 소리를 질러 이르되 내가 믿나이다 나의 믿음 없는 것을 도와 주소서 하더라)

모양	其	父	垂	淚	呼	曰	主	我	信	若	信	未
음	기	부	수	루	호	왈	주	아	신	약	신	미
뜻	그 그것	아버지	드리울 늘어뜨릴	눈물	부를	가로되 말하다	주인	나	믿을	같을 만약	믿을	아닐
구분	0	0	Δ	Δ	0	0	0	0	0	0	0	0

모양	篤	則	助	余
음	독	즉	조	여
뜻	도타울 신실할	곧 즉 법칙 칙	도울	나
구분	Δ	0	0	0

한자 쓰기	其父垂淚 呼曰 主我信 若信未篤 則助余

25. 耶穌見衆趨集 叱邪神曰 使人暗聾之神 我命爾出 勿再入之

(예수께서 무리가 달려와 모이는 것을 보시고 그 더러운 귀신을 꾸짖어 이르시되 말 못하고 못 듣는 귀신아 내가 네게 명하노니 그 아이에게서 나오고 다시 들어가지 말라 하시매)

모양	耶	穌	見	衆	趨	集	叱	邪	神	曰	使	人
음	야	소	견	중	추	집	질	사	신	왈	사	인
뜻	어조사 아버지	깨어날 살다	볼	무리 많은	달릴	모을 모일	꾸짖을	간사할	귀신 신	가로되 말하다	부릴 사신	사람
구분	△	△	0	0	x	0	x	△	0	0	0	0

모양	暗	聾	之	神	我	命	爾	出	勿	再	入	之
음	암	롱	지	신	아	명	이	출	물	재	입	지
뜻	어두울	귀먹을 귀머거리	갈 어조사	귀신 신	나	명령 목숨	너	나갈	말라 하지말	두 다시	들 들어갈	갈 어조사
구분	0	x	0	0	0	0	x	0	0	0	0	0

한자 쓰기	耶穌見衆趨集 叱邪神曰 使人暗聾之神 我命爾出 勿再入之

26. 神號呼 拘攣之甚 乃出 其子若死然 人謂其已死

(귀신이 소리 지르며 아이로 심히 경련을 일으키게 하고 나가니 그 아이가 죽은 것 같이 되어 많은 사람이 말하기를 죽었다 하나)

모양	神	號	呼	拘	攣	之	甚	乃	出	其	子	若
음	신	호	호	구	연(련)	지	심	내	출	기	자	약
뜻	귀신 신	부르짖을	부를	잡을 구속할	걸릴 경련일으킬	갈 어조사	심할	이에 곧	나갈	그 그것	아들	같을 어조사
구분	0	0	0	△	x	0	0	0	0	0	0	0

모양	死	然	人	謂	其	已	死
음	사	연	인	위	기	이	사
뜻	죽을	그러할 자연	사람	이를 고할	그 그것	이미 벌써	죽을
구분	0	0	0	△	0	0	0

한자 쓰기	神號呼 拘攣之甚 乃出 其子若死然 人謂其已死

27. 耶穌執其手 扶之 遂起

(예수께서 그 손을 잡아 일으키시니 이에 일어서니라)

모양	耶	穌	執	其	手	扶	之	遂	起
음	야	소	집	기	수	부	지	수	기
뜻	어조사 아버지	깨어날 살다	잡을 집행할	그 그것	손	도울 붙들다	갈 어조사	드디어 따를	일어날
구분	△	△	0	0	0	0	0	△	0

한자 쓰기	耶穌執其手 扶之 遂起

28. 入室 門徒竊問曰 吾儕逐之不得 何歟

(집에 들어가시매 제자들이 조용히 묻자오되 우리는 어찌하여 능히 그 귀신을 쫓아내지 못하였나이까)

모양	入	室	門	徒	竊	問	曰	吾	儕	逐	之	不
음	입	실	문	도	절	문	왈	오	제	축	지	부
뜻	들 들어갈	집	문	무리	훔칠 몰래	물을	가로되 말하다	나 우리	무리	쫓을	갈 어조사	아니 부 아닐 불
구분	0	0	0	0	△	0	0	0	x	△	0	0

모양	得	何	歟
음	득	하	여
뜻	얻을	어찌 무엇	어조사
구분	0	0	x

한자 쓰기	入室 門徒竊問曰 吾儕逐之不得 何歟

29. 耶穌曰 藉非祈禱禁食 此族不得出也

(이르시되 기도 외에 다른 것으로는 이런 종류가 나갈 수 없느니라 하시니라)

모양	耶	穌	曰	藉	非	祈	禱	禁	食	此	族	不
음	야	소	왈	자	비	기	도	금	식	차	족	부
뜻	어조사 아버지	깨어날 살다	가로되 말하다	빙자할 가령	아닐	빌 고하다	빌 기도	금할 금지할	먹을	이	겨레 무리	아니 부 아닐 불
구분	△	△	0	x	0	△	x	0	0	0	0	0

모양	得	出	也
음	득	출	야
뜻	얻을	나갈	어조사 ~이다
구분	0	0	0

한자 쓰기	耶穌曰 藉非祈禱禁食 此族不得出也

30. 於是 去彼 過加利利 不欲人知

(그 곳을 떠나 갈릴리 가운데로 지날새 예수께서 아무에게도 알리고자 아니하시니)

모양	於	是	去	彼	過	加	利	利	不	欲	人	知
음	어	시	거	피	과	가	이(리)	이(리)	불	욕	인	지
뜻	어조사 ~에	옳을 이	갈 떠나다	저	지날 과거	더할	이로울 이익	이로울 이익	아닐 불 아니 부	하고자 할	사람	알 알다
구분	0	0	0	0	0	0	0	0	0	0	0	0

한자 쓰기	於是 去彼 過加利利 不欲人知

31. 示門徒曰 人子將賣與人 見殺 殺後三日復生

(이는 제자들을 가르치시며 또 인자가 사람들의 손에 넘겨져 죽임을 당하고 죽은 지 삼 일만에 살아나리라는 것을 말씀하셨기 때문이더라)

모양	示	門	徒	曰	人	子	將	賣	與	人	見	殺
음	시	문	도	왈	인	자	장	매	여	인	견	살
뜻	보일 가르칠	문	무리	가로되 말하다	사람	아들	장차 장수	팔	줄 ~과	사람	볼 당하다	죽일
구분	0	0	0	0	0	0	0	0	0	0	0	0

모양	殺	後	三	日	復	生
음	살	후	삼	일	부	생
뜻	죽일	뒤	석 3	날 해	다시 부 돌아올 복	날 살
구분	0	0	0	0	0	0

한자 쓰기	示門徒曰 人子將賣與人 見殺 殺後三日復生

32. 門徒未達 而不敢問

(그러나 제자들은 이 말씀을 깨닫지 못하고 묻기도 두려워하더라)

모양	門	徒	未	達	而	不	敢	問
음	문	도	미	달	이	불	감	문
뜻	문	무리	아닐	통달할 깨달을	말 이을	아닐 불 아니 부	감히	물을
구분	0	0	0	0	0	0	0	0

한자 쓰기	門徒未達 而不敢問

33. 至迦百農 在室 問門徒曰 爾途間私議 何歟

(가버나움에 이르러 집에 계실새 제자들에게 물으시되 너희가 길에서 서로 토론한 것이 무엇이냐
하시되)

모양	至	迦	百	農	在	室	問	門	徒	曰	爾	途
음	지	가	백	농	재	실	문	문	도	왈	이	도
뜻	이를 지극히	막을	일백 100	농사	있을	집	물을	문	무리	가로되 말하다	너	길
구분	0	x	0	0	0	0	0	0	0	0	x	△

모양	間	私	議	何	歟
음	간	사	의	하	여
뜻	사이	사사로울 개인	의논할	어찌 무엇	어조사
구분	0	0	0	0	x

한자 쓰기	至迦百農 在室 問門徒曰 爾途間私議 何歟

34. 門徒黙然 以途間爭長也

(그들이 잠잠하니 이는 길에서 서로 누가 크냐 하고 쟁론하였음이라)

모양	門	徒	黙	然	以	途	間	爭	長	也
음	문	도	묵	연	이	도	간	쟁	장	야
뜻	문	무리	잠잠할	그러할 자연	써 때문	길	사이	다툴 전쟁	길(long) 우두머리	어조사 ~이다
구분	0	0	x	0	0	△	0	0	0	0

한자 쓰기	門徒黙然 以途間爭長也

35. 耶穌坐 呼十二門徒曰 欲爲先者 當爲衆後 爲衆役也

(예수께서 앉으사 열두 제자를 불러서 이르시되 누구든지 첫째가 되고자 하면 뭇 사람의 끝이 되며 뭇 사람을 섬기는 자가 되어야 하리라 하시고)

모양	耶	穌	坐	呼	十	二	門	徒	曰	欲	爲	先
음	야	소	좌	호	십	이	문	도	왈	욕	위	선
뜻	어조사 아버지	깨어날 살다	앉을	부를	열 10	두 2	문	무리	가로되 말하다	하고자 할	될 위할	먼저
구분	△	△	0	0	0	0	0	0	0	0	0	0

모양	者	當	爲	衆	後	爲	衆	役	也
음	자	당	위	중	후	위	중	역	야
뜻	사람 것	마땅할	될 위할	무리	뒤	될 위할	무리	부릴 일꾼	어조사 ~이다
구분	0	0	0	0	0	0	0	△	0

한자 쓰기	耶穌坐 呼十二門徒曰 欲爲先者 當爲衆後 爲衆役也

36. 耶穌取孩提 置於前 且抱之 語門徒曰

(어린 아이 하나를 데려다가 그들 가운데 세우시고 안으시며 제자들에게 이르시되)

모양	耶	穌	取	孩	提	置	於	前	且	抱	之	語
음	야	소	취	해	제	치	어	전	차	포	지	어
뜻	어조사 아버지	깨어날 살다	취할	어린아이	끌 끌어당길	둘	어조사 ~에	앞	또 또한	안을	갈 어조사	말씀
구분	△	△	0	x	△	△	0	0	0	0	0	0

모양	門	徒	曰
음	문	도	왈
뜻	문	무리	가로되 말하다
구분	0	0	0

한자 쓰기	耶穌取孩提 置於前 且抱之 語門徒曰

37. 凡以我名接如此孩提者 卽接我 接我者 非接我 接遣 我者也

(누구든지 내 이름으로 이런 어린 아이 하나를 영접하면 곧 나를 영접함이요 누구든지 나를 영접하면 나를 영접함이 아니요 나를 보내신 이를 영접함이니라)

모양	凡	以	我	名	接	如	此	孩	提	者	卽	接
음	범	이	아	명	접	여	차	해	제	자	즉	접
뜻	무릇	써 ~로써	나	이름	이을 영접할	같을	이	어린아이	끌 끌어당길	사람 것	곧 나아갈	이을 영접할
구분	0	0	0	0	0	0	0	x	△	0	0	0

모양	我	接	我	者	非	接	我	接	遣	我	者	也
음	아	접	아	자	비	접	아	접	견	아	자	야
뜻	나	이을 영접할	나	사람 것	아닐	이을 영접할	나	이을 영접할	보낼	나	사람 것	어조사 ~이다
구분	0	0	0	0	0	0	0	0	0	0	0	0

한자 쓰기	凡以我名接如此孩提者 卽接我 接我者 非接我 接遣我者也

38. 約翰言於耶穌曰 先生 我儕見一人 不從我 而以爾名逐鬼 故禁之 爲其不從我也

(요한이 예수께 여짜오되 선생님 우리를 따르지 않는 어떤 자가 주의 이름으로 귀신을 내쫓는 것을 우리가 보고 우리를 따르지 아니하므로 금하였나이다)

모양	約	翰	言	於	耶	穌	曰	先	生	我	儕	見
음	약	한	언	어	야	소	왈	선	생	아	제	견
뜻	묶을 약속할	편지 글	말씀 말할	어조사 ~에	어조사 아버지	깨어날 살다	가로되 말하다	먼저	날 살	나 우리	무리	볼
구분	0	x	0	0	△	△	0	0	0	0	x	0

모양	一	人	不	從	我	而	以	爾	名	逐	鬼	故
음	일	인	부	종	아	이	이	이	명	축	귀	고
뜻	한 1	사람	아니 부 아닐 불	따를 부터	나 우리	말 이을	써 ~로써	너	이름	쫓을	귀신	까닭 그러므로
구분	0	0	0	0	0	0	0	x	0	△	△	0

모양	禁	之	爲	其	不	從	我	也
음	금	지	위	기	부	종	아	야
뜻	금할 금지할	갈 어조사	될 때문	그 그것	아니 부 아닐 불	따를 부터	나 우리	어조사 ~이다
구분	0	0	0	0	0	0	0	0

한자 쓰기	約翰言於耶穌曰 先生 我儕見一人 不從我 而以爾名逐鬼 故禁之 爲其不從我也

39. 耶穌曰 勿禁之 未有托我名行異能 而忍輕誹我者也

(예수께서 이르시되 금하지 말라 내 이름을 의탁하여 능한 일을 행하고 즉시로 나를 비방할 자가 없느니라)

모양	耶	穌	曰	勿	禁	之	未	有	托	我	名	行
음	야	소	왈	물	금	지	미	유	탁	아	명	행
뜻	어조사 아버지	깨어날 살다	가로되 말하다	말라 하지말	금할 금지할	갈 어조사	아닐	있을	맡길 의탁할	나 우리	이름	행할 다닐
구분	△	△	0	0	0	0	0	0	△	0	0	0

모양	異	能	而	忍	輕	誹	我	者	也
음	이	능	이	인	경	비	아	자	야
뜻	다를 기이할	능할 능력	말 이을	참을 차마	가벼울 업신여길	비방할 헐뜯을	나 우리	사람 것	어조사 ~이다
구분	0	0	0	0	0	x	0	0	0

한자 쓰기	耶穌曰 勿禁之 未有托我名行異能 而忍輕誹我者也

40. 凡不攻我者 則向我者也

(우리를 반대하지 않는 자는 우리를 위하는 자니라)

모양	凡	不	攻	我	者	則	向	我	者	也
음	범	불	공	아	자	즉	향	아	자	야
뜻	무릇	아닐 불 아니 부	칠 공격할	나 우리	사람 것	곧 즉 법칙 칙	향할	나 우리	사람 것	어조사 ~이다
구분	0	0	△	0	0	0	0	0	0	0

한자 쓰기	凡不攻我者 則向我者也

41. 凡托我名以一杯水飮爾 因爾爲基督之徒 我誠告爾 彼必不失賞也

(누구든지 너희가 그리스도에게 속한 자라 하여 물 한 그릇이라도 주면 내가 진실로 너희에게 이르노니 그가 결코 상을 잃지 않으리라)

모양	凡	托	我	名	以	一	杯	水	飲	爾	因	爾
음	범	탁	아	명	이	일	배	수	음	이	인	이
뜻	무릇	맡길 의탁할	나 우리	이름	써 ~로써	한 1	잔	물	마실	너	인할 때문	너
구분	0	Δ	0	0	0	0	0	0	0	x	0	x

모양	爲	基	督	之	徒	我	誠	告	爾	彼	必	不
음	위	기	독	지	도	아	성	고	이	피	필	불
뜻	될 위할	터 기초	감독할 살필	갈 어조사	무리	나	성실 참으로	고할 알릴	너	저	반드시 필요할	아닐
구분	0	0	Δ	0	0	0	0	0	x	0	0	0

모양	失	賞	也		한자 쓰기	凡托我名以一杯水飲爾 因爾爲基督之徒 我誠告爾 彼必不失賞也
음	실	상	야			
뜻	잃을	상줄 상	어조사 ~이다.			
구분	0	0	0			

42. 凡陷信我之小子於罪者 寧以磨石懸其頸 投於海之爲美也

(또 누구든지 나를 믿는 이 작은 자들 중 하나라도 실족하게 하면 차라리 연자맷돌이 그 목에 매여 바다에 던져지는 것이 나으리라)

모양	凡	陷	信	我	之	小	子	於	罪	者	寧	以
음	범	함	신	아	지	소	자	어	죄	자	녕	이
뜻	무릇	빠질 함정	믿을	나 우리	갈 어조사	작을	아들 어조사	어조사 ~에	허물 죄	사람 것	편안할 차라리	써 ~로써
구분	0	Δ	0	0	0	0	0	0	0	0	Δ	0

모양	磨	石	懸	其	頸	投	於	海	之	爲	美	也
음	마	석	현	기	경	투	어	해	지	위	미	야
뜻	갈 문지를	돌	매달	그 그것	목	던질	어조사 ~에	바다	갈 어조사	될 할	아름다울	어조사 ~이다.
구분	Δ	0	Δ	0	x	0	0	0	0	0	0	0

한자 쓰기	凡陷信我之小子於罪者 寧以磨石懸其頸 投於海之爲美也

223

43. 倘爾一手陷爾於罪 則斷之 寧殘缺入於生 勿兩手下地獄 不滅之火

(만일 네 손이 너를 범죄하게 하거든 찍어버리라 장애인으로 영생에 들어가는 것이 두 손을 가지고
지옥 곧 꺼지지 않는 불에 들어가는 것보다 나으니라)

모양	倘	爾	一	手	陷	爾	於	罪	則	斷	之	寧
음	상	이	일	수	함	이	어	죄	즉	단	지	녕
뜻	오히려 만일	너	한 1	손	빠질 함정	너	어조사 ~에	허물 죄	곧 즉 법칙 칙	끊을	갈 어조사	편안할 차라리
구분	x	x	0	0	△	x	0	0	0	△	0	△

모양	殘	缺	入	於	生	勿	兩	手	下	地	獄	不
음	잔	결	입	어	생	물	량	수	하	지	옥	불
뜻	해칠 남을	이지러질 없을	들 들어갈	어조사 ~에	날 살	말라 하지말	두 둘	손	아래 내리다	땅	옥 감옥	아닐
구분	△	△	0	0	0	0	0	0	0	0	△	0

모양	滅	之	火
음	멸	지	화
뜻	멸할 멸망할	갈 어조사	불
구분	△	0	0

한자 쓰기	倘爾一手陷爾於罪 則斷之 寧殘缺入於生 勿兩手下地獄 不滅之火

44. 在彼蟲不死 火不滅

(저기에는 벌레가 죽고 않고, 불이 소멸되지 아니하며)

모양	在	彼	蟲	不	死	火	不	滅
음	재	피	충	불	사	화	불	멸
뜻	있을	저	벌레	아닐 불	죽을	불	아닐 불	멸할 멸망할
구분	0	0	0	0	0	0	0	△

한자 쓰기	在彼蟲不死 火不滅

■ 44절은 개역개정 한글번역본에는 없어서, 한문성경 44절 원문을 적고 번역하였음

　▶ 44절이 없는 성경번역본 : 개역개정, 개역한글, 공동번역, 새번역, 현대인의 성경, NIV

　▶ 44절이 있는 성경번역본 : 한문성경, 킹제임스 성경((KJV), NASB

45. 倘爾一足陷爾於罪 則斷之 寧跛入於生 勿兩足下地獄 不滅之火

(만일 네 발이 너를 범죄하게 하거든 찍어버리라 다리 저는 자로 영생에 들어가는 것이 두 발을 가지고 지옥에 던져지는 것보다 나으니라)

모양	倘	爾	一	足	陷	爾	於	罪	則	斷	之	寧
음	상	이	일	족	함	이	어	죄	즉	단	지	녕
뜻	오히려 만일	너	한 1	발	빠질 함정	너	어조사 ~에	허물 죄	곧 즉 법칙 칙	끊을	갈 어조사	편안할 차라리
구분	x	x	0	0	△	x	0	0	0	△	0	△

모양	跛	入	於	生	勿	兩	足	下	地	獄	不	滅
음	파	입	어	생	물	량	족	하	지	옥	불	멸
뜻	절뚝발이 절룩거릴	들 들어갈	어조사 ~에	날 살	말라 하지말	두 둘	발	아래 내리다	땅	옥 감옥	아닐	멸할 멸망할
구분	x	0	0	0	0	0	0	0	0	△	0	△

모양	之	火
음	지	화
뜻	갈 어조사	불
구분	0	0

한자 쓰기	倘爾一足陷爾於罪 則斷之 寧跛入於生 勿兩足下地獄 不滅之火

46. 在彼蟲不死 火不滅

(저기에는 벌레가 죽고 않고, 불이 소멸되지 아니하며)

모양	在	彼	蟲	不	死	火	不	滅
음	재	피	충	불	사	화	불	멸
뜻	있을	저	벌레	아닐	죽을	불	아닐	멸할 멸망할
구분	0	0	0	0	0	0	0	△

한자 쓰기	在彼蟲不死 火不滅

■ 46절은 개역개정 한글번역본에는 없어서, 한문성경 46절 원문을 적고 번역하였음
  ▶ 46절이 없는 성경번역본 : 개역개정, 개역한글, 공동번역, 새번역, 현대인의 성경, NIV
  ▶ 46절이 있는 성경 번역본: 한문성경, 킹제임스 성경((KJV), NASB

47. 倘爾一目陷爾於罪 則去之 寧一目進上帝國 勿兩目投地獄之火

(만일 네 눈이 너를 범죄하게 하거든 빼버리라 한 눈으로 하나님의 나라에 들어가는 것이 두 눈을 가지고 지옥에 던져지는 것보다 나으니라)

모양	倘	爾	一	目	陷	爾	於	罪	則	去	之	寧
음	상	이	일	목	함	이	어	죄	즉	거	지	녕
뜻	오히려 만일	너	한 1	눈	빠질 함정	너	어조사 ~에	허물 죄	곧 즉 법칙 칙	갈 제거할	갈 어조사	편안할 차라리
구분	x	x	0	0	△	x	0	0	0	0	0	△

모양	一	目	進	上	帝	國	勿	兩	目	投	地	獄
음	일	목	진	상	제	국	물	량	목	투	지	옥
뜻	한 1	눈	나아갈 전진할	위	임금	나라	말라 하지말	두 둘	눈	던질	땅	옥 감옥
구분	0	0	0	0	0	0	0	0	0	0	0	△

모양	之	火
음	지	화
뜻	갈 어조사	불
구분	0	0

한자 쓰기	倘爾一目陷爾於罪 則去之 寧一目進上帝國 勿兩目投地獄之火

48. 在彼蟲不死 火不滅

(거기에서는 구더기도 죽지 않고 불도 꺼지지 아니하느니라)

모양	在	彼	蟲	不	死	火	不	滅
음	재	피	충	불	사	화	불	멸
뜻	있을	저	벌레	아닐	죽을	불	아닐	멸할 멸망할
구분	0	0	0	0	0	0	0	△

한자 쓰기	在彼蟲不死 火不滅

49. 凡人必火以火 祭物必鹽以鹽 (火以火本經作鹽以火意)

(사람마다 불로써 소금 치듯 함을 받으리라)

모양	凡	人	必	火	以	火	祭	物	必	鹽	以	鹽
음	범	인	필	화	이	화	제	물	필	염	이	염
뜻	무릇	사람	반드시 필요할	불 태우다	써 ~로써	불 태우다	제사	물건	반드시 필요할	소금 절이다	써 ~로써	소금 절이다
구분	0	0	0	0	0	0	0	0	0	△	0	△

모양	火	以	火	本	經	作	鹽	以	火	意
음	화	이	화	본	경	작	염	이	화	의
뜻	불 태우다	써 ~로써	불 태우다	근본 본래	지날 성경	지을 만들	소금 절이다	써 ~로써	불 태우다	뜻 생각
구분	0	0	0	0	0	0	△	0	0	0

한자 쓰기	凡人必火以火 祭物必鹽以鹽

50. 鹽善矣 鹽而失其爲鹽 何以復之 爾曹內宜有鹽而相和 可也

(소금은 좋은 것이로되 만일 소금이 그 맛을 잃으면 무엇으로 이를 짜게 하리요 너희 속에 소금을 두고 서로 화목하라 하시니라)

모양	鹽	善	矣	鹽	而	失	其	爲	鹽	何	以	復
음	염	선	의	염	이	실	기	위	염	하	이	복
뜻	소금 절이다	착할 좋을	어조사 ~이다	소금 절이다	말 이을	잃을	그 그것	될 할	소금 절이다	어찌 무엇	써 ~로써	회복할복 다시부
구분	△	0	0	△	0	0	0	0	△	0	0	0

모양	之	爾	曹	內	宜	有	鹽	而	相	和	可	也
음	지	이	조	내	의	유	염	이	상	화	가	야
뜻	갈 어조사	너	무리 성씨	안 속	마땅할	있을	소금 절이다	말 이을	서로	화할 화목할	옳을 가능할	어조사 ~이다.
구분	0	x	x	0	△	0	△	0	0	0	0	0

한자 쓰기	鹽善矣 鹽而失其爲鹽 何以復之 爾曹內宜有鹽而相和 可也

毋陷信主者於罪

詳明休妻之教

耶穌為嬰孩祝福

示富者何以得永生

之為美也倘爾一手陷爾於罪則斷之寧殘缺入於生勿兩手下地獄不滅之火在彼蟲不死火不滅倘爾一足陷爾於罪則斷之寧跛入於生勿兩足下地獄不滅之火在彼蟲不死火不滅倘爾一目陷爾於罪則去之寧一目進上帝國勿兩目投地獄之火在彼蟲不死火不滅凡人必以火　火以火作鹽以火本經必鹽以鹽善矣鹽而失其為鹽何以復之爾曹內宜有鹽而相和可也　祭物

第十章

耶穌去彼經約但外至猶太境眾復集就耶穌依然教誨○咈唎嘶人欲試耶穌就而問曰人出妻可乎耶穌曰摩西云何曰摩西許以離書出之耶穌曰摩西以爾心忍故有斯命而原造物之始上帝造茲男女以故人離父母膠漆其妻成為一體由是觀之終不為二乃一體矣且上帝所耦者人不可分之也○耶穌在室門徒復問耶穌曰凡棄妻娶他婦者是淫行也妻棄夫他適者亦淫行也○有攜孩提欲耶穌按者門徒責之耶穌不悅曰容孩提就我勿禁蓋夭上帝國者正如是人也我誠告爾凡承上帝國不如孩提者不得入也乃抱孩提按而祝之○出於途有人趨前曲跽問曰善哉師也我當何為以得永生耶穌

新約全書　馬可　第十章

日胡為以善稱我我無一善者惟上帝而已夫諸誡爾所識也母行淫毋殺人毋
攘竊毋妄證勿以不義取人敬爾父母對曰先生我自幼盡守之矣耶穌顧而
愛之曰猶虧一爾往所有售則以濟貧則必有財於天且來負十字架而從我其人
聞言色沮愀然而去貲厚故也○耶穌環視謂門徒曰有財者入上帝國難矣
哉門徒異其言耶穌曰小子恃財而入上帝國難矣哉駝穿針孔較富人入上
帝國尤易也門徒益異之相告曰然則誰得救乎耶穌目之曰人則不能上帝
不然上帝無不能也○彼得曰我儕舍一切從爾矣耶穌曰我誠告爾未有人為
我及福音離屋宇兄弟姊妹父母妻子田疇而不獲百倍者即今世屋宇兄弟
姊妹母子田疇亦有窘逐而來世永生矣然先者多為後後者多為先也○上
耶路撒冷時途間耶穌先行門徒從駭且懼耶穌攜十二門徒言將遇之事曰
我儕上耶路撒冷人子將賣與祭司諸長士子定以死解與異邦人凌辱鞭扑
唾而殺之越三日復生○西比太子雅各約翰就耶穌曰我儕有求於先生願
許我曰欲我何為爾曰爾榮時許我坐左右也耶穌曰所求者爾自不知也我飲
之杯爾能飲乎我受之洗爾能受乎曰能耶穌曰我飲之杯爾將飲之我受之洗爾

十七

229

1. 耶穌去彼 經約但外 至猶太境 衆復集就耶穌 依然敎誨

(예수께서 거기서 떠나 유대 지경과 요단 강 건너편으로 가시니 무리가 다시 모여들거늘 예수께서 다시 전례대로 가르치시더니)

모양	耶	穌	去	彼	經	約	但	外	至	猶	太	境
음	야	소	거	피	경	약	단	외	지	유	태	경
뜻	어조사 아버지	깨어날 살다	갈 떠나다	저	지날	묶을 약속할	다만 단지	바깥	이를 지극히	오히려 같을	클 처음	지경
구분	△	△	0	0	0	0	0	0	0	0	0	△

모양	衆	復	集	就	耶	穌	依	然	敎	誨
음	중	부	집	취	야	소	의	연	교	회
뜻	무리 많은	다시 부 돌아올 복	모을 모일	나아갈	어조사 아버지	깨어날 살다	의지할	그러할 자연	가르칠	가르칠
구분	0	0	0	0	△	△	0	0	0	x

한자 쓰기	耶穌去彼 經約但外 至猶太境 衆復集就耶穌 依然敎誨

2. 咶唎嘗人欲試耶穌 就而問曰 人出妻可乎

(바리새인들이 예수께 나아와 그를 시험하여 묻되 사람이 아내를 버리는 것이 옳으니이까)

모양	咶	唎	嘗	人	欲	試	耶	穌	就	而	問	曰
음	법	리	새	인	욕	시	야	소	취	이	문	왈
뜻	x	가는 소리	가득 채울	사람	하고자 할	시험할 시험	어조사 아버지	깨어날 살다	나아갈	말 이을	물을	가로되 말하다
구분	x	x	x	0	0	0	△	△	0	0	0	0

모양	人	出	妻	可	乎
음	인	출	처	가	호
뜻	사람	나갈	아내	옳을 가능할	어조사 ~느냐?
구분	0	0	0	0	0

한자 쓰기	咶唎噻人欲試<u>耶穌</u> 就而問曰 人出妻可乎

3. 耶穌曰 <u>摩西</u>云何

(대답하여 이르시되 <u>모세</u>가 어떻게 너희에게 명하였느냐)

모양	耶	穌	曰	摩	西	云	何
음	야	소	왈	마	서	운	하
뜻	어조사 아버지	깨어날 살다	가로되 말하다	문지를 마찰	서쪽	말할	어찌 무엇
구분	Δ	Δ	0	x	0	0	0

한자 쓰기	耶穌曰 摩西云何

4. 曰 <u>摩西</u>許以離書出之

(이르되 <u>모세</u>는 이혼 증서를 써주어 버리기를 허락하였나이다)

모양	曰	摩	西	許	以	離	書	出	之
음	왈	마	서	허	이	이(리)	서	출	지
뜻	가로되 말하다	문지를 마찰	서쪽	허락할	써 ~로써	떠날	글	나갈	갈 어조사
구분	0	x	0	0	0	Δ	0	0	0

한자 쓰기	曰 摩西許以離書出之

5. 耶穌曰 摩西以爾心忍 故有斯命

(예수께서 그들에게 이르시되 너희 마음이 완악함으로 말미암아 이 명령을 기록하였거니와)

모양	耶	穌	曰	摩	西	以	爾	心	忍	故	有	斯
음	야	소	왈	마	서	이	이	심	인	고	유	사
뜻	어조사 아버지	깨어날 살다	가로되 말하다	문지를 마찰	서쪽	써 때문	너	마음	참을 잔인할	까닭 그러므로	있을	이 이것
구분	△	△	0	x	0	0	x	0	0	0	0	△

모양	命
음	명
뜻	명령 목숨
구분	0

한자 쓰기	耶穌曰 摩西以爾心忍 故有斯命

6. 而原造物之始 上帝造茲男女

(창조 때로부터 사람을 남자와 여자로 지으셨으니)

모양	而	原	造	物	之	始	上	帝	造	茲	男	女
음	이	원	조	물	지	시	상	제	조	자	남	여(녀)
뜻	말 이을	근원 근본	지을 창조할	물건 만물	갈 어조사	처음 시작할	위	임금	지을 창조할	이 불을	남자	여자
구분	0	0	0	0	0	0	0	0	0	x	0	0

한자 쓰기	而原造物之始 上帝造茲男女

7. 以故人離父母 膠漆其妻

(이러므로 사람이 그 부모를 떠나서)

모양	以	故	人	離	父	母	膠	漆	其	妻
음	이	고	인	이(리)	부	모	교	칠	기	처
뜻	써 ~로써	까닭 그러므로	사람	떠날	아버지	어미	아교 붙을	옻 전심할	그 그것	아내
구분	O	O	O	△	O	O	x	△	O	O

한자 쓰기	以故人離父母 膠漆其妻

8. 成爲一體 由是觀之 終不爲二 乃一體矣

(그 둘이 한 몸이 될지니라 이러한즉 이제 둘이 아니요 한 몸이니)

모양	成	爲	一	體	由	是	觀	之	終	不	爲	二
음	성	위	일	체	유	시	관	지	종	불	위	이
뜻	이룰	될 위할	한 1	몸 체득할	말이암을 ~부터	옳을 이	볼	갈 어조사	끝 마침내	아닐 불 아니 부	될 위할	두 2
구분	O	O	O	O	O	O	O	O	O	O	O	O

모양	乃	一	體	矣
음	내	일	체	의
뜻	이에 곧	한 1	몸 체득할	어조사 ~이다
구분	O	O	O	O

한자 쓰기	成爲一體 由是觀之 終不爲二 乃一體矣

9. 且上帝所耦者 人不可分之也

(그러므로 하나님이 짝지어 주신 것을 사람이 나누지 못할지니라 하시더라)

모양	且	上	帝	所	耦	者	人	不	可	分	之	也
음	차	상	제	소	우	자	인	불	가	분	지	야
뜻	또 또한	위	임금	바 것	나란히 갈 짝	사람 것	사람	아닐 불 아니 부	옳을 가능할	나눌	갈 어조사	어조사 ~이다
구분	0	0	0	0	x	0	0	0	0	0	0	0

한자 쓰기	且上帝所耦者 人不可分之也

10. 耶穌在室 門徒復問

(집에서 제자들이 다시 이 일을 물으니)

모양	耶	穌	在	室	門	徒	復	問
음	야	소	재	실	문	도	부	문
뜻	어조사 아버지	깨어날 살다	있을	집	문	무리	다시 부 돌아올 복	물을
구분	Δ	Δ	0	0	0	0	0	0

한자 쓰기	耶穌在室 門徒復問

11. 耶穌曰 凡棄妻他娶者 是淫行也

(이르시되 누구든지 그 아내를 버리고 다른 데에 장가 드는 자는 본처에게 간음을 행함이요)

모양	耶	穌	曰	凡	棄	妻	他	娶	者	是	淫	行
음	야	소	왈	범	기	처	타	취	자	시	음	행
뜻	어조사 아버지	깨어날 살다	가로되 말하다	무릇	버릴	아내	남 다를	장가들	사람 것	옳을 이것	음란할	행할 다닐
구분	△	△	0	0	△	0	0	x	0	0	△	0

모양	也
음	야
뜻	어조사 ~이다
구분	0

한자 쓰기	耶穌曰 凡棄妻他娶者 是淫行也

12. 妻棄夫他適者 亦淫行也

(또 아내가 남편을 버리고 다른 데로 시집 가면 간음을 행함이니라)

모양	妻	棄	夫	他	適	者	亦	淫	行	也
음	처	기	부	타	적	자	역	음	행	야
뜻	아내	버릴	지아비 장정	남 다를	갈(=go) 마침	사람 것	또 또한	음란할	행할 다닐	어조사 ~이다
구분	0	△	0	0	0	0	0	△	0	0

한자 쓰기	妻棄夫他適者 亦淫行也

13. 有攜孩提 欲耶穌按者 門徒責之

(사람들이 예수께서 만져 주심을 바라고 어린 아이들을 데리고 오매 제자들이 꾸짖거늘)

모양	有	攜	孩	提	欲	耶	穌	按	者	門	徒	責
음	유	휴	해	제	욕	야	소	안	자	문	도	책
뜻	있을	이끌 휴대할	어린아이	끌 끌어당길	하고자 할	어조사 아버지	깨어날 살다	살필 안수할	사람 것	문	무리	꾸짖을
구분	0	x	x	△	0	△	△	x	0	0	0	0

모양	之
음	지
뜻	갈 어조사
구분	0

한자 쓰기	有攜孩提 欲耶穌按者 門徒責之

14. 耶穌不悅曰 容孩提就我 勿禁 蓋有上帝國者 正如是人也

(예수께서 보시고 노하시어 이르시되 어린 아이들이 내게 오는 것을 용납하고 금하지 말라 하나님의 나라가 이런 자의 것이니라)

모양	耶	穌	不	悅	曰	容	孩	提	就	我	勿	禁
음	야	소	불	열	왈	용	해	제	취	아	물	금
뜻	어조사 아버지	깨어날 살다	아닐 불 아니 부	기쁠	가로되 말하다	얼굴 용납하다	어린아이	끌 끌어당길	나아갈	나 우리	말라 하지말	금할 금지할
구분	△	△	0	0	0	0	x	△	0	0	0	0

모양	蓋	有	上	帝	國	者	正	如	是	人	也
음	개	유	상	제	국	자	정	여	시	인	야
뜻	대개 덮을	있을	위	임금	나라	사람 것	바를	같을	옳을 이	사람	어조사 ~이다
구분	△	0	0	0	0	0	0	0	0	0	0

한자 쓰기	耶穌不悅曰 容孩提就我 勿禁 蓋有上帝國者 正如是人也

15. 我誠告爾 凡承上帝國 不如孩提者 不得入也

(내가 진실로 너희에게 이르노니 누구든지 하나님의 나라를 어린 아이와 같이 받들지 않는 자는 결단코 그 곳에 들어가지 못하리라 하시고)

모양	我	誠	告	爾	凡	承	上	帝	國	不	如	孩
음	아	성	고	이	범	승	상	제	국	불	여	해
뜻	나	성실 참으로	고할 알릴	너	무릇	받들 계승할	위	임금	나라	아닐 불 아니 부	같을	어린아이
구분	0	0	0	x	0	0	0	0	0	0	0	x

모양	提	者	不	得	入	也
음	제	자	불	득	입	야
뜻	끌 끌어당길	사람 것	아닐 불 아니 부	얻을	들 들어갈	어조사 ~이다
구분	△	0	0	0	0	0

한자 쓰기	我誠告爾 凡承上帝國 不如孩提者 不得入也

16. 乃抱孩提 按而祝之

(그 어린 아이들을 안고 그들 위에 안수하시고 축복하시니라)

모양	乃	抱	孩	提	按	而	祝	之
음	내	포	해	제	안	이	축	지
뜻	이에 곧	안을	어린아이	끌 끌어당길	살필 안수할	말 이을	빌 축복할	갈 어조사
구분	0	0	x	△	x	0	0	0

한자 쓰기	乃抱孩提 按而祝之

17. 出於途 有人趨前 曲跽問曰 善哉師也 我當何爲 以得永生

(예수께서 길에 나가실새 한 사람이 달려와서 꿇어 앉아 묻자오되 선한 선생님이여 내가 무엇을 하여야 영생을 얻으리이까)

모양	出	於	途	有	人	趨	前	曲	跽	問	曰	善
음	출	어	도	유	인	추	전	곡	기	문	왈	선
뜻	나갈	어조사~에	길	있을	사람	달릴	앞	굽을굽힐	꿇어앉을	물을	가로말하다	착할좋을
구분	O	O	Δ	O	O	x	O	O	x	O	O	O

모양	哉	師	也	我	當	何	爲	以	得	永	生
음	재	사	야	아	당	하	위	이	득	영	생
뜻	어조사	스승	어조사~이다	나	마땅할	어찌무엇	될할	써때문	얻을	영원할길다	날살
구분	O	O	O	O	O	O	O	O	O	O	O

한자 쓰기	出於途 有人趨前 曲跽問曰 善哉師也 我當何爲 以得永生

18. 耶穌曰 胡爲以善稱我 無一善者 惟上帝而已

(예수께서 이르시되 네가 어찌하여 나를 선하다 일컫느냐 하나님 한 분 외에는 선한 이가 없느니라)

모양	耶	穌	曰	胡	爲	以	善	稱	我	無	一	善
음	야	소	왈	호	위	이	선	칭	아	무	일	선
뜻	어조사아버지	깨어날살다	가로되말하다	어찌	될할	써~로써	착할좋을	일컬을칭할	나우리	없을	한1	착할좋을
구분	Δ	Δ	O	Δ	O	O	O	Δ	O	O	O	O

모양	者	惟	上	帝	而	已
음	자	유	상	제	이	이
뜻	사람것	오직	위	임금	말 이을	이미벌써
구분	O	O	O	O	O	O

한자 쓰기	耶穌曰 胡爲以善稱我 無一善者 惟上帝而已

19. 夫諸誡爾所識也 母行淫 母殺人 母攘竊 母妄證 勿以不義取人 敬爾父母

(네가 계명을 아나니 살인하지 말라, 간음하지 말라, 도둑질하지 말라, 거짓 증언 하지 말라, 속여 빼앗지 말라, 네 부모를 공경하라 하였느니라)

모양	夫	諸	誡	爾	所	識	也	母	行	淫	母	殺
음	부	제	계	이	소	식	야	무	행	음	무	살
뜻	지아비 무릇	모든 여러	계명 경계할	너	바 것	알	어조사 ~이다	하지말 아닐	행할 다닐	음란할	하지말 아닐	죽일
구분	0	0	x	x	0	0	0	x	0	△	x	0

모양	人	母	攘	竊	母	妄	證	勿	以	不	義	取
음	인	무	양	절	무	망	증	물	이	불	의	취
뜻	사람	하지말 아닐	물리칠 빼앗을	훔칠	하지말 아닐	망령될	증거할	말라 하지말	써 ~로써	아닐	옳을	취할
구분	0	x	△	x	△	0	0	0	0	0	0	0

모양	人	敬	爾	父	母
음	인	경	이	부	모
뜻	사람	공경할	너	아버지	어미
구분	0	0	x	0	0

한자 쓰기	夫諸誡爾所識也 母行淫 母殺人 母攘竊 母妄證 勿以不義取人 敬爾父母

20. 對曰 先生 我自幼盡守之矣

(그가 여짜오되 선생님이여 이것은 내가 어려서부터 다 지켰나이다)

모양	對	曰	先	生	我	自	幼	盡	守	之	矣
음	대	왈	선	생	아	자	유	진	수	지	의
뜻	대할 대답할	가로되 말하다	먼저	날 살	나	스스로 ~부터	어릴	다할	지킬	갈 어조사	어조사 ~이다
구분	0	0	0	0	0	0	0	0	0	0	0

한자 쓰기	對曰 先生 我自幼盡守之矣

21. 耶穌顧而愛之曰 猶虧一 往售所有以濟貧 則必有財於天 且來負十字架 而從我

(예수께서 그를 보시고 사랑하사 이르시되 네게 아직도 한 가지 부족한 것이 있으니 가서 네게 있는 것을 다 팔아 가난한 자들에게 주라 그리하면 하늘에서 보화가 네게 있으리라 그리고 와서 나를 따르라 하시니)

모양	耶	穌	顧	而	愛	之	曰	猶	虧	一	往	售
음	야	소	고	이	애	지	왈	유	휴	일	왕	수
뜻	어조사 아버지	깨어날 살다	돌아볼	말 이을	사랑할	갈 어조사	가로되 말하다	오히려 같을	이지러질 부족할	한 1	갈	팔 팔다
구분	△	△	△	0	0	0	0	0	x	0	0	x

모양	所	有	以	濟	貧	則	必	有	財	於	天	且
음	소	유	이	제	빈	즉	필	유	재	어	천	차
뜻	바 것	있을	써 ~로써	건널 구제할	가난할	곧 즉 법칙 칙	반드시 필요할	있을	재물 재산	어조사 ~에	하늘	또 또한
구분	0	0	0	△	0	0	0	0	0	0	0	0

모양	來	負	十	字	架	而	從	我
음	래	부	십	자	가	이	종	아
뜻	올	질 부담	열 10	글자	시렁 선반	말 이을	따를 부터	나 우리
구분	0	△	0	0	△	0	0	0

한자 쓰기	耶穌顧而愛之曰 猶虧一 往售所有以濟貧 則必有財於天 且來負十字架而從我

22. 其人聞言色沮 愀然而去 貲厚故也

(그 사람은 재물이 많은 고로 이 말씀으로 인하여 슬픈 기색을 띠고 근심하며 가니라)

모양	其	人	聞	言	色	沮	愀	然	而	去	貲	厚
음	기	인	문	언	색	저	초	연	이	거	자	후
뜻	그 그것	사람	들을	말씀 말할	빛	막을	근심할	그러할 자연	말 이을	갈 떠나다	재물	두터울
구분	0	0	0	0	0	x	x	0	0	0	x	0

모양	故	也
음	고	야
뜻	까닭 그러므로	어조사 ~이다
구분	0	0

한자 쓰기	其人聞言色沮 愀然而去 貲厚故也

23. 耶穌環視 謂門徒曰 有財者入上帝國 難矣哉

(예수께서 둘러 보시고 제자들에게 이르시되 재물이 있는 자는 하나님의 나라에 들어가기가 심히 어렵도다 하시니)

모양	耶	穌	環	視	謂	門	徒	曰	有	財	者	入
음	야	소	환	시	위	문	도	왈	유	재	자	입
뜻	어조사 아버지	깨어날 살다	둘레 고리	볼	이를 고할	문	무리	가로되 말하다	있을	재물 재산	사람 것	들 들어갈
구분	△	△	△	0	△	0	0	0	0	0	0	0

모양	上	帝	國	難	矣	哉
음	상	제	국	난	의	재
뜻	위	임금	나라	어려울	어조사 ~이다	어조사
구분	0	0	0	0	0	0

한자 쓰기	耶穌環視 謂門徒曰 有財者入上帝國 難矣哉

24. 門徒異其言 耶穌曰 小子 恃財而入上帝國 難矣哉

(제자들이 그 말씀에 놀라는지라 예수께서 다시 대답하여 이르시되 애들아 하나님의 나라에 들어가기가 얼마나 어려운지)

모양	門	徒	異	其	言	耶	穌	曰	小	子	恃	財
음	문	도	이	기	언	야	소	왈	소	자	시	재
뜻	문	무리	다를	그 그것	말씀 언어	어조사 아버지	깨어날 살다	가로되 말하다	작을	아들 어조사	믿을 의지할	재물 재산
구분	0	0	0	0	0	△	△	0	0	0	x	0

모양	而	入	上	帝	國	難	矣	哉
음	이	입	상	제	국	난	의	재
뜻	말 이을	들 들어갈	위	임금	나라	어려울	어조사 ~이다	어조사
구분	0	0	0	0	0	0	0	0

한자 쓰기	門徒異其言 耶穌曰 小子 恃財而入上帝國 難矣哉

25. 駝穿針孔 較富人入上帝國 尤易也

(낙타가 바늘귀로 나가는 것이 부자가 하나님의 나라에 들어가는 것보다 쉬우니라 하시니)

모양	駝	穿	針	孔	較	富	人	入	上	帝	國	尤
음	타	천	침	공	교	부	인	입	상	제	국	우
뜻	낙타	뚫을	바늘	구멍	비교할	부유할 부자	사람	들 들어갈	위	임금	나라	더욱
구분	x	x	0	△	△	0	0	0	0	0	0	0

모양	易	也
음	이	야
뜻	쉬울 이 무역 역	어조사 ~이다.
구분	0	0

한자 쓰기	駝穿針孔 較富人入上帝國 尤易也

26. 門徒益異之 相告曰 然則誰得救乎

(제자들이 매우 놀라 서로 말하되 그런즉 누가 구원을 얻을 수 있는가 하니)

모양	門	徒	益	異	之	相	告	曰	然	則	誰	得
음	문	도	익	이	지	상	고	왈	연	즉	수	득
뜻	문	무리	더할 유익할	다를	갈 어조사	서로	고할 알릴	가로되 말하다	그러할 자연	곧 즉 법칙 칙	누구 무엇	얻을
구분	0	0	0	0	0	0	0	0	0	0	0	0

모양	救	乎
음	구	호
뜻	구원할 건질	어조사 ~느냐?
구분	0	0

한자 쓰기	門徒益異之 相告曰 然則誰得救乎

27. 耶穌目之曰 人則不能 上帝不然 上帝無不能也

(예수께서 그들을 보시며 이르시되 사람으로는 할 수 없으되 하나님으로는 그렇지 아니하니 하나님으로서는 다 하실 수 있느니라)

모양	耶	穌	目	之	曰	人	則	不	能	上	帝	不
음	야	소	목	지	왈	인	즉	불	능	상	제	불
뜻	어조사 아버지	깨어날 살다	눈 보다	갈 어조사	가로되 말하다	사람	곧 즉 법칙 칙	아닐 불 아니 부	능할 능력	위	임금	아닐 불 아니 부
구분	△	△	0	0	0	0	0	0	0	0	0	0

모양	然	上	帝	無	不	能	也
음	연	상	제	무	불	능	야
뜻	그러할 자연	위	임금	없을	아닐 불 아니 부	능할 능력	어조사 ~이다
구분	0	0	0	0	0	0	0

한자 쓰기	耶穌目之曰 人則不能 上帝不然 上帝無不能也

28. 彼得曰 我儕舍一切從爾

(베드로가 여짜와 이르되 보소서 우리가 모든 것을 버리고 주를 따랐나이다)

모양	彼	得	曰	我	儕	舍	一	切	從	爾
음	피	득	왈	아	제	사	일	체	종	이
뜻	저	얻을	가로되 말하다	나 우리	무리	버릴	한 1	온통 체 끊을 절	따를 부터	너
구분	0	0	0	0	x	0	0	△	0	x

한자 쓰기	彼得曰 我儕舍一切從爾

29. 耶穌曰 我誠告爾 未有人 爲我及福音 離屋宇 兄弟 姉妹 父母 妻子 田疇

(예수께서 이르시되 내가 진실로 너희에게 이르노니 나와 복음을 위하여 집이나 형제나 자매나 어머니나 아버지나 자식이나 전토를 버린 자는)

모양	耶	穌	曰	我	誠	告	爾	未	有	人	爲	我
음	야	소	왈	아	성	고	이	미	유	인	위	아
뜻	어조사 아버지	깨어날 살다	가로되 말하다	나	성실 참으로	고할 알릴	너	아닐	있을	사람	될 위할	나
구분	△	△	0	0	0	0	x	0	0	0	0	0

모양	及	福	音	離	屋	宇	兄	弟	姉	妹	父	母
음	급	복	음	이(리)	옥	우	형	제	자	매	부	모
뜻	이를 및	복	소리	떠날	집 옥상	집	형 맏	동생	자매 손윗누이	자매 누이	아버지	어미
구분	0	0	0	x	0	0	0	0	0	0	0	0

모양	妻	子	田	疇
음	처	자	전	주
뜻	아내	아들	밭	이랑 밭
구분	0	0	0	x

한자 쓰기	耶穌曰 我誠告爾 未有人 爲我及福音 離屋宇 兄弟 姉妹 父母 妻子 田疇

30. 而不獲百倍者 卽今世屋宇 兄弟 姉妹 母子 田疇 有窘逐 而來 世永生矣

(현세에 있어 집과 형제와 자매와 어머니와 자식과 전토를 백 배나 받되 박해를 겸하여 받고 내세에 영생을 받지 못할 자가 없느니라)

모양	而	不	獲	百	倍	者	卽	今	世	屋	宇	兄
음	이	불	획	백	배	자	즉	금	세	옥	우	형
뜻	말 이을	아닐 불 아니 부	얻을	일백 100	곱 갑절	사람 것	곧 나아갈	이제 지금	세상	집 옥상	집	형 맏
구분	0	0	Δ	0	Δ	0	0	0	0	0	0	0

모양	弟	姉	妹	母	子	田	疇	有	窘	逐	而	來
음	제	자	매	모	자	전	주	유	군	축	이	래
뜻	동생	자매 손윗누이	자매 누이	어미	아들	밭	이랑 밭	있을	곤궁할 막힐	쫓을 쫓아낼	말 이을	올
구분	0	0	0	0	0	0	x	0	x	Δ	0	0

모양	世	永	生	矣
음	세	영	생	의
뜻	세상	영원할 길다	날 살	어조사 ~이다
구분	0	0	0	0

한자 쓰기	而不獲百倍者 卽今世屋宇 兄弟 姉妹 母子 田疇 有窘逐 而來世永生矣

31. 然先者多爲後 後者多爲先也

(그러나 먼저 된 자로서 나중 되고 나중 된 자로서 먼저 될 자가 많으니라)

모양	然	先	者	多	爲	後	後	者	多	爲	先	也
음	연	선	자	다	위	후	후	자	다	위	선	야
뜻	그러할 자연	먼저	사람 것	많을	될 위할	뒤	뒤	사람 것	많을	될 위할	먼저	어조사 ~이다
구분	0	0	0	0	0	0	0	0	0	0	0	0

한자 쓰기	然先者多爲後 後者多爲先也

32. 上耶路撒冷時 途間 耶穌先行 門徒從 駭且懼 耶穌攜十二門徒 言將遇之事

(예루살렘으로 올라가는 길에 예수께서 그들 앞에 서서 가시는데 그들이 놀라고 따르는 자들은 두려워하더라 이에 다시 열두 제자를 데리시고 자기가 당할 일을 말씀하여 이르시되)

모양	上	耶	路	撒	冷	時	途	間	耶	穌	先	行
음	상	야	로	살	냉(랭)	시	도	간	야	소	선	행
뜻	위오르다	어조사 아버지	길	뿌릴	찰	때 시간	길	사이	어조사 아버지	깨어날 살다	먼저	행할 다닐
구분	0	△	0	x	0	0	△	0	△	△	0	0

모양	門	徒	從	駭	且	懼	耶	穌	攜	十	二	門
음	문	도	종	해	차	구	야	소	휴	십	이	문
뜻	문	무리	따를 부터	놀랄	또 또한	두려울	어조사 아버지	깨어날 살다	이끌 휴대할	열 10	두 2	문
구분	0	0	0	x	0	△	△	△	x	0	0	0

모양	徒	言	將	遇	之	事
음	도	언	장	우	지	사
뜻	무리	말씀 말할	장차 장수	만날	갈 어조사	일 섬길
구분	0	0	0	0	0	0

한자 쓰기	上耶路撒冷時 途間 耶穌先行 門徒從 駭且懼 耶穌攜十二 門徒 言將遇之事

246

33. 日 我儕上<u>耶路撒冷</u> 人子將賣與祭司諸長 士子 定以死 解與異邦人

(보라 우리가 <u>예루살렘</u>에 올라가노니 인자가 대제사장들과 서기관들에게 넘겨지매 그들이 죽이기로 결의하고 이방인들에게 넘겨 주겠고)

모양	日	我	儕	上	耶	路	撒	冷	人	子	將	賣
음	왈	아	제	상	야	로	살	냉(랭)	인	자	장	매
뜻	가로되 말하다	나 우리	무리	위 오르다	어조사 아버지	길	뿌릴	찰	사람	아들	장차 장수	팔
구분	0	0	x	0	△	0	x	0	0	0	0	0

모양	與	祭	司	諸	長	士	子	定	以	死	解	與
음	여	제	사	제	장	사	자	정	이	사	해	여
뜻	줄 ~과	제사	맡을	모든 여러	길(long) 우두머리	선비	아들 어조사	정할	써 ~로써	죽을	풀 이해할	줄 ~과
구분	0	0	△	0	0	0	0	0	0	0	0	0

모양	異	邦	人
음	이	방	인
뜻	다를 기이할	나라	사람
구분	0	△	0

한자 쓰기	日 我儕上耶路撒冷 人子將賣與祭司諸長 士子 定以死 解與異邦人

34. 凌辱鞭扑 唾而殺之 越三日復生

(그들은 능욕하며 침 뱉으며 채찍질하고 죽일 것이나 그는 삼 일 만에 살아나리라 하시니라)

모양	凌	辱	鞭	扑	唾	而	殺	之	越	三	日	復
음	능(릉)	욕	편	복	타	이	살	지	월	삼	일	부
뜻	업신여길	욕할	채찍	칠 때릴	침 침 뱉을	말 이을	죽일	갈 어조사	넘을 넘길	석 3	날 해	다시 부 돌아올 복
구분	x	△	x	x	x	0	0	x	△	0	0	0

모양	生
음	생
뜻	날 살
구분	0

한자 쓰기	凌辱鞭扑 唾而殺之 越三日復生

35. 西比太子雅各 約翰 就耶穌曰 我儕有求於先生願許我

(세베대의 아들 야고보와 요한이 주께 나아와 여짜오되 선생님이여 무엇이든지 우리가 구하는 바를 우리에게 하여 주시기를 원하옵나이다)

모양	西	比	太	子	雅	各	約	翰	就	耶	穌	曰
음	서	비	태	자	아	각	약	한	취	야	소	왈
뜻	서쪽	비교할 견줄	클	아들	우아할	각각 각자	묶을 약속할	편지 글	나아갈	어조사 아버지	깨어날 살다	가로되 말하다
구분	0	0	0	0	△	0	0	x	0	△	△	0

모양	我	儕	有	求	於	先	生	願	許	我
음	아	제	유	구	어	선	생	원	허	아
뜻	나 우리	무리	있을	구할 간구할	어조사 ~에게	먼저	날 살	원할	허락할	나 우리
구분	0	x	0	0	0	0	0	0	0	0

한자 쓰기	西比太子雅各 約翰 就耶穌曰 我儕有求於先生願許我

36. 曰 欲我何爲

(이르시되 너희에게 무엇을 하여 주기를 원하느냐)

모양	曰	欲	我	何	爲
음	왈	욕	아	하	위
뜻	가로되 말하다	하고자 할	나	어찌 무엇	될 할
구분	0	0	0	0	0

한자 쓰기	曰 欲我何爲

37. 曰 爾榮時 許我坐左右也

(여짜오되 주의 영광중에서 우리를 하나는 주의 우편에, 하나는 좌편에 앉게 하여 주옵소서)

모양	曰	爾	榮	時	許	我	坐	左	右	也
음	왈	이	영	시	허	아	좌	좌	우	야
뜻	가로되 말하다	너	영광	때 시간	허락할	나	앉을	왼	오른	어조사 ~이다
구분	0	x	0	0	0	0	0	0	0	0

한자 쓰기	曰 爾榮時 許我坐左右也

38. 耶穌曰 所求者爾自不知也 我飮之杯 爾能飮乎 我受之洗 爾能受乎

(예수께서 이르시되 너희는 너희가 구하는 것을 알지 못하는도다 내가 마시는 잔을 너희가 마실 수 있으며 내가 받는 세례를 너희가 받을 수 있느냐)

모양	耶	穌	曰	所	求	者	爾	自	不	知	也	我
음	야	소	왈	소	구	자	이	자	부	지	야	아
뜻	어조사 아버지	깨어날 살다	가로되 말하다	바 것	구할 간구할	사람 것	너	스스로 ~부터	아니 부 아닐 불	알 알다	어조사 ~이다	나
구분	△	△	0	0	0	0	x	0	0	0	0	0

모양	飮	之	杯	爾	能	飮	乎	我	受	之	洗	爾
음	음	지	배	이	능	음	호	아	수	지	세	이
뜻	마실	갈 어조사	잔	너	능할 능력	마실	어조사 ~느냐?	나	받을	갈 어조사	씻을	너
구분	0	0	0	x	0	0	0	0	0	0	0	x

모양	能	受	乎
음	능	수	호
뜻	능할 능력	받을	어조사 ~느냐?
구분	0	0	0

한자 쓰기	耶穌曰 所求者爾自不知也 我飮之杯 爾能飮乎 我受之洗 爾能受乎

250

39. 曰 能 曰 我飮之杯 爾將飮之 我受之洗 爾將受之

(그들이 말하되 할 수 있나이다 예수께서 이르시되 너희는 내가 마시는 잔을 마시며 내가 받는 세례를 받으려니와)

모양	曰	能	曰	我	飮	之	杯	爾	將	飮	之	我
음	왈	능	왈	아	음	지	배	이	장	음	지	아
뜻	가로되 말하다	능할 능력	가로되 말하다	나 우리	마실	갈 의조사	잔	너	장차 장수	마실	갈 의조사	나 우리
구분	0	0	0	0	0	0	0	x	0	0	0	0

모양	受	之	洗	爾	將	受	之
음	수	지	세	이	장	수	지
뜻	받을	갈 의조사	씻을	너	장차 장수	받을	갈 의조사
구분	0	0	0	x	0	0	0

한자 쓰기	曰 能 曰 我飮之杯 爾將飮之 我受之洗 爾將受之

40. 但坐我左右 非我得予 惟予夫備位以待之者

(내 좌우편에 앉는 것은 내가 줄 것이 아니라 누구를 위하여 준비되었든지 그들이 얻을 것이니라)

모양	但	坐	我	左	右	非	我	得	予	惟	予	夫
음	단	좌	아	좌	우	비	아	득	여	유	여	부
뜻	다만 단지	앉을	나	왼	오른	아닐	나 우리	얻을	줄 주다	오직	줄 주다	지아비 무릇
구분	0	0	0	0	0	0	0	0	Δ	0	Δ	0

모양	備	位	以	待	之	者
음	비	위	이	대	지	자
뜻	준비 갖출	자리 지위	써 ~로써	기다릴	갈 어조사	사람 것
구분	0	0	0	0	0	0

한자 쓰기	但坐我左右 非我得予 惟予夫備位以待之者

41. 十徒聞之 則憾雅各 約翰

(열 제자가 듣고 야고보와 요한에 대하여 화를 내거늘)

모양	十	徒	聞	之	則	憾	雅	各	約	翰
음	십	도	문	지	즉	감	아	각	약	한
뜻	열 10	무리	들을	갈 어조사	곧 즉 법칙 칙	섭섭할 한할	우아할	각각 각자	묶을 약속할	편지 글
구분	0	0	0	0	0	x	△	0	0	x

한자 쓰기	十徒聞之 則憾雅各 約翰

42. 耶穌召之曰 異邦之君 主其治 而大人執其權 爾所知也

(예수께서 불러다가 이르시되 이방인의 집권자들이 그들을 임의로 주관하고 그 고관들이 그들에게 권세를 부리는 줄을 너희가 알거니와)

모양	耶	穌	召	之	曰	異	邦	之	君	主	其	治
음	야	소	소	지	왈	이	방	지	군	주	기	치
뜻	어조사 아버지	깨어날 살다	부를	갈 어조사	가로되 말하다	다를 기이할	나라	갈 어조사	임금	주인 주관할	그 그것	다스릴
구분	△	△	△	0	0	0	△	0	0	0	0	0

모양	而	大	人	執	其	權	爾	所	知	也
음	이	대	인	집	기	권	이	소	지	야
뜻	말 이을	큰	사람	잡을 집행할	그 그것	권세 권한	너	바 것	알 알다	어조사 ~이다
구분	0	0	0	0	0	0	x	0	0	0

한자 쓰기	耶穌召之曰 異邦之君 主其治 而大人執其權 爾所知也

43. 爾曹不可 爾中欲爲大者 當爲爾役

(너희 중에는 그렇지 않을지니 너희 중에 누구든지 크고자 하는 자는 너희를 섬기는 자가 되고)

모양	爾	曹	不	可	爾	中	欲	爲	大	者	當	爲
음	이	조	불	가	이	중	욕	위	대	자	당	위
뜻	너	무리 성씨	아닐 불 아니 부	옳을 가능할	너	가운데	하고자 할	될 위할	큰	사람 것	마땅할	될 위할
구분	x	x	0	0	x	0	0	0	0	0	0	0

모양	爾	役
음	이	역
뜻	너	부릴 일꾼
구분	x	Δ

한자 쓰기	爾曹不可 爾中欲爲大者 當爲爾役

44. 欲爲首者 當爲衆僕

(너희 중에 누구든지 으뜸이 되고자 하는 자는 모든 사람의 종이 되어야 하리라)

모양	欲	爲	首	者	當	爲	衆	僕
음	욕	위	수	자	당	위	중	복
뜻	하고자 할	될 위할	머리	사람 것	마땅할	될 위할	무리 많은	종
구분	0	0	0	0	0	0	0	x

한자 쓰기	欲爲首者 當爲衆僕

45. 蓋人子至 非以役人 乃役於人 且舍生爲衆贖也

(인자가 온 것은 섬김을 받으려 함이 아니라 도리어 섬기려 하고 자기 목숨을 많은 사람의 대속물로
주려 함이니라)

모양	蓋	人	子	至	非	以	役	人	乃	役	於	人
음	개	인	자	지	비	이	역	인	내	역	어	인
뜻	대개 덮을	사람	아들	이를 지극히	아닐	써 ~로써	부릴 일꾼	사람	이에 곧	부릴 일꾼	어조사 ~에	사람
구분	△	0	0	0	0	0	△	0	0	△	0	0

모양	且	舍	生	爲	衆	贖	也
음	차	사	생	위	중	속	야
뜻	또 장차	버릴	날 생명	될 위할	무리 많은	속죄할 속량할	어조사 ~이다
구분	0	0	0	0	0	x	0

한자 쓰기	蓋人子至 非以役人 乃役於人 且舍生爲衆贖也

254

46. 至耶利哥 耶穌與門徒及大衆出邑時 有瞽者 底買之子名巴底買 坐乞道旁

(그들이 여리고에 이르렀더니 예수께서 제자들과 허다한 무리와 함께 여리고에서 나가실 때에 디매오의 아들인 맹인 거지 바디매오가 길가에 앉았다가)

모양	至	耶	利	哥	耶	穌	與	門	徒	及	大	衆
음	지	야	이(리)	가	야	소	여	문	도	급	대	중
뜻	이를 지극히	어조사 아버지	이로울 이익	소리	어조사 아버지	깨어날 살다	더불 ~과	문	무리	이를 및	큰	무리 많은
구분	0	△	0	x	△	△	0	0	0	0	0	0

모양	出	邑	時	有	瞽	者	底	買	之	子	名	巴
음	출	읍	시	유	고	자	저	매	지	자	명	파
뜻	나갈	고을	때 시간	있을	소경 시력을 잃다	사람 것	밑	살	갈 어조사	아들	이름	꼬리
구분	0	0	0	0	x	0	△	0	0	0	0	x

모양	底	買	坐	乞	道	旁
음	저	매	좌	걸	도	방
뜻	밑	살	앉을	빌 구걸할	길 말하다	곁
구분	△	0	0	△	0	x

한자 쓰기	至耶利哥 耶穌與門徒及大衆出邑時 有瞽者 底買之子名巴底買 坐乞道旁

255

47. 聞拿撒勒人耶穌至 呼曰 大闢之裔 耶穌 矜恤我

(나사렛 예수시란 말을 듣고 소리 질러 이르되 다윗의 자손 예수여 나를 불쌍히 여기소서 하거늘)

모양	聞	拿	撒	勒	人	耶	穌	至	呼	曰	大	闢
음	문	나	살	늑(륵)	인	야	소	지	호	왈	대	벽
뜻	들을	잡을	뿌릴	굴레	사람	어조사 아버지	깨어날 살다	이를 지극히	부를	가로되 말하다	큰	열 열릴
구분	O	x	x	x	O	△	△	O	O	O	O	x

모양	之	裔	耶	穌	矜	恤	我
음	지	예	야	소	긍	휼	아
뜻	갈 어조사	후손	어조사 아버지	깨어날 살다	불쌍히 여길	불쌍할	나 우리
구분	O	x	△	△	x	x	O

한자 쓰기	聞拿撒勒人耶穌至 呼曰 大闢之裔 耶穌 矜恤我

48. 衆責使緘黙 彼愈呼曰 大闢之裔 矜恤我也

(많은 사람이 꾸짖어 잠잠하라 하되 그가 더욱 크게 소리 질러 이르되 다윗의 자손이여 나를 불쌍히 여기소서 하는지라)

모양	衆	責	使	緘	黙	彼	愈	呼	曰	大	闢	之
음	중	책	사	함	묵	피	유	호	왈	대	벽	지
뜻	무리 많은	꾸짖을	부릴 하여금	함구할 봉할	잠잠할	저	나을 더욱	부를	가로되 말하다	큰	열 열릴	갈 어조사
구분	O	O	O	x	x	O	△	O	O	O	x	O

모양	裔	矜	恤	我	也
음	예	긍	휼	아	야
뜻	후손	불쌍히 여길	불쌍할	나 우리	어조사 ~이다
구분	x	x	x	O	O

한자 쓰기	衆責使緘黙 彼愈呼曰 大闢之裔 矜恤我也

49. 耶穌止 令人呼之 遂呼瞽者 曰 安爾心 起 耶穌呼爾矣

(예수께서 머물러 서서 그를 부르라 하시니 그들이 그 맹인을 부르며 이르되 안심하고 일어나라 그가 너를 부르신다 하매)

모양	耶	穌	止	令	人	呼	之	遂	呼	瞽	者	曰
음	야	소	지	령	인	호	지	수	호	고	자	왈
뜻	어조사 아버지	깨어날 살다	그칠 멈출	하여금 명령할	사람	부를	갈 어조사	마침내 따를	부를	소경 시력을 잃다	사람 것	가로되 말하다
구분	△	△	0	0	0	0	0	△	0	x	0	0

모양	安	爾	心	起	耶	穌	呼	爾	矣
음	안	이	심	기	야	소	호	이	의
뜻	어찌 편안할	너	마음	일어날	어조사 아버지	깨어날 살다	부를	너	어조사 ~이다
구분	0	x	0	0	△	△	0	x	0

한자 쓰기	耶穌止 令人呼之 遂呼瞽者 曰 安爾心 起 耶穌呼爾矣

50. 瞽者棄衣 起就耶穌

(맹인이 겉옷을 내버리고 뛰어 일어나 예수께 나아오거늘)

모양	瞽	者	棄	衣	起	就	耶	穌
음	고	자	기	의	기	취	야	소
뜻	소경 시력을 잃다	사람 것	버릴	옷 입다	일어날	나아갈	어조사 아버지	깨어날 살다
구분	x	0	△	0	0	0	△	△

한자 쓰기	瞽者棄衣 起就耶穌

51. 耶穌曰 爾欲我何爲 曰 夫子 我欲得見

(예수께서 말씀하여 이르시되 네게 무엇을 하여 주기를 원하느냐 맹인이 이르되 선생님이여 보기를 원하나이다)

모양	耶	穌	曰	爾	欲	我	何	爲	曰	夫	子	我
음	야	소	왈	이	욕	아	하	위	왈	부	자	아
뜻	어조사 아버지	깨어날 살다	가로되 말하다	너	하고자 할	나 우리	어찌 무엇	될 할	가로되 말하다	지아비 장정	아들 스승	나 우리
구분	△	△	0	x	0	0	0	0	0	0	0	0

모양	欲	得	見
음	욕	득	견
뜻	하고자 할	얻을	볼
구분	0	0	0

한자 쓰기	耶穌曰 爾欲我何爲 曰 夫子 我欲得見

52. 耶穌曰 往哉 爾信愈爾 遂得見 從耶穌於道

(예수께서 이르시되 가라 네 믿음이 너를 구원하였느니라 하시니 그가 곧 보게 되어 예수를 길에서 따르니라)

모양	耶	穌	曰	往	哉	爾	信	愈	爾	遂	得	見
음	야	소	왈	왕	재	이	신	유	이	수	득	견
뜻	어조사 아버지	깨어날 살다	가로되 말하다	갈	어조사	너	믿을	나을	너	마침내 따를	얻을	볼
구분	△	△	0	0	0	x	0	△	x	△	0	0

모양	從	耶	穌	於	道
음	종	야	소	어	도
뜻	따를 부터	어조사 아버지	깨어날 살다	어조사 ~에서	길 말씀
구분	0	△	△	0	0

한자 쓰기	耶穌曰 往哉 爾信愈爾 遂得見 從耶穌於道

將受之、但坐我左右、非我得予、惟予夫備位以待之者、○十徒聞之、則憾雅各
約翰、耶穌召之曰、異邦之君、主其治、而大人執其權、爾曹所知也、爾中
欲爲大者、當爲爾役、欲爲首者、當爲衆僕、蓋人子至、非以役於人、且舍
生爲衆贖也、○至耶利哥時、耶穌與門徒及大衆出邑時、有瞽者底買之子名巴
底買、坐乞道旁、聞拿撒勒人耶穌至、呼曰、大闢之裔、耶穌矜恤我、衆責使緘默、
彼愈呼曰、大闢之裔、矜恤我也、耶穌止、令人呼之、遂呼瞽者曰、安爾心、起、耶穌
呼爾矣、瞽者棄衣起、就耶穌、耶穌曰、爾欲我何爲曰、夫子、我欲得見、耶穌曰、往、
哉、爾信愈爾、遂得見、從耶穌於道、

第十一章

近耶路撒冷、至伯法其及伯大尼、邇橄欖山、耶穌遣門徒二人曰、爾往前村入、
則遇小驢繫焉、從未有人乘者、解而牽之、倘有人問爾何爲、則曰、主需之、彼必
從而放焉、門徒遂往、果遇小驢繫於門外歧路間、即解之、旁立數人間曰、解驢
何爲、門徒如耶穌命以對、遂許之、乃牽驢就耶穌、置衣於上、耶穌乘之、多人以
衣布道、或伐樹枝布於途、前後行人呼曰、萬福歟、托主名來者、當見寵也、承我

樹無花果

當逐污穢殿者

祈禱當誠心　信主亦　當恕人

以約翰洗　禮所由來　同佳仇敵

祖大闢之國、託主名臨者、當見寵也、在上者萬福矣、○耶穌進耶路撒冷、入殿

圜視諸物、既暮偕十二門徒出至伯大尼、○明日去伯大尼、耶穌饑、遙見無花

菓樹有葉、就視有實否、及至見葉而已、蓋菓期未至也、耶穌謂樹曰、今而後無

食爾菓矣、門徒聞之、○既至耶路撒冷、耶穌入殿、逐其中貿易者、反兌錢者之

几鬻鴿者之椅、不許攜具過殿、○記不云乎、我室必稱為諸民祈禱之室、

爾曹以為盜集也、士子祭司諸長聞此謀殺之、而不敢、以衆奇其道也、○既暮

耶穌出邑、○來朝過、見樹根枝盡槁、彼得憶而言曰、夫子請觀爾所詛之

樹已槁矣、耶穌曰、當信上帝、我誠告爾、凡命此山移去投海、而中心不疑、信所

言必成、則所言可成也、吾語汝、祈禱時、不論何求、信則得之、立而祈禱時、如與

人有憾、則免之、天父亦免爾過、○復至耶路撒冷、耶

穌行於殿、祭司諸長老、士子長就之、曰爾以何權行是、誰賜爾此權耶、耶穌曰

我亦一言問爾、請答我、則我以何權行是告爾、約翰施洗、由天乎、由人乎、請答

我、其人竊議曰、若云由天、彼必曰、曷不信之、若云由人、我又畏民、蓋民誠以約

翰為先知也、遂對曰、不知、耶穌曰、我亦不以何權行是告爾也

第十一章

1. 近耶路撒冷 至伯法其及伯大尼 邇橄欖山 耶穌遣門徒二人

(그들이 예루살렘에 가까이 와서 감람 산 벳바게와 베다니에 이르렀을 때에 예수께서 제자 중 둘을 보내시며)

모양	近	耶	路	撒	冷	至	伯	法	其	及	伯	大
음	근	야	로	살	냉(랭)	지	백	법	기	급	백	대
뜻	가까울	어조사 아버지	길	뿌릴	찰	이를 지극히	맏 첫	법	그 그것	이를 및	맏 첫	큰
구분	0	△	0	x	0	0	△	0	0	0	△	0

모양	尼	邇	橄	欖	山	耶	穌	遣	門	徒	二	人
음	니	이	감	람	산	야	소	견	문	도	이	인
뜻	화평할 성씨	가까울	감람나무	감람나무	산	어조사 아버지	깨어날 살다	보낼	문	무리	두 2	사람
구분	x	x	x	x	x	△	△	△	0	0	0	0

한자 쓰기	近耶路撒冷 至伯法其及伯大尼 邇橄欖山 耶穌遣門徒二人

2. 曰 爾往前村 入則遇小驢繫焉 從未有人乘者 解而牽之

(이르시되 너희는 맞은편 마을로 가라 그리로 들어가면 곧 아직 아무도 타 보지 않은 나귀 새끼가 매여 있는 것을 보리니 풀어 끌고 오라)

모양	曰	爾	往	前	村	入	則	遇	小	驢	繫	焉
음	왈	이	왕	전	촌	입	즉	우	소	려	계	언
뜻	가로되 말하다	너	갈	앞	마을	들 들어갈	곧 즉 법칙 칙	만날	작을	나귀 당나귀	맬 묶을	어찌 어조사
구분	0	x	0	0	0	0	0	0	0	x	△	△

모양	從	未	有	人	乘	者	解	而	牽	之
음	종	미	유	인	승	자	해	이	견	지
뜻	따를 부터	아닐	있을	사람	탈	사람 것	풀 이해할	말 이을	끌 견인할	갈 어조사
구분	0	0	0	0	0	0	0	0	△	0

한자 쓰기	曰 爾往前村 入則遇小驢繫焉 從未有人乘者 解而牽之

3. 倘有人問爾何爲 則曰 主需之 彼必從而放焉

(만일 누가 너희에게 왜 이렇게 하느냐 묻거든 주가 쓰시겠다 하라 그리하면 즉시 이리로 보내리라 하시니)

모양	倘	有	人	問	爾	何	爲	則	曰	主	需	之
음	상	유	인	문	이	하	위	즉	왈	주	수	지
뜻	오히려 만일	있을	사람	물을	너	어찌 무엇	될 할	곧 즉 법칙 칙	가로되 말하다	주인	필요할 구할	갈 어조사
구분	x	0	0	0	x	0	0	0	0	0	Δ	0

모양	彼	必	從	而	放	焉
음	피	필	종	이	방	언
뜻	저	반드시	따를 부터	말 이을	놓을	어찌 어조사
구분	0	0	0	0	0	Δ

한자 쓰기	倘有人問爾何爲 則曰 主需之 彼必從而放焉

4. 門徒遂往 果遇小驢 繫於門外歧路間 卽解之

(제자들이 가서 본즉 나귀 새끼가 문 앞 거리에 매여 있는지라 그것을 푸니)

모양	門	徒	遂	往	果	遇	小	驢	繫	於	門	外
음	문	도	수	왕	과	우	소	려	계	어	문	외
뜻	문	무리	마침내 따를	갈	열매 과연	만날	작을	나귀 당나귀	맬 묶을	어조사 ~에	문	바깥
구분	0	0	Δ	0	0	0	0	x	Δ	0	0	0

모양	歧	路	間	卽	解	之
음	기	로	간	즉	해	지
뜻	갈림길	길	사이	곧 나아갈	풀 이해할	갈 어조사
구분	x	0	0	0	0	0

한자 쓰기	門徒遂往 果遇小驢 繫於門外歧路間 卽解之

5. 旁立數人問曰 解驢何爲

(거기 서 있는 사람 중 어떤 이들이 이르되 나귀 새끼를 풀어 무엇 하려느냐 하매)

모양	旁	立	數	人	問	曰	解	驢	何	爲
음	방	입(립)	수	인	문	왈	해	려	하	위
뜻	곁	설	수 셀	사람	물을	가로되 말하다	풀 이해할	나귀 당나귀	어찌 무엇	될 할
구분	x	0	0	0	0	0	0	x	0	0

한자 쓰기	旁立數人問曰 解驢何爲

6. 門徒如耶穌命以對 遂許之

(제자들이 예수께서 이르신 대로 말한대 이에 허락하는지라)

모양	門	徒	如	耶	穌	命	以	對	遂	許	之
음	문	도	여	야	소	명	이	대	수	허	지
뜻	문	무리	같을	어조사 아버지	깨어날 살다	명령 목숨	써 ~로써	대할 대답할	마침내 따를	허락할	갈 어조사
구분	0	0	0	△	△	0	0	0	△	0	0

한자 쓰기	門徒如耶穌命以對 遂許之

7. 乃牽驢就耶穌 置衣於上 耶穌乘之

(나귀 새끼를 예수께로 끌고 와서 자기들의 겉옷을 그 위에 얹어 놓으매 예수께서 타시니)

모양	乃	牽	驢	就	耶	穌	置	衣	於	上	耶	穌
음	내	견	려	취	야	소	치	의	어	상	야	소
뜻	이에 곧	끌 견인할	나귀 당나귀	나아갈	어조사 아버지	깨어날 살다	둘	옷 입다	어조사 ~에	위	어조사 아버지	깨어날 살다
구분	0	△	x	0	△	△	△	0	0	0	△	△

모양	乘	之
음	승	지
뜻	탈	갈 어조사
구분	0	0

한자 쓰기	乃牽驢就耶穌 置衣於上 耶穌乘之

264

8. 多人以衣布道 或伐樹枝 布於途

(많은 사람들은 자기들의 겉옷을, 또 다른 이들은 들에서 벤 나뭇가지를 길에 펴며)

모양	多	人	以	衣	布	道	或	伐	樹	枝	布	於
음	다	인	이	의	포	도	혹	벌	수	지	포	어
뜻	많을	사람	써 ~로써	옷 입다	베 펼	길 말하다	혹 혹은	칠 벨	나무	가지	베 펼	어조사 ~에
구분	0	0	0	0	0	0	0	0	0	0	0	0

모양	途
음	도
뜻	길
구분	△

한자 쓰기	多人以衣布道 或伐樹枝 布於途

9. 前後行人呼曰 萬福歟 托主名來者 當見寵也

(앞에서 가고 뒤에서 따르는 자들이 소리 지르되 호산나 찬송하리로다 주의 이름으로 오시는 이여)

모양	前	後	行	人	呼	曰	萬	福	歟	托	主	名
음	전	후	행	인	호	왈	만	복	여	탁	주	명
뜻	앞	뒤	행할 다닐	사람	부를	가로되 말하다	일만 많다	복	어조사	맡길 의탁할	주인	이름
구분	0	0	0	0	0	0	0	0	x	△	0	0

모양	來	者	當	見	寵	也
음	래	자	당	견	총	야
뜻	올	사람 것	마땅할	볼 당하다	사랑할 은총	어조사 ~이다
구분	0	0	0	0	x	0

한자 쓰기	前後行人呼曰 萬福歟 托主名來者 當見寵也

10. 承我祖大闢之國 托主名臨者 當見寵也 在上者萬福矣

(찬송하리로다 오는 우리 조상 다윗의 나라여 가장 높은 곳에서 호산나 하더라)

모양	承	我	祖	大	闢	之	國	托	主	名	臨	者
음	승	아	조	대	벽	지	국	탁	주	명	임(림)	자
뜻	받들 계승할	나 우리	할아버지 조상	큰	열 열릴	갈 어조사	나라	맡길 의탁할	주인	이름	임할	사람 것
구분	O	O	O	O	x	O	O	Δ	O	O	O	O

모양	當	見	寵	也	在	上	者	萬	福	矣
음	당	견	총	야	재	상	자	만	복	의
뜻	마땅할	볼 당하다	사랑할 은총	어조사 ~이다	있을	위	사람 것	일만 많다	복	어조사 ~이다
구분	O	O	x	O	O	O	O	O	O	O

한자 쓰기	承我祖大闢之國 托主名臨者 當見寵也 在上者萬福矣

11. 耶穌進耶路撒冷 入殿 圜視諸物 既暮偕十二門徒出 至伯大尼

(예수께서 예루살렘에 이르러 성전에 들어가사 모든 것을 둘러 보시고 때가 이미 저물매 열두 제자를 데리시고 베다니에 나가시니라)

모양	耶	穌	進	耶	路	撒	冷	入	殿	圜	視	諸
음	야	소	진	야	로	살	냉(랭)	입	전	환	시	제
뜻	어조사 아버지	깨어날 살다	나아갈 전진할	어조사 아버지	길	뿌릴	찰	들 들어갈	궁궐 성전	둥글 두를	볼	모든 여러
구분	Δ	Δ	O	Δ	O	x	O	O	Δ	x	O	O

모양	物	既	暮	偕	十	二	門	徒	出	至	伯	大
음	물	기	모	해	십	이	문	도	출	지	백	대
뜻	물건 만물	이미	저물 해질	함께	열 10	두 2	문	무리	나갈	이를 지극히	맏 첫	큰
구분	O	O	O	x	O	O	O	O	O	O	Δ	O

모양	尼	한자 쓰기	耶穌進耶路撒冷 入殿 圜視諸物 既暮偕十二門徒出 至伯大尼
음	니		
뜻	화평할 성씨		
구분	x		

266

12. 明日 去伯大尼 耶穌饑

(이튿날 그들이 베다니에서 나왔을 때에 예수께서 시장하신지라)

모양	明	日	去	伯	大	尼	耶	穌	饑
음	명	일	거	백	대	니	야	소	기
뜻	밝을	날 해	갈 떠나다	맏 첫	큰	화평할 성씨	어조사 아버지	깨어날 살다	주릴
구분	0	0	0	△	0	x	△	△	x

한자 쓰기	明日 去伯大尼 耶穌饑

13. 遙見無花菓樹 有葉 就視有實否 及至 見葉而已 蓋菓期未至也

(멀리서 잎사귀 있는 한 무화과나무를 보시고 혹 그 나무에 무엇이 있을까 하여 가셨더니 가서 보신
즉 잎사귀 외에 아무 것도 없더라 이는 무화과의 때가 아님이라)

모양	遙	見	無	花	菓	樹	有	葉	就	視	有	實
음	요	견	무	화	과	수	유	엽	취	시	유	실
뜻	멀 멀리	볼	없을	꽃	과일 과실	나무	있을	잎	나아갈	볼	있을	열매 결실
구분	△	0	0	0	x	0	0	0	0	0	0	0

모양	否	及	至	見	葉	而	已	蓋	菓	期	未	至
음	부	급	지	견	엽	이	이	개	과	기	미	지
뜻	아닐 ~느냐	이를 및	이를 지극히	볼	잎	말 이을	이미 뿐	대개 덮을	과일 과실	기간 기약할	아닐	이를 지극히
구분	0	0	0	0	0	0	0	△	x	0	0	0

모양	也
음	야
뜻	어조사 ~이다
구분	0

한자 쓰기	遙見無花菓樹 有葉 就視有實否 及至 見葉而已 蓋菓期未至也

14. 耶穌謂樹曰 令而後無食爾菓矣 門徒聞之

(예수께서 나무에게 말씀하여 이르시되 이제부터 영원토록 사람이 네게서 열매를 따 먹지 못하리라 하시니 제자들이 이를 듣더라)

모양	耶	穌	謂	樹	曰	令	而	後	無	食	爾	菓
음	야	소	위	수	왈	령	이	후	무	식	이	과
뜻	어조사 아버지	깨어날 살다	이를 고할	나무	가로되 말하다	하여금 명령할	말 이을	뒤	없을	먹을	너	과일 과실
구분	△	△	0	0	0	0	0	0	0	0	x	x

모양	矣	門	徒	聞	之
음	의	문	도	문	지
뜻	어조사 ~이다	문	무리	들을	갈 어조사
구분	0	0	0	0	0

한자 쓰기	耶穌謂樹曰 令而後無食爾菓矣 門徒聞之

15. 既至 耶路撒冷 耶穌入殿 逐其中貿易者 反兌錢者之几 鬻鴿者之椅

(그들이 예루살렘에 들어가니라 예수께서 성전에 들어가사 성전 안에서 매매하는 자들을 내쫓으시며 돈 바꾸는 자들의 상과 비둘기 파는 자들의 의자를 둘러 엎으시며)

모양	既	至	耶	路	撒	冷	耶	穌	入	殿	逐	其
음	기	지	야	로	살	냉(랭)	야	소	입	전	축	기
뜻	이미	이를 지극히	어조사 아버지	길	뿌릴	찰	어조사 아버지	깨어날 살다	들 들어갈	궁궐 성전	쫓을	그 그것
구분	0	0	△	0	x	0	△	△	0	△	△	0

모양	中	貿	易	者	反	兌	錢	者	之	几	鬻	鴿
음	중	무	역	자	반	태	전	자	지	궤	육	합
뜻	가운데	무역할 바꿀	바꿀 역 쉬울 이	사람 것	반대 돌이킬	바꿀 교환할	돈	사람 것	갈 어조사	책상	팔 팔다	집비둘기
구분	0	△	0	0	0	x	0	0	0	x	x	x

모양	者	之	椅
음	자	지	의
뜻	사람 것	갈 어조사	의자
구분	0	0	x

16. 不許 攜具過殿

(아무나 물건을 가지고 성전 안으로 지나다님을 허락하지 아니하시고)

모양	不	許	攜	具	過	殿
음	불	허	휴	구	과	전
뜻	아닐	허락할	이끌 휴대할	갖출 연장	지날	궁궐 성전
구분	0	0	x	△	0	△

한자 쓰기	不許 攜具過殿

17. 示人曰 記不云乎 我室必稱爲詣民祈禱之室 爾曹以爲盜巢也

(이에 가르쳐 이르시되 기록된 바 내 집은 만민이 기도하는 집이라 칭함을 받으리라고 하지 아니하였느냐 너희는 강도의 소굴을 만들었도다 하시매)

모양	示	人	曰	記	不	云	乎	我	室	必	稱	爲
음	시	인	왈	기	불	운	호	아	실	필	칭	위
뜻	보일 가르칠	사람	가로되 말하다	기록	아닐	말할	어조사 ~느냐?	나	집	반드시 필요할	일컬을 칭할	될 할
구분	0	0	0	0	0	0	0	0	0	0	△	0

모양	詣	民	祈	禱	之	室	爾	曹	以	爲	盜	巢
음	지	민	기	도	지	실	이	조	이	위	도	소
뜻	이를 나아갈	백성	빌 고하다	빌 기도	갈 어조사	집	너	무리 성씨	써 ~로써	될 할	도둑 훔칠	집 새집
구분	x	0	△	x	0	0	x	x	0	0	△	x

모양	也
음	야
뜻	어조사 ~이다
구분	0

한자 쓰기	示人曰 記不云乎 我室必稱爲詣民祈禱之室 爾曹以爲盜巢也

18. 士子 祭司諸長 聞此 謀殺之 而不敢 以衆奇其道也

(대제사장들과 서기관들이 듣고 예수를 어떻게 죽일까 하고 꾀하니 이는 무리가 다 그의 교훈을 놀랍게 여기므로 그를 두려워함일러라)

모양	士	子	祭	司	諸	長	聞	此	謀	殺	之	而
음	사	자	제	사	제	장	문	차	모	살	지	이
뜻	선비	아들 어조사	제사	맡을	모든 여러	길(long) 우두머리	들을	이	꾀할 모의할	죽일	갈 어조사	말 이을
구분	0	0	0	△	0	0	0	0	△	0	0	0

모양	不	敢	以	衆	奇	其	道	也
음	불	감	이	중	기	기	도	야
뜻	아닐	감히	써 때문	무리	기이할 기적	그 그것	길 말하다	어조사 ~이다
구분	0	0	0	0	△	0	0	0

한자 쓰기	士子 祭司諸長 聞此 謀殺之 而不敢 以衆奇其道也

19. 旣暮 耶穌出邑

(그리고 날이 저물매 그들이 성 밖으로 나가더라)

모양	旣	暮	耶	穌	出	邑
음	기	모	야	소	출	읍
뜻	이미	저물 해질	어조사 아버지	깨어날 살다	나갈	고을
구분	0	0	△	△	0	0

한자 쓰기	旣暮 耶穌出邑

20. 來朝 過無花菓樹 見根枝盡槁

(그들이 아침에 지나갈 때에 무화과나무가 뿌리째 마른 것을 보고)

모양	來	朝	過	無	花	菓	樹	見	根	枝	盡	槁
음	래	조	과	무	화	과	수	견	근	지	진	고
뜻	올	아침	지날	없을	꽃	과일 과실	나무	볼	뿌리	가지	다할	마를
구분	0	0	0	0	0	x	0	0	0	0	0	x

한자 쓰기	來朝 過無花菓樹 見根枝盡槁

21. 彼得憶而言曰 夫子 請觀爾所詛之樹 已槁矣

(베드로가 생각이 나서 여짜오되 랍비여 보소서 저주하신 무화과나무가 말랐나이다)

모양	彼	得	憶	而	言	曰	夫	子	請	觀	爾	所
음	피	득	억	이	언	왈	부	자	청	관	이	소
뜻	저	얻을	기억할 생학할	말 이을	말씀 말할	가로되 말하다	지아비 장정	아들	청할	볼	너	바 장소
구분	0	0	0	0	0	0	0	0	0	0	x	0

모양	詛	之	樹	已	槁	矣
음	저	지	수	이	고	의
뜻	저주할	갈 어조사	나무	이미 벌써	마를	어조사 ~이다
구분	x	0	0	0	x	0

한자 쓰기	彼得憶而言曰 夫子 請觀爾所詛之樹 已槁矣

22. 耶穌曰 當信上帝

(예수께서 그들에게 대답하여 이르시되 하나님을 믿으라)

모양	耶	穌	曰	當	信	上	帝
음	야	소	왈	당	신	상	제
뜻	어조사 아버지	깨어날 살다	가로되 말하다	마땅할	믿을	위	임금
구분	△	△	0	0	0	0	0

한자 쓰기	耶穌曰 當信上帝

23. 我誠告爾 凡命此山移去投海 而中心不疑 信所言必成 則所言 可成也

(내가 진실로 너희에게 이르노니 누구든지 이 산더러 들리어 바다에 던져지라 하며 그 말하는 것이 이루어질 줄 믿고 마음에 의심하지 아니하면 그대로 되리라)

모양	我	誠	告	爾	凡	命	此	山	移	去	投	海
음	아	성	고	이	범	명	차	산	이	거	투	해
뜻	나	성실 참으로	고할 알릴	너	무릇	명령 목숨	이	산	옮길	갈 떠나다	던질	바다
구분	0	0	0	x	0	0	0	0	0	0	0	0

모양	而	中	心	不	疑	信	所	言	必	成	則	所
음	이	중	심	불	의	신	소	언	필	성	즉	소
뜻	말 이을	가운데	마음	아닐 불 아니 부	의심할	믿을	바 장소	말씀 말할	반드시 필요할	이룰	곧 즉 법칙 칙	바 장소
구분	0	0	0	0	△	0	0	0	0	0	0	0

모양	言	可	成	也
음	언	가	성	야
뜻	말씀 말할	옳을 가능할	이룰	어조사 ~이다
구분	0	0	0	0

한자 쓰기	我誠告爾 凡命此山移去投海 而中心不疑 信所言必成 則所言可成也

272

24. 吾語汝 祈禱時 不論何求 信則得之

(그러므로 내가 너희에게 말하노니 무엇이든지 기도하고 구하는 것은 받은 줄로 믿으라 그리하면 너희에게 그대로 되리라)

모양	吾	語	汝	祈	禱	時	不	論	何	求	信	則
음	오	어	여	기	도	시	불	논(론)	하	구	신	즉
뜻	나 우리	말씀	너	빌 고하다	빌 기도	때 시간	아닐 불 아니 부	논할 말할	무엇 어떤	구할 간구할	믿을	곧 즉 법칙 칙
구분	0	0	0	△	x	0	0	0	0	0	0	0

모양	得	之
음	득	지
뜻	얻을	갈 어조사
구분	0	0

한자 쓰기	吾語汝 祈禱時 不論何求 信則得之

25. 立而祈禱時 如與人有憾 則免之 天父亦免爾過

(서서 기도할 때에 아무에게나 혐의가 있거든 용서하라 그리하여야 하늘에 계신 너희 아버지께서 도 너희 허물을 사하여 주시리라 하시니라)

모양	立	而	祈	禱	時	如	與	人	有	憾	則	免
음	입(립)	이	기	도	시	여	여	인	유	감	즉	면
뜻	설	말 이을	빌 고하다	빌 기도	때 시간	같을 만일	더불 ~과	사람	있을	섭섭할 한할	곧 즉 법칙 칙	면할 용서할
구분	0	0	△	x	0	0	0	0	0	x	0	0

모양	之	天	父	亦	免	爾	過
음	지	천	부	역	면	이	과
뜻	갈 어조사	하늘	아버지	또 또한	면할 용서할	너	지날 잘못
구분	0	0	0	0	0	x	0

한자 쓰기	立而祈禱時 如與人有憾 則免之 天父亦免爾過

26. 不免之 天父亦不免爾過

(용서하지 않으면 하늘 아버지도 또한 너의 잘못을 용서하지 않으시리라)

모양	不	免	之	天	父	亦	不	免	爾	過
음	불	면	지	천	부	역	불	면	이	과
뜻	아닐 불 아니 부	면할 용서할	갈 어조사	하늘	아버지	또 또한	아닐 불 아니 부	면할 용서할	너	지날 잘못
구분	O	O	O	O	O	O	O	O	x	O

한자 쓰기	不免之 天父亦不免爾過

▣ 개역개정 성경에는 26절 없음. 한문성경 26절 원문을 적고 번역함.
▶26절 있는 성경번역본 : 한문성경, 킹제임스 성경(KJV), 현대인의 성경, NASB
▶26절 없는 성경번역본 : 개역개정, 개역한글, NIV, 공동번역, 새번역

27. 復至耶路撒冷 耶穌行於殿 祭司諸長 士子 長老 就之

(그들이 다시 예루살렘에 들어가니라 <u>예수</u>께서 성전에서 거니실 때에 대제사장들과 서기관들과 장로들이 나아와)

모양	復	至	耶	路	撒	冷	耶	穌	行	於	殿	祭
음	부	지	야	로	살	냉(랭)	야	소	행	어	전	제
뜻	다시 부 돌아올 복	이를 지극히	어조사 아버지	길	뿌릴	찰	어조사 아버지	깨어날 살다	행할 다닐	어조사 ~에서	궁궐 성전	제사
구분	O	O	△	△	x	O	△	△	O	O	△	O

모양	司	諸	長	士	子	長	老	就	之
음	사	제	장	사	자	장	노(로)	취	지
뜻	맡을	모든 여러	길(long) 우두머리	선비	아들 어조사	길(long) 우두머리	늙을	나아갈	갈 어조사
구분	△	O	O	O	O	O	O	O	O

한자 쓰기	復至耶路撒冷 耶穌行於殿 祭司諸長 士子 長老 就之

28. 曰 爾以何權行是 誰賜爾此權耶

(이르되 무슨 권위로 이런 일을 하느냐 누가 이런 일 할 권위를 주었느냐)

모양	曰	爾	以	何	權	行	是	誰	賜	爾	此	權
음	왈	이	이	하	권	행	시	수	사	이	차	권
뜻	가로되 말하다	너	써 ~로써	어찌 무슨	권세 권한	행할 다닐	옳을 이것	누구 무엇	줄 하사할	너	이	권세 권한
구분	0	x	0	0	0	0	0	0	△	x	0	0

모양	耶
음	야
뜻	어조사
구분	△

한자 쓰기	曰 爾以何權行是 誰賜爾此權耶

29. 耶穌曰 我亦一言問爾 請答我 則我以何權行是告爾

(예수께서 이르시되 나도 한 말을 너희에게 물으리니 대답하라 그리하면 나도 무슨 권위로 이런 일을 하는지 이르리라)

모양	耶	穌	曰	我	亦	一	言	問	爾	請	答	我
음	야	소	왈	아	역	일	언	문	이	청	답	아
뜻	어조사 아버지	깨어날 살다	가로되 말하다	나 우리	또 또한	한 1	말씀 말할	물을	너	청할	답할 대답	나 우리
구분	△	△	0	0	0	0	0	0	x	0	0	0

모양	則	我	以	何	權	行	是	告	爾
음	즉	아	이	하	권	행	시	고	이
뜻	곧 즉 법칙 칙	나 우리	써 ~로써	어찌 무슨	권세 권한	행할 다닐	옳을 이것	고할 알릴	너
구분	0	0	0	0	0	0	0	0	x

한자 쓰기	耶穌曰 我亦一言問爾 請答我 則我以何權行是告爾

30. 約翰施洗 由天乎 由人乎 請答我

(요한의 세례가 하늘로부터냐 사람으로부터냐 내게 대답하라)

모양	約	翰	施	洗	由	天	乎	由	人	乎	請	答
음	약	한	시	세	유	천	호	유	인	호	청	답
뜻	묶을 약속할	편지 글	베풀	씻을	말이암을 ~부터	하늘	어조사 ~느냐?	말이암을 ~부터	사람	어조사 ~느냐?	청할	답할 대답
구분	0	x	0	0	0	0	0	0	0	0	0	0

모양	我
음	아
뜻	나 우리
구분	0

한자 쓰기	約翰施洗 由天乎 由人乎 請答我

31. 其人竊議曰 若云由天 彼必曰 曷不信之

(그들이 서로 의논하여 이르되 만일 하늘로부터라 하면 어찌하여 그를 믿지 아니하였느냐 할 것이니)

모양	其	人	竊	議	曰	若	云	由	天	彼	必	曰
음	기	인	절	의	왈	약	운	유	천	피	필	왈
뜻	그 그것	사람	훔칠 마음속으로	의논할	가로되 말하다	같을 어조사	말할	말이암을 ~부터	하늘	저	반드시 필요할	가로되 말하다
구분	0	0	△	0	0	0	0	0	0	0	0	0

모양	曷	不	信	之
음	갈	불	신	지
뜻	어찌	아닐 불 아니 부	믿을	갈 어조사
구분	x	0	0	0

한자 쓰기	其人竊議曰 若云由天 彼必曰 曷不信之

276

32. 若云由人 我又畏民 蓋民誠以約翰爲先知也

(그러면 사람으로부터라 할까 하였으나 모든 사람이 <u>요한</u>을 참 선지자로 여기므로 그들이 백성을 두려워하는지라)

모양	若	云	由	人	我	又	畏	民	蓋	民	誠	以
음	약	운	유	인	아	우	외	민	개	민	성	이
뜻	같을 어조사	말할	말이암을 ~부터	사람	나 우리	또	두려울	백성	대개 덮을	백성	성실 참으로	써 ~로써
구분	0	0	△	0	0	0	△	0	△	0	0	0

모양	約	翰	爲	先	知	也
음	약	한	위	선	지	야
뜻	묶을 약속할	편지 글	될 위할	먼저	알 알다	어조사 ~이다
구분	0	x	0	0	0	0

한자 쓰기	若云由人 我又畏民 蓋民誠以約翰爲先知也

33. 遂對曰 不知 耶穌曰 我亦不以何權行是告爾也

(이에 <u>예수</u>께 대답하여 이르되 우리가 알지 못하노라 하니 예수께서 이르시되 나도 무슨 권위로 이런 일을 하는지 너희에게 이르지 아니하리라 하시니라)

모양	遂	對	曰	不	知	耶	穌	曰	我	亦	不	以
음	수	대	왈	부	지	야	소	왈	아	역	불	이
뜻	마침내 따를	대할 대답할	가로되 말하다	아니 부 아닐 불	알 알다	어조사 아버지	깨어날 살다	가로되 말하다	나 우리	또 또한	아닐 불 아니 부	써 ~로써
구분	△	0	0	0	0	△	△	0	0	0	0	0

모양	何	權	行	是	告	爾	也
음	하	권	행	시	고	이	야
뜻	어찌 무슨	권세 권한	행할 다닐	옳을 이것	고할 알릴	너	어조사 ~이다
구분	0	0	0	0	0	x	0

한자 쓰기	遂對曰 不知 耶穌曰 我亦不以何權行是告爾也

以租園設喻豫言猶太人見棄異邦人蒙召

耶穌講明納稅之理以破仇敵之計

毆撒都該人之謬

第十二章

耶穌設譬曰有人樹葡萄園以籬環之掘酒醡建塔租與農夫遂往異地及期

遣僕就農夫取園中當納之菓農夫執而扑之使徒返復遣他僕農夫石傷其

首凌辱遣之又遣一僕農夫殺之復遣羣僕或扑或殺之棄之有愛子一卒遣之以為

必敬我子矣農夫相告曰此其嗣子且來殺之業歸我矣遂殺之棄諸園

外園主將何以處此必至而滅農夫以園托他人焉經云工師所棄之石成為

屋隅首石此主所成者我目而奇之爾未讀乎其人知耶穌設譬指己欲執之

而畏衆遂去○後遣咄喇嚷希律黨數人即其言陷陷之乃就耶穌曰先生

我知爾乃真者不偏視人不以貌取人而以誠傳上帝道者也納稅該撒羅馬

之號宜否納不納乎耶穌知其詐曰何試我耶取金錢一予我觀之遂取之耶

穌曰是像與號誰乎曰該撒耶穌曰以該撒之物納該撒以上帝之物納上帝矣衆

奇之○有嘅吐該人言無復生者就而問曰先生摩西筆以示我云若人兄弟

死遺妻而無子兄弟當娶其妻生子以嗣之有兄弟七人長者娶妻無子而死

其二娶之亦無子而死其三亦然如是七人娶之皆無遺子厥後婦亦死焉至

新約全書　馬可　第十二章　二十一

復生時、其人復生此婦爲誰之妻乎、蓋納之者七人矣、耶穌曰、爾不識經及上帝權若此豈不謬哉夫復生之時、不嫁不娶、如在天使者、論死者復生、上帝云、我乃亞伯拉舉之上帝、以撒各之上帝、雅各之上帝、載在摩西書籟中篇、爾未讀乎、是上帝非死者之上帝、乃生者之上帝矣、故爾曹謬甚、○有一士子、聞其辯論見耶穌善於應對就而問曰、何爲諸誡首耶穌曰諸誡首云、以色列民聽之、其主卽我之上帝一主耳當盡心盡意盡性盡力愛主爾之上帝、此首誡也、其次愛人如己、亦猶是誡未有大於此者、士子曰善哉先生之言是也、蓋上帝惟一、其外無他、苟盡心盡意盡性盡力愛之、又愛人如己、則愈諸犧牲祭祀多矣、耶穌見其善於應對乃曰、爾違上帝國不遠矣、自是無敢問者、○耶穌於殿敎誨曰、士子何言基督爲大闢裔乎、大闢感於聖神言曰主謂我主云、坐我右、我將以爾敵置爾足下、夫大闢旣稱基督爲主、則基督如何爲大闢裔乎、衆皆樂聞、○耶穌傳道曰、謹防士子、彼好衣長服而遊、喜市上問安、會堂高位、席間上坐、然幷吞嫠婦家貲、佯爲長祈、其受罪必尤重也、○耶穌對庫而坐、見衆以金輸庫、諸富者輸多金、有貧嫠至、輸半釐者二、卽一釐耳、乃招門徒曰、吾誠告爾

1. <u>耶穌</u>設譬曰 有人樹葡萄園 以籬環之 掘酒醡 建塔 租與農夫 遂往異地

(예수께서 비유로 그들에게 말씀하시되 한 사람이 포도원을 만들어 산울타리로 두르고 즙 짜는 틀을 만들고 망대를 지어서 농부들에게 세로 주고 타국에 갔더니)

모양	耶	穌	設	譬	曰	有	人	樹	葡	萄	園	以
음	야	소	설	비	왈	유	인	수	포	도	원	이
뜻	어조사 아버지	깨어날 살다	베풀	비유 비유할	가로되 말하다	있을	사람	나무 심다	포도	포도	동산	써 ~로써
구분	△	△	0	x	0	0	0	0	x	x	0	0

모양	籬	環	之	掘	酒	醡	建	塔	租	與	農	夫
음	리	환	지	굴	주	자	건	탑	조	여	농	부
뜻	울타리	둘레 고리	갈 어조사	팔 파다	술	술틀	세울 만들	탑	조세 세금	더불 주다	농사	지아비 장정
구분	x	0	0	x	0	x	0	△	△	0	0	0

모양	遂	往	異	地
음	수	왕	이	지
뜻	마침내 따를	갈	다를	땅
구분	△	0	0	0

한자 쓰기	耶穌設譬曰 有人樹葡萄園 以籬環之 掘酒醡 建塔 租與農夫 遂往異地

2. 及期 遣僕就農夫 取園中當納之菓

(때가 이르매 농부들에게 포도원 소출 얼마를 받으려고 한 종을 보내니)

모양	及	期	遣	僕	就	農	夫	取	園	中	當	納
음	급	기	견	복	취	농	부	취	원	중	당	납
뜻	이를 및	기간 기약할	보낼	종	나아갈	농사	지아비 장정	취할	동산	가운데	마땅할	들일 가질
구분	0	0	△	x	0	0	0	0	△	0	0	△

모양	之	菓
음	지	과
뜻	갈 어조사	과일 과실
구분	0	x

한자 쓰기	及期 遣僕就農夫 取園中當納之菓

3. 農夫執而扑之 使徒返

(그들이 종을 잡아 심히 때리고 거저 보내었거늘)

모양	農	夫	執	而	扑	之	使	徒	返
음	농	부	집	이	복	지	사	도	반
뜻	농사	지아비 장정	잡을 집행할	말 이을	칠 때릴	갈 어조사	부릴 사신	무리 헛되이	돌아올 돌려보낼
구분	0	0	0	0	x	0	0	0	△

한자 쓰기	農夫執而扑之 使徒返

4. 復遣他僕 農夫石傷其首 凌辱遣之

(다시 다른 종을 보내니 그의 머리에 상처를 내고 능욕하였거늘)

모양	復	遣	他	僕	農	夫	石	傷	其	首	凌	辱
음	부	견	타	복	농	부	석	상	기	수	능(릉)	욕
뜻	다시 부 돌아올 복	보낼	남 다를	종	농사	지아비 장정	돌	상처 해칠	그 그것	머리	업신여길	욕할
구분	O	△	O	x	O	O	O	O	O	O	x	△

모양	遣	之
음	견	지
뜻	보낼	갈 어조사
구분	△	O

한자 쓰기	復遣他僕 農夫石傷其首 凌辱遣之

5. 又遣一僕 農夫殺之 復遣羣僕 或扑或殺

(또 다른 종을 보내니 그들이 그를 죽이고 또 그 외 많은 종들도 더러는 때리고 더러는 죽인지라)

모양	又	遣	一	僕	農	夫	殺	之	復	遣	羣	僕
음	우	견	일	복	농	부	살	지	부	견	군	복
뜻	또	보낼	한 1	종	농사	지아비 장정	죽일	갈 어조사	다시 부 돌아올 복	보낼	무리	종
구분	O	△	O	x	O	O	O	O	O	△	△	x

모양	或	扑	或	殺
음	혹	복	혹	살
뜻	혹 혹시	칠 때릴	혹 혹시	죽일
구분	O	x	O	O

한자 쓰기	又遣一僕 農夫殺之 復遣羣僕 或扑或殺

6. 有愛子一 卒遣之 以爲必敬我子矣

(이제 한 사람이 남았으니 곧 그가 사랑하는 아들이라 최후로 이를 보내며 이르되 내 아들은 존대하리라 하였더니)

모양	有	愛	子	一	卒	遣	之	以	爲	必	敬	我
음	유	애	자	일	졸	견	지	이	위	필	경	아
뜻	있을	사랑할	아들 어조사	한 1	마칠 마침내	보낼	갈 어조사	써 ~로써	될 할	반드시	공경할	나 우리
구분	0	0	0	0	0	Δ	0	0	0	0	0	0

모양	子	矣
음	자	의
뜻	아들 어조사	어조사 ~이다
구분	0	0

한자 쓰기	有愛子一 卒遣之 以爲必敬我子矣

7. 農夫相告曰 此其嗣子 且來殺之 業歸我矣

(그 농부들이 서로 말하되 이는 상속자니 자 죽이자 그러면 그 유산이 우리 것이 되리라 하고)

모양	農	夫	相	告	曰	此	其	嗣	子	且	來	殺
음	농	부	상	고	왈	차	기	사	자	차	래	살
뜻	농사	지아비 장정	서로	고할 알릴	가로되 말하다	이	그 그것	이을 상속자	아들 어조사	또 또한	올 앞으로	죽일
구분	0	0	0	0	0	0	0	x	0	0	0	0

모양	之	業	歸	我	矣
음	지	업	귀	아	의
뜻	갈 어조사	일 기업	돌아올 돌아갈	나 우리	어조사 ~이다
구분	0	0	0	0	0

한자 쓰기	農夫相告曰 此其嗣子 且來殺之 業歸我矣

8. 遂執而殺之 棄諸園外

(이에 잡아 죽여 포도원 밖에 내던졌느니라)

모양	遂	執	而	殺	之	棄	諸	園	外
음	수	집	이	살	지	기	제	원	외
뜻	마침내 따를	잡을 집행할	말 이을	죽일	갈 어조사	버릴	모든 ~에	동산	바깥
구분	△	○	○	○	○	△	○	△	○

한자 쓰기	遂執而殺之 棄諸園外

9. 園主將何以處此 必至而滅農夫 以園托他人焉

(포도원 주인이 어떻게 하겠느냐 와서 그 농부들을 진멸하고 포도원을 다른 사람들에게 주리라)

모양	園	主	將	何	以	處	此	必	至	而	滅	農
음	원	주	장	하	이	처	차	필	지	이	멸	농
뜻	동산	주인	장차 장수	무엇 어떤	써 ~로써	거주할 곳	이	반드시	이를 지극히	말 이을	멸할 멸망할	농사
구분	○	○	○	○	○	○	○	○	○	○	△	○

모양	夫	以	園	托	他	人	焉
음	부	이	원	탁	타	인	언
뜻	지아비 장정	써 ~로써	동산	맡길 의탁할	남 다를	사람	어찌 어조사
구분	△	○	△	△	○	○	△

한자 쓰기	園主將何以處此 必至而滅農夫 以園托他人焉

10. 經云 工師所棄之石 成爲屋隅首石

(너희가 성경에 건축자들이 버린 돌이 모퉁이의 머릿돌이 되었나니)

모양	經	云	工	師	所	棄	之	石	成	爲	屋	隅
음	경	운	공	사	소	기	지	석	성	위	옥	우
뜻	지날 성경	말할	장인 만들	스승	바 장소	버릴	갈 어조사	돌	이룰	될 위할	집 옥상	모퉁이
구분	0	0	0	0	0	Δ	0	0	0	0	0	x

모양	首	石
음	수	석
뜻	머리	돌
구분	0	0

한자 쓰기	經云 工師所棄之石 成爲屋隅首石

11. 此主所成者 我目而奇之 爾未讀乎

(이것은 주로 말미암아 된 것이요 우리 눈에 놀랍도다 함을 읽어 보지도 못하였느냐 하시니라)

모양	此	主	所	成	者	我	目	而	奇	之	爾	未
음	차	주	소	성	자	아	목	이	기	지	이	미
뜻	이	주인	바 장소	이룰	사람 것	나 우리	눈 보다	말 이을	기이할 기적	갈 어조사	너	아닐
구분	0	0	0	0	0	0	0	0	Δ	0	x	0

모양	讀	乎
음	독	호
뜻	읽을	어조사 ~느냐?
구분	0	0

한자 쓰기	此主所成者 我目而奇之 爾未讀乎

12. 其人知耶穌設譬指己 欲執之 而畏衆 遂去

(그들이 예수의 이 비유가 자기들을 가리켜 말씀하심인 줄 알고 잡고자 하되 무리를 두려워하여 예수를 두고 가니라)

모양	其	人	知	耶	穌	設	譬	指	己	欲	執	之
음	기	인	지	야	소	설	비	지	기	욕	집	지
뜻	그 그것	사람	알 알다	어조사 아버지	깨어날 살다	베풀	비유 비유할	가리킬 손가락	몸 자기	하고자 할	잡을 집행할	갈 어조사
구분	0	0	0	△	△	0	x	0	0	0	0	0

모양	而	畏	衆	遂	去
음	이	외	중	수	거
뜻	말 이을	두려울	무리	마침내 따를	갈 떠나다
구분	0	△	0	△	△

한자 쓰기	其人知耶穌設譬指己 欲執之 而畏衆 遂去

13. 後遣 咶 唎嚷希律黨數人 欲卽其言阱陷之

(그들이 예수의 말씀을 책잡으려 하여 바리새인과 헤롯당 중에서 사람을 보내매)

모양	後	遣	咶	唎	嚷	希	律	黨	數	人	欲	卽
음	후	견	법	리	새	희	율(률)	당	수	인	욕	즉
뜻	뒤	보낼	x	가는 소리	가득 채울	드물 바랄	법	무리	수 셀	사람	하고자 할	곧 나아갈
구분	0	△	x	x	x	0	0	△	0	0	0	0

모양	其	言	阱	陷	之
음	기	언	정	함	지
뜻	그 그것	말씀 말할	함정	빠질 함정	갈 어조사
구분	0	0	x	△	0

한자 쓰기	後遣咶唎嚷希律黨數人 欲卽其言阱陷之

14. 乃就耶穌曰 先生 我知爾乃眞者 不偏視人 不以貌取人而以誠 傳 上帝道者也 納稅該撒宜否 (該撒羅馬國君之號)

(와서 이르되 선생님이여 우리가 아노니 당신은 참되시고 아무도 꺼리는 일이 없으시니 이는 사람을 외모로 보지 않고 오직 진리로써 하나님의 도를 가르치심이니이다 <u>가이사</u>에게 세금을 바치는 것이 옳으니이까 옳지 아니하니이까)

모양	乃	就	耶	穌	曰	先	生	我	知	爾	乃	眞
음	내	취	야	소	왈	선	생	아	지	이	내	진
뜻	이에 곧	나아갈	어조사 아버지	깨어날 살다	가로되 말하다	먼저	날 살	나 우리	알 알다	너	이에 곧	참
구분	0	0	△	△	0	0	0	0	0	x	0	0

모양	者	不	偏	視	人	不	以	貌	取	人	而	以
음	자	불	편	시	인	불	이	모	취	인	이	이
뜻	사람 것	아닐	치우칠	볼	사람	아닐	써 때문	얼굴	취할	사람	말 이을	써 때문
구분	0	0	△	0	0	0	0	△	0	0	0	0

모양	誠	傳	上	帝	道	者	也	納	稅	該	撒	宜
음	성	전	상	제	도	자	야	납	세	해	살	의
뜻	성실 참으로	전할	위	임금	길 말씀	사람 것	어조사 ~이다	들일 가질	세금	갖출	뿌릴	마땅할
구분	0	0	0	0	0	0	△	0	△	△	x	△

모양	否	該	撒	羅	馬	國	君	之	號
음	부	해	살	라	마	국	군	지	호
뜻	아닐 ~느냐	갖출	뿌릴	벌일 그물	말	나라	임금	갈 어조사	이름
구분	0	△	x	△	0	0	0	0	0

한자 쓰기	乃就耶穌曰 先生 我知爾乃眞者 不偏視人 以貌取人而以誠傳上帝道者也 納稅該撒宜否

287

15. 納不納乎 耶穌知其詐 曰 何試我耶 取金錢一 予我觀之

(우리가 바치리이까 말리이까 한대 예수께서 그 외식함을 아시고 이르시되 어찌하여 나를 시험하느냐 데나리온 하나를 가져다가 내게 보이라 하시니)

모양	納	不	納	乎	耶	穌	知	其	詐	曰	何	試
음	납	불	납	호	야	소	지	기	사	왈	하	시
뜻	들일 납세	아닐	들일 납세	어조사 ~느냐?	어조사 아버지	깨어날 살다	알 알다	그 그것	속일	가로되 말하다	어찌 무엇	시험 시험할
구분	△	0	△	0	△	△	0	0	△	0	0	0

모양	我	耶	取	金	錢	一	予	我	觀	之
음	아	야	취	금	전	일	여	아	관	지
뜻	나 우리	어조사 아버지	취할	쇠금 성 김	돈	한 1	줄 주다	나 우리	볼	갈 어조사
구분	0	△	0	0	0	0	△	0	0	0

한자 쓰기	納不納乎 耶穌知其詐 曰 何試我耶 取金錢一 予我觀之

16. 遂取之 耶穌曰 是像與號誰乎 曰 該撒

(가져왔거늘 예수께서 이르시되 이 형상과 이 글이 누구의 것이냐 이르되 가이사의 것이니이다)

모양	遂	取	之	耶	穌	曰	是	像	與	號	誰	乎
음	수	취	지	야	소	왈	시	상	여	호	수	호
뜻	마침내 따를	취할	갈 어조사	어조사 아버지	깨어날 살다	가로되 말하다	옳을 이것	형상	더불 ~과	이름 부르짖을	누구 무엇	어조사 ~느냐?
구분	△	0	0	△	△	0	0	△	0	0	0	0

모양	曰	該	撒
음	왈	해	살
뜻	가로되 말하다	갖출	뿌릴
구분	0	△	x

한자 쓰기	遂取之 耶穌曰 是像與號誰乎 曰 該撒

288

17. 曰 以該撒之物 納該撒 以上帝之物 納上帝矣 衆奇之

(이에 예수께서 이르시되 가이사의 것은 가이사에게, 하나님의 것은 하나님께 바치라 하시니 그들이 예수께 대하여 매우 놀랍게 여기더라)

모양	曰	以	該	撒	之	物	納	該	撒	以	上	帝
음	왈	이	해	살	지	물	납	해	살	이	상	제
뜻	가로되 말하다	써 ~로써	갖출	뿌릴	갈 어조사	물건 만물	들일 가질	갖출	뿌릴	써 ~로써	위	임금
구분	0	0	Δ	x	0	0	Δ	Δ	x	0	0	0

모양	之	物	納	上	帝	矣	衆	奇	之
음	지	물	납	상	제	의	중	기	지
뜻	갈 어조사	물건 만물	들일 가질	위	임금	어조사 ~이다	무리 많은	기이할 기적	갈 어조사
구분	0	0	Δ	0	0	0	0	Δ	0

한자 쓰기	曰 以該撒之物 納該撒 以上帝之物 納上帝矣 衆奇之

18. 有嘞吐嘚人 言無復生者 就而問曰

(부활이 없다 하는 사두개인들이 예수께 와서 물어 이르되)

모양	有	嘞	吐	嘚	人	言	無	復	生	者	就	而
음	유	살	두	해	인	언	무	부	생	자	취	이
뜻	있을	x	x	x	사람	말씀 말할	없을	다시 부 돌아올 복	날 살	사람 것	나아갈	말 이을
구분	0	x	x	x	0	0	0	0	0	0	0	0

모양	問	曰
음	문	왈
뜻	물을	가로되 말하다
구분	0	0

한자 쓰기	有嘞吐嘚人 言無復生者 就而問曰

19. 先生 摩西筆以示我云 若人兄弟死 遺妻而無子 兄弟當娶其妻 生子以嗣之

(선생님이여 모세가 우리에게 써 주기를 어떤 사람의 형이 자식이 없이 아내를 두고 죽으면 그 동생이 그 아내를 취하여 형을 위하여 상속자를 세울지니라 하였나이다)

모양	先	生	摩	西	筆	以	示	我	云	若	人	兄
음	선	생	마	서	필	이	시	아	운	약	인	형
뜻	먼저	날 살	문지를 마찰	서쪽	붓 쓰다	써 ~로써	보일 가르칠	나 우리	말할	같을 어조사	사람	형 맏
구분	0	0	x	0	0	0	0	0	0	0	0	0

모양	弟	死	遺	妻	而	無	子	兄	弟	當	娶	其
음	제	사	유	처	이	무	자	형	제	당	취	기
뜻	동생	죽을	남길 버릴	아내	말 이을	없을	아들 자식	형 맏	동생	마땅할	장가들	그 그것
구분	0	0	△	0	0	0	0	0	0	0	x	0

모양	妻	生	子	以	嗣	之
음	처	생	자	이	사	지
뜻	아내	날 살	아들 자식	써 ~로써	이을 상속자	갈 어조사
구분	0	0	0	0	x	0

한자 쓰기	先生 摩西筆以示我云 若人兄弟死　遺妻而無子 兄弟當娶其妻 生子以嗣之

20. 有兄弟七人 長者娶妻 無子而死

(칠 형제가 있었는데 맏이가 아내를 취하였다가 상속자가 없이 죽고)

모양	有	兄	弟	七	人	長	者	娶	妻	無	人	而
음	유	형	제	칠	인	장	자	취	처	무	인	이
뜻	있을	형 맏	동생	일곱 7	사람	길(long) 우두머리	사람 것	장가들	아내	없을	사람	말 이을
구분	O	O	O	O	O	O	O	x	O	O	O	O

모양	死
음	사
뜻	죽을
구분	O

한자 쓰기	有兄弟七人 長者娶妻 無子而死

21. 其二娶之 亦無子而死 其三亦然

(둘째도 그 여자를 취하였다가 상속자가 없이 죽고 셋째도 그렇게 하여)

모양	其	二	娶	之	亦	無	子	而	死	其	三	亦
음	기	이	취	지	역	무	자	이	사	기	삼	역
뜻	그 그것	두 2	장가들	갈 어조사	또 또한	없을	아들 자식	말 이을	죽을	그 그것	석 3	또 또한
구분	O	O	x	O	O	O	O	O	O	O	O	O

모양	然
음	연
뜻	그러할 자연
구분	O

한자 쓰기	其二娶之 亦無子而死 其三亦然

22. 如是 七人娶之 皆無遺子 厥後 婦亦死焉

(일곱이 다 상속자가 없었고 최후에 여자도 죽었나이다)

모양	如	是	七	人	娶	之	皆	無	遺	子	厥	後
음	여	시	칠	인	취	지	개	무	유	자	궐	후
뜻	같을	옳을 이	일곱 7	사람	장가들	갈 어조사	모두 다	없을	남길 버릴	아들 자식	그 그것	뒤
구분	0	0	0	0	x	0	0	0	△	0	△	0

모양	婦	亦	死	焉
음	부	역	사	언
뜻	아내 여자	또 또한	죽을	어찌 어조사
구분	0	0	0	△

한자 쓰기	如是 七人娶之 皆無遺子 厥後 婦亦死焉

23. 至復生時 其人復生 此婦爲誰之妻乎 蓋納之者七人矣

(일곱 사람이 다 그를 아내로 취하였으니 부활 때 곧 그들이 살아날 때에 그 중의 누구의 아내가 되리이까)

모양	至	復	生	時	其	人	復	生	此	婦	爲	誰
음	지	부	생	시	기	인	부	생	차	부	위	수
뜻	이를 지극히	다시 돌아올복	날 살	때 시간	그 그것	사람	다시 돌아올복	날 살	이	아내 여자	될 할	누구 무엇
구분	0	0	0	0	0	0	0	0	0	0	0	0

모양	之	妻	乎	蓋	納	之	者	七	人	矣
음	지	처	호	개	납	지	자	칠	인	의
뜻	갈 어조사	아내	어조사 ~느냐?	대개 덮을	들일 가질	갈 어조사	사람 것	일곱 7	사람	어조사 ~이다
구분	0	0	0	△	△	0	0	0	0	0

한자 쓰기	至復生時 其人復生 此婦爲誰之妻乎 蓋納之者七人矣

24. 耶穌曰 爾不識經 及上帝權若此 豈不謬哉

(예수께서 이르시되 너희가 성경도 하나님의 능력도 알지 못하므로 오해함이 아니냐)

모양	耶	穌	曰	爾	不	識	經	及	上	帝	權	若
음	야	소	왈	이	불	식	경	급	상	제	권	약
뜻	어조사 아버지	깨어날 살다	가로되 말하다	너	아닐 불 아니 부	알	지날 성경	이를 및	위	임금	권세 권한	같을 어조사
구분	△	△	0	x	0	0	0	0	0	0	0	0

모양	此	豈	不	謬	哉
음	차	기	불	류	재
뜻	이	어찌	아닐 불 아니 부	어긋날 오류	어조사
구분	0	△	0	x	0

한자 쓰기	耶穌曰 爾不識經 及上帝權若此 豈不謬哉

25. 夫復生之時 不嫁不娶 如在天使者

(사람이 죽은 자 가운데서 살아날 때에는 장가도 아니 가고 시집도 아니 가고 하늘에 있는 천사들과 같으니라)

모양	夫	復	生	之	時	不	嫁	不	娶	如	在	天
음	부	부	생	지	시	불	가	불	취	여	재	천
뜻	지아비 무릇	다시 부 돌아올 복	날 살	갈 어조사	때 시간	아닐 불 아니 부	시집갈	아닐 불 아니 부	장가들	같을	있을	하늘
구분	0	0	0	0	0	0	x	0	x	0	0	0

모양	使	者
음	사	자
뜻	보낼 사신	사람 것
구분	0	0

한자 쓰기	夫復生之時 不嫁不娶 如在天使者

26. 論死者復生 上帝云 我乃亞伯拉罕之上帝 以撒之上帝 雅各之 上帝 載在摩西書棘中篇 爾未讀乎

(죽은 자가 살아난다는 것을 말할진대 너희가 모세의 책 중 가시나무 떨기에 관한 글에 하나님께서 모세에게 이르시되 나는 아브라함의 하나님이요 이삭의 하나님이요 야곱의 하나님이로라 하신 말씀을 읽어보지 못하였느냐)

모양	論	死	者	復	生	上	帝	云	我	乃	亞	伯
음	논(론)	사	자	부	생	상	제	운	아	내	아	백
뜻	논할 말할	죽을	사람 것	다시 부 돌아올복	날 살	위	임금	말할	나	이에 곧	버금	맏 첫
구분	0	0	0	0	0	0	0	0	0	0	△	△

모양	拉	罕	之	上	帝	以	撒	之	上	帝	雅	各
음	납(랍)	한	지	상	제	이	살	지	상	제	아	각
뜻	끌 납치	드물	갈 어조사	위	임금	써 ~로써	뿌릴	갈 어조사	위	임금	우아할	각각 각자
구분	x	x	0	0	0	0	x	0	0	0	△	0

모양	之	上	帝	載	在	摩	西	書	棘	中	篇	爾
음	지	상	제	재	재	마	서	서	극	중	편	이
뜻	갈 어조사	위	임금	실을	있을	문지를 마찰	서쪽	글	가시 가시나무	가운데	책	너
구분	0	0	0	△	0	x	0	0	x	0	0	x

모양	未	讀	乎
음	미	독	호
뜻	아닐	읽을	어조사 ~느냐?
구분	0	0	0

한자 쓰기	論死者復生 上帝云 我乃亞伯拉罕之上帝 以撒之上帝 雅各之上帝 載在摩西書 棘中篇 爾未讀乎

27. 是上帝非死者之上帝 乃生者之上帝矣 故爾曹謬甚

(하나님은 죽은 자의 하나님이 아니요 산 자의 하나님이시라 너희가 크게 오해하였도다 하시니라)

모양	是	上	帝	非	死	者	之	上	帝	乃	生	者
음	시	상	제	비	사	자	지	상	제	내	생	자
뜻	옳을 이것	위	임금	아닐	죽을	사람 것	갈 ~의	위	임금	이에 곧	날 살	사람 것
구분	0	0	0	0	0	0	0	0	0	0	0	0

모양	之	上	帝	矣	故	爾	曹	謬	甚
음	지	상	제	의	고	이	조	류	심
뜻	갈 ~의	위	임금	어조사 ~이다	까닭 그러므로	너	무리 성씨	어긋날 오류	심할
구분	0	0	0	0	0	x	x	x	0

한자 쓰기	是上帝非死者之上帝 乃生者之上帝矣 故爾曹謬甚

28. 有一士子 聞其辯論 見耶穌善於應對 就而問曰 何爲諸誡首

(서기관 중 한 사람이 그들이 변론하는 것을 듣고 예수께서 잘 대답하신 줄을 알고 나아와 묻되 모든 계명 중에 첫째가 무엇이니이까)

모양	有	一	士	子	聞	其	辯	論	見	耶	穌	善
음	유	일	사	자	문	기	변	논(론)	견	야	소	선
뜻	있을	한 1	선비	아들 어조사	들을	그 그것	말 잘할 분별할	논할 말할	볼 당하다	어조사 아버지	깨어날 살다	착할 좋을
구분	0	0	0	0	0	Δ	0	0	0	Δ	Δ	0

모양	於	應	對	就	而	問	曰	何	爲	諸	誡	首
음	어	응	대	취	이	문	왈	하	위	제	계	수
뜻	어조사 ~에	응할 응대할	대할 대답할	나아갈	말 이을	물을	가로되 말하다	어찌 무엇	될 할	모든 여러	계명 경계할	머리
구분	0	0	0	0	0	0	0	0	0	x	0

한자 쓰기	有一士子 聞其辯論 見耶穌善於應對 就而問曰 何爲諸誡首

29. 耶穌曰 諸誡首云 以色列民聽之哉 主卽我之上帝 一主耳

(예수께서 대답하시되 첫째는 이것이니 이스라엘아 들으라 주 곧 우리 하나님은 유일한 주시라)

모양	耶	穌	曰	諸	誡	首	云	以	色	列	民	聽
음	야	소	왈	제	계	수	운	이	색	열	민	청
뜻	어조사 아버지	깨어날 살다	가로되 말하다	모든 여러	계명 경계할	머리	말할	써 ~로써	빛	벌일 줄	백성	들을
구분	△	△	0	0	x	0	0	0	0	△	0	0

모양	之	哉	主	卽	我	之	上	帝	一	主	耳
음	지	재	주	즉	아	지	상	제	일	주	이
뜻	갈 어조사	어조사	주인	곧 나아갈	나 우리	갈 어조사	위	임금	한 1	주인	귀 뿐
구분	0	0	0	0	0	0	0	0	0	0	0

한자 쓰기	耶穌曰 諸誡首云 以色列民聽之哉 主卽我之上帝 一主耳

30. 當盡心 盡性 盡意 盡力 愛主爾之上帝 此首誡也

(네 마음을 다하고 목숨을 다하고 뜻을 다하고 힘을 다하여 주 너의 하나님을 사랑하라 하신 것이요)

모양	當	盡	心	盡	性	盡	意	盡	力	愛	主	爾
음	당	진	심	진	성	진	의	진	력	애	주	이
뜻	마땅할	다할	마음	다할	성품	다할	뜻 생각	다할	힘	사랑할	주인	너
구분	0	0	0	0	0	0	0	0	0	0	0	x

모양	之	上	帝	此	首	誡	也
음	지	상	제	차	수	계	야
뜻	갈 어조사	위	임금	이	머리	계명 경계할	어조사 ~이다
구분	0	0	0	0	0	x	0

한자 쓰기	當盡心 盡性 盡意 盡力 愛主爾之上帝 此首誡也

31. 其次愛人如己 亦猶是 誠未有大於此者

(둘째는 이것이니 네 이웃을 네 자신과 같이 사랑하라 하신 것이라 이보다 더 큰 계명이 없느니라)

모양	其	次	愛	人	如	己	亦	猶	是	誠	未	有
음	기	차	애	인	여	기	역	유	시	계	미	유
뜻	그 그것	다음 둘째	사랑할	사람	같을 만일	몸 자기	또 또한	오히려 같을	옳을 이것	계명 경계할	아닐	있을
구분	0	0	0	0	0	0	0	0	0	x	0	0

모양	大	於	此	者
음	대	어	차	자
뜻	큰	어조사 ~에	이	사람 것
구분	0	0	0	0

한자 쓰기	其次愛人如己 亦猶是 誠未有大於此者

32. 士子曰 善哉 先生之言是也 蓋上帝惟一 其外無他

(서기관이 이르되 선생님이여 옳소이다 하나님은 한 분이시요 그 외에 다른 이가 없다 하신 말씀이 참이니이다)

모양	士	子	曰	善	哉	先	生	之	言	是	也	蓋
음	사	자	왈	선	재	선	생	지	언	시	야	개
뜻	선비	아들 어조사	가로되 말하다	착할 좋을	어조사	먼저	날 살	갈 어조사	말씀 말할	옳을 이것	어조사 ~이다	대개 덮을
구분	0	0	0	0	0	0	0	0	0	0	0	△

모양	上	帝	惟	一	其	外	無	他
음	상	제	유	일	기	외	무	타
뜻	위	임금	오직	한 1	그 그것	바깥	없을	남 다를
구분	0	0	0	0	0	0	0	0

한자 쓰기	士子曰 善哉 先生之言是也 蓋上帝惟一 其外無他

33. 苟盡心 盡意 盡性 盡力 愛之 又愛人如己 則愈諸熱犧祭祀多矣

(또 마음을 다하고 지혜를 다하고 힘을 다하여 하나님을 사랑하는 것과 또 이웃을 자기 자신과 같이 사랑하는 것이 전체로 드리는 모든 번제물과 기타 제물보다 나으니이다)

모양	苟	盡	心	盡	意	盡	性	盡	力	愛	之	又
음	구	진	심	진	의	진	성	진	력	애	지	우
뜻	진실로	다할	마음	다할	뜻 생각	다할	성품	다할	힘	사랑할	갈 어조사	또
구분	△	0	0	0	0	0	0	0	0	0	0	0

모양	愛	人	如	己	則	愈	諸	熱	犧	祭	祀	多
음	애	인	여	기	즉	유	제	설	희	제	사	다
뜻	사랑할	사람	같을 만일	몸 자기	곧 즉 법칙 칙	나을 더욱	모든 여러	불사를	희생	제사	제사	많을
구분	0	0	0	0	0	△	0	x	x	0	△	0

모양	矣
음	의
뜻	어조사 ~이다
구분	0

한자 쓰기	苟盡心 盡意 盡性 盡力 愛之 又愛人如己 則愈諸熱犧祭祀 多矣

34. 耶穌見其善於應對 乃曰 爾違上帝國不遠矣 自是無敢問者

(예수께서 그가 지혜 있게 대답함을 보시고 이르시되 네가 하나님의 나라에서 멀지 않도다 하시니 그 후에 감히 묻는 자가 없더라)

모양	耶	穌	見	其	善	於	應	對	乃	曰	爾	違
음	야	소	견	기	선	어	응	대	내	왈	이	위
뜻	어조사 아버지	깨어날 살다	볼 당하다	그 그것	착할 좋을	어조사 ~에	응할 응대할	대할 대답할	이에 곧	가로되 말하다	너	어길 다를
구분	△	△	0	0	0	0	0	0	0	0	x	△

모양	上	帝	國	不	遠	矣	自	是	無	敢	問	者
음	상	제	국	불	원	의	자	시	무	감	문	자
뜻	위	임금	나라	아닐	멀	어조사 ~이다	스스로 ~부터	옳을 이것	없을	감히	물을	사람 것
구분	0	0	0	0	0	0	0	0	0	0	0	0

한자 쓰기	耶穌見其善於應對 乃曰 爾違上帝國不遠矣 自是無敢問者

35. 耶穌於殿敎誨 曰 士子何言<u>基督</u>爲<u>大</u>闢裔乎

(예수께서 성전에서 가르치실새 대답하여 이르시되 어찌하여 서기관들이 그리스도를 <u>다윗</u>의 자손이라 하느냐)

모양	耶	穌	於	殿	敎	誨	曰	士	子	何	言	基
음	야	소	어	전	교	회	왈	사	자	하	언	기
뜻	어조사 아버지	깨어날 살다	어조사 ~에서	궁궐 성전	가르칠	가르칠	가로되 말하다	선비	아들 어조사	어찌 어떤	말씀 말할	터 기초
구분	△	△	0	△	0	x	0	0	0	0	0	0

모양	督	爲	大	闢	裔	乎
음	독	위	대	벽	예	호
뜻	감독할 살필	될 할	큰	열 열릴	후손	어조사 ~느냐?
구분	△	0	0	x	x	0

한자 쓰기	耶穌於殿敎誨 曰 士子何言基督爲大闢裔乎

36. 大闢感於聖神 言曰 主謂我主云 坐我右 我將以爾敵置爾足下

(다윗이 성령에 감동되어 친히 말하되 주께서 내 주께 이르시되 내가 네 원수를 네 발 아래에 둘 때까지 내 우편에 앉았으라 하셨도다 하였느니라)

모양	大	闢	感	於	聖	神	言	曰	主	謂	我	主
음	대	벽	감	어	성	신	언	왈	주	위	아	주
뜻	큰	열 열릴	느낄 감동할	어조사 ~에	거룩할 성스러울	신 정신	말씀 말할	가로되 말하다	주인	이를 고할	나	주인
구분	O	x	O	O	O	O	O	O	O	△	O	O

모양	云	坐	我	右	我	將	以	爾	敵	置	爾	足
음	운	좌	아	우	아	장	이	이	적	치	이	족
뜻	말할	앉을	나	오른	나	장차 장수	써 ~로써	너	원수 대적할	둘	너	발
구분	O	O	O	O	O	O	O	x	O	△	x	O

모양	下
음	하
뜻	아래 내리다
구분	O

한자 쓰기	大闢感於聖神 言曰 主謂我主云 坐我右 我將以爾敵置爾足下

37. 夫大闢既稱基督爲主 則基督如何爲大闢裔乎 衆皆樂聞

(다윗이 그리스도를 주라 하였은즉 어찌 그의 자손이 되겠느냐 하시니 많은 사람들이 즐겁게 듣더라)

모양	夫	大	闢	既	稱	基	督	爲	主	則	基	督
음	부	대	벽	기	칭	기	독	위	주	즉	기	독
뜻	지아비 무릇	큰	열 열릴	이미	일컬을 칭할	터 기초	감독할 살필	될 할	주인	곧 즉 법칙 칙	터 기초	감독할 살필
구분	O	O	x	O	△	O	△	O	O	O	O	△

모양	如	何	爲	大	闢	裔	乎	衆	皆	樂	聞
음	여	하	위	대	벽	예	호	중	개	락	문
뜻	같을	어찌 무엇	될 할	큰	열 열릴	후손	어조사 ~느냐?	무리	모두 다	즐거울	들을
구분	O	O	O	O	x	x	O	O	O	O	O

한자 쓰기	夫大關旣稱基督爲主 則基督如何爲大關裔乎 衆皆樂聞

38. 耶穌傳道曰 謹防士子 彼好衣長服而遊 喜市上問安

(예수께서 가르치실 때에 이르시되 긴 옷을 입고 다니는 것과 시장에서 문안 받는 것과)

모양	耶	穌	傳	道	曰	謹	防	士	子	彼	好	衣
음	야	소	전	도	왈	근	방	사	자	피	호	의
뜻	어조사 아버지	깨어날 살다	전할	길 말하다	가로되 말하다	삼갈	막을	선비	아들 어조사	저	좋을	옷 입다
구분	△	△	0	0	0	△	0	0	0	0	0	0

모양	長	服	而	遊	喜	市	上	問	安
음	장	복	이	유	희	시	상	문	안
뜻	길(long) 우두머리	옷	말 이을	거닐 유세할	기쁠	시장 사다	위	물을	편안할 안부
구분	0	0	0	0	0	0	0	0	0

한자 쓰기	耶穌傳道曰 謹防士子 彼好衣長服而遊 喜市上問安

39. 會堂高位 席間上坐

(회당의 높은 자리와 잔치의 윗자리를 원하는 서기관들을 삼가라)

모양	會	堂	高	位	席	間	上	坐
음	회	당	고	위	석	간	상	좌
뜻	모일	집	높을	자리 지위	자리	사이	위	앉을
구분	0	0	0	0	0	0	0	0

한자 쓰기	會堂高位 席間上坐

40. 然幷呑嫠婦家資 佯爲長祈 其受罪必尤重也

(그들은 과부의 가산을 삼키며 외식으로 길게 기도하는 자니 그 받는 판결이 더욱 중하리라 하시니라)

모양	然	幷	呑	嫠	婦	家	資	佯	爲	長	祈	其
음	연	병	탄	리	부	가	자	양	위	장	기	기
뜻	그러할 자연	아우를	삼킬	과부	아내 여자	집	재물 자본	거짓	될 할	길(long) 우두머리	빌 기도	그 그것
구분	0	x	x	x	0	0	△	x	0	0	△	0

모양	受	罪	必	尤	重	也
음	수	죄	필	우	중	야
뜻	받을	허물 죄	반드시	더욱	무거울	어조사 ~이다
구분	0	0	0	0	0	0

한자 쓰기	然幷呑嫠婦家資 佯爲長祈 其受罪必尤重也

41. 耶穌對庫而坐 見衆以金輸庫 諸富者輸多金

(예수께서 헌금함을 대하여 앉으사 무리가 어떻게 헌금함에 돈 넣는가를 보실새 여러 부자는 많이 넣는데)

모양	耶	穌	對	庫	而	坐	見	衆	以	金	輸	庫
음	야	소	대	고	이	좌	견	중	이	금	수	고
뜻	어조사 아버지	깨어날 살다	대할 대답할	곳집 창고	말 이을	앉을	볼 당하다	무리	써 때문	쇠금 성 김	보낼	곳집 창고
구분	△	△	0	△	0	0	0	0	0	0	△	△

모양	諸	富	者	多	金
음	제	부	자	다	금
뜻	모든 여러	부유할 부자	사람 것	많을	쇠금 성 김
구분	0	0	0	0	0

한자 쓰기	耶穌對庫而坐 見衆以金輸庫 諸富者輸多金

42. 有貧嫠至 輸半釐者二 卽一釐耳

(한 가난한 과부는 와서 두 렙돈 곧 한 고드란트를 넣는지라)

모양	有	貧	嫠	至	輸	半	釐	者	二	卽	一	釐
음	유	빈	리	지	수	반	리	자	이	즉	일	리
뜻	있을	가난할	과부	이를 지극히	보낼	반 절반	다스릴 작은 수	사람 것	두 2	곧 나아갈	한 1	다스릴 작은 수
구분	0	0	x	0	Δ	0	x	0	0	0	0	x

모양	耳
음	이
뜻	귀 뿐
구분	0

한자 쓰기	有貧嫠至 輸半釐者二 卽一釐耳

43. 乃招門徒曰 吾誠告爾 此貧嫠輸庫 較衆尤多

(예수께서 제자들을 불러다가 이르시되 내가 진실로 너희에게 이르노니 이 가난한 과부는 헌금함에 넣는 모든 사람보다 많이 넣었도다)

모양	乃	招	門	徒	曰	吾	誠	告	爾	此	貧	嫠
음	내	초	문	도	왈	오	성	고	이	차	빈	리
뜻	이에 곧	부를 초대할	문	무리	가로되 말하다	나 우리	성실 참으로	고할 알릴	너	이	가난할	과부
구분	0	0	0	0	0	0	0	0	x	0	0	x

모양	輸	庫	較	衆	尤	多
음	수	고	교	중	우	다
뜻	보낼	곳집 창고	비교할	무리	더욱	많을
구분	Δ	Δ	Δ	0	0	0

한자 쓰기	乃招門徒曰 吾誠告爾 此貧嫠輸庫 較衆尤多

44. 蓋衆以羨餘輸之 此則不足而盡輸所有 是全業也

(그들은 다 그 풍족한 중에서 넣었거니와 이 과부는 그 가난한 중에서 자기의 모든 소유 곧 생활비 전부를 넣었느니라 하시니라)

모양	蓋	衆	以	羨	餘	輸	之	此	則	不	足	而
음	개	중	이	선	여	수	지	차	즉	부	족	이
뜻	대개 덮을	무리	써 ~로써	부러울 할 풍요로울	남을	보낼	갈 어조사	이	곧 즉 법칙 칙	아니 부 아닐 불	발 만족할	말 이을
구분	△	0	0	x	0	△	0	0	0	0	0	0

모양	盡	輸	所	有	是	全	業	也
음	진	수	소	유	시	전	업	야
뜻	다할	보낼	바 것	있을	옳을 이것	온전할	일 업	어조사 ~이다
구분	0	△	0	0	0	0	0	0

한자 쓰기	蓋衆以羨餘輸之 此則不足而盡輸所有 是全業也

豫言聖殿顛毀

門徒將毀

福音受逼

福音必傳萬國

猶太人必受大災難

遍萬國必受大災難

此貧嫠輸庫較衆尤多、蓋衆以羨餘輸之、此則不足而盡輸所有、是全業也、

第十三章

耶穌出殿、有一門徒曰、先生、請觀斯宇斯石、一至於此乎、耶穌曰、爾第見斯宇之大、然將不遺石於石上、乃必盡圮、○耶穌於橄欖山對殿而坐、彼得、雅各、約翰、安得烈、竊問曰、請告我、何時有此事、應之日有何兆乎、耶穌曰、慎勿為人所惑、將有多人冒我名來、曰我基督也、致惑衆、爾且聞戰與戰風聲、勿懼、此事必有、惟末期未至耳、民將攻民、國亦攻國、地震、饑饉、變亂、隨在皆然、此災害之始也、故當自謹、蓋爾將解於公會、扑爾於會堂、立爾於侯王前以為證、惟福音必先傳於萬民、曳解爾時、勿先慮、勿預籌何以言、當時賜爾以言者、言之非爾自言、乃聖神言也、兄弟將致兄弟於死、父之於子亦然、子攻父母而死之、爾以我名見憾於衆、惟終忍者得救也、爾觀先知但以理所言、指殘賊可惡之物、立不當立之地、讀者宜致思焉、時在猶太者、當避於山、在屋上者勿下入室取家貲、在田者勿歸取衣、當日妊婦乳婦其有禍乎、宜祈禱免冬時逃避矣、斯時患難將至、自上帝造物以來、未有如此、後亦無有、若主不稍減其日、則無

有得救諸者、惟爲所選之民、是日其稍減耳、時有告爾者曰基督在此基督在彼、

則勿信、蓋將有僞基督僞先知者起、施異蹟奇事、使得以惑選民則惑之矣、慎

之哉、我悉與爾先言之矣、當是時也、患難之後日晦冥月無光、天星隕墜天象

震動、將見人子以大權大榮乘雲而來、遣使者集厥選民於四方、從地極至天

涯、當思無花菓樹之譬枝柔葉萌則知夏近矣、如是爾見此兆則知人子近及

門矣、我誠告爾此代未逝事皆得成、天地可廢我言不可廢、○彼日彼時人不

知天使不知子亦不知惟父知之哉、儆醒祈禱以爾不知其期也、譬如一

人去家遠遊委權於僕各有所司、命閽者儆醒、是宜儆醒、以不知家主至於何

時、或昏暮或半夜或雞鳴或平旦、恐突如其來遇爾寢焉、故我告爾、亦以告衆、

者儆醒是也、

第十四章

越二日逾越節中、際除酵節、祭司諸長、士子、詭謀執耶穌殺之、惟曰節期不可、

恐民生亂、○耶穌在伯大尼、癩者西門家席坐、有婦人以玉盒盛至眞至貴香

膏、揭玉盒沃其首、有人憾之曰惡用是靡費爲、此膏鬻金三十有奇可以濟貧、

306

第十三章

1. 耶穌出殿 有一門徒曰 先生 請觀斯宇斯石 一至於此乎

(예수께서 성전에서 나가실 때에 제자 중 하나가 이르되 선생님이여 보소서 이 돌들이 어떠하며 이 건물들이 어떠하니이까)

모양	耶	穌	出	殿	有	一	門	徒	曰	先	生	請
음	야	소	출	전	유	일	문	도	왈	선	생	청
뜻	어조사 아버지	깨어날 살다	나갈	궁궐 성전	있을	한 1	문	무리	가로되 말하다	먼저	날 살	청할
구분	△	△	0	△	0	0	0	0	0	0	0	0

모양	觀	斯	宇	斯	石	一	至	於	此	乎
음	관	사	우	사	석	일	지	어	차	호
뜻	볼	이 이것	집	이 이것	돌	한 1	이를 지극히	어조사 ~에	이	어조사
구분	0	△	0	△	0	0	0	0	0	0

한자 쓰기	耶穌出殿 有一門徒曰 先生 請觀斯宇斯石 一至於此乎

2. 耶穌曰 爾第見斯宇之大 然將不遺石於石上 乃必盡圮

(예수께서 이르시되 네가 이 큰 건물들을 보느냐 돌 하나도 돌 위에 남지 않고 다 무너뜨려지리라 하시니라)

모양	耶	穌	曰	爾	第	見	斯	宇	之	大	然	將
음	야	소	왈	이	제	견	사	우	지	대	연	장
뜻	어조사 아버지	깨어날 살다	가로되 말하다	너	차례 다만	볼 당하다	이 이것	집	갈 어조사	큰	그러할 자연	장차 장수
구분	△	△	0	x	0	0	△	0	0	0	0	0

모양	不	遺	石	於	石	上	乃	必	盡	圮
음	불	유	석	어	석	상	내	필	진	비
뜻	아닐	남길 버릴	돌	어조사 ~에	돌	위	이에 곧	반드시	다할	무너질
구분	0	△	0	0	0	0	0	0	0	x

한자 쓰기	耶穌曰 爾第見斯宇之大 然將不遺石於石上 乃必盡圮

3. 耶穌於橄欖山 對殿而坐 彼得 雅各 約翰 安得烈 竊問曰

(예수께서 감람 산에서 성전을 마주 대하여 앉으셨을 때에 베드로와 야고보와 요한과 안드레가 조용히 묻되)

모양	耶	穌	於	橄	欖	山	對	殿	而	坐	彼	得
음	야	소	어	감	람	산	대	전	이	좌	피	득
뜻	어조사 아버지	깨어날 살다	어조사 ~에서	감람나무	감람나무	산	대할 대답할	궁궐 성전	말 이을	앉을	저	얻을
구분	△	△	0	x	x	0	0	△	0	0	0	0

모양	雅	各	約	翰	安	得	烈	竊	問	曰
음	아	각	약	한	안	득	열(렬)	절	문	왈
뜻	우아할	각각 각자	묶을 약속할	편지 글	편안할	얻을	매울 사나울	훔칠 몰래	물을	가로되 말하다
구분	△	0	0	x	0	0	0	0	0	0

한자 쓰기	耶穌於橄欖山 對殿而坐 彼得 雅各 約翰 安得烈 竊問曰

4. 請告我 何時有此 事應之日 有何兆乎

(우리에게 이르소서 어느 때에 이런 일이 있겠사오며 이 모든 일이 이루어지려 할 때에 무슨 징조가 있사오리이까)

모양	請	告	我	何	時	有	此	事	應	之	日	有
음	청	고	아	하	시	유	차	사	응	지	일	유
뜻	청할	고할 알릴	나 우리	어찌 무슨	때 시간	있을	이	일 섬길	응할 응대할	갈 어조사	날 해	있을
구분	0	0	0	0	0	0	0	0	0	0	0	0

모양	何	兆	乎
음	하	조	호
뜻	어찌 무슨	조 조짐	어조사 ~느냐?
구분	0	0	0

한자 쓰기	請告我 何時有此 事應之日 有何兆乎

5. 耶穌曰 愼勿爲人所惑

(예수께서 이르시되 너희가 사람의 미혹을 받지 않도록 주의하라)

모양	耶	穌	曰	愼	勿	爲	人	所	惑
음	야	소	왈	신	물	위	인	소	혹
뜻	어조사 아버지	깨어날 살다	가로되 말하다	삼갈	말라 하지말	될 할	사람	바 장소	미혹할
구분	Δ	Δ	0	Δ	0	0	0	0	Δ

한자 쓰기	耶穌曰 愼勿爲人所惑

6. 將有多人冒我名來 曰 我基督也 致惑衆

(많은 사람이 내 이름으로 와서 이르되 내가 그라 하여 많은 사람을 미혹하리라)

모양	將	有	多	人	冒	我	名	來	曰	我	基	督
음	장	유	다	인	모	아	명	래	왈	아	기	독
뜻	장차 장수	있을	많을	사람	무릅쓸	나	이름	올 앞으로	가로되 말하다	나	터 기초	감독할 살필
구분	O	O	O	O	△	O	O	O	O	O	O	△

모양	也	致	惑	衆
음	야	치	혹	중
뜻	어조사 ~이다	이를	미혹할	무리
구분	O	O	△	O

한자 쓰기	將有多人冒我名來 曰 我基督也 致惑衆

7. 且爾聞戰 與戰風聲 勿懼 此事必有 惟末期未至耳

(난리와 난리의 소문을 들을 때에 두려워하지 말라 이런 일이 있어야 하되 아직 끝은 아니니라)

모양	且	爾	聞	戰	與	戰	風	聲	勿	懼	此	事
음	차	이	문	전	여	전	풍	성	물	구	차	사
뜻	또 또한	너	들을	싸울 전쟁	더불 ~과	싸울 전쟁	바람	소리	말라 하지말	두려울	이	일 섬길
구분	O	x	O	O	O	O	O	O	O	△	O	O

모양	必	有	惟	末	期	未	至	耳
음	필	유	유	말	기	미	지	이
뜻	반드시	있을	오직	끝	기간 기약할	아닐	이를 지극히	귀 뿐
구분	O	O	O	O	O	O	O	O

한자 쓰기	且爾聞戰 與戰風聲 勿懼 此事必有 惟末期未至耳

8. 民將攻民 國亦攻國 地震 饑饉 變亂 隨在皆然 此災害之始也

(민족이 민족을, 나라가 나라를 대적하여 일어나겠고 곳곳에 지진이 있으며 기근이 있으리니 이는 재난의 시작이니라)

모양	民	將	攻	民	國	亦	攻	國	地	震	饑	饉
음	민	장	공	민	국	역	공	국	지	진	기	근
뜻	백성	장차 장수	칠 공격할	백성	나라	또 또한	칠 공격할	나라	땅	흔들릴 지진	주릴	주릴
구분	O	O	△	O	O	O	△	O	O	△	x	x

모양	變	亂	隨	在	皆	然	此	災	害	之	始	也
음	변	란	수	재	개	연	차	재	해	지	시	야
뜻	변할	어지러울	따를	있을	모두 다	그러할 자연	이	재앙	해 해칠	갈 어조사	처음 시작할	어조사 ~이다
구분	O	△	△	O	O	O	O	△	O	O	O	O

한자 쓰기	民將攻民 國亦攻國 地震 饑饉 變亂 隨在皆然 此災害之始也

9. 故當自謹 蓋爲我故 人將解爾至公會 扑爾於會堂 立爾於侯王前 以爲證

(너희는 스스로 조심하라 사람들이 너희를 공회에 넘겨 주겠고 너희를 회당에서 매질하겠으며 나로 말미암아 너희가 권력자들과 임금들 앞에 서리니 이는 그들에게 증거가 되려 함이라)

모양	故	當	自	謹	蓋	爲	我	故	人	將	解	爾
음	고	당	자	근	개	위	아	고	인	장	해	이
뜻	까닭 그러므로	마땅할	스스로 ~부터	삼갈	대개 덮을	될 할	나	까닭 그러므로	사람	장차 장수	풀 놓을	너
구분	O	O	O	△	△	O	O	O	O	O	O	x

모양	至	公	會	扑	爾	於	會	堂	立	爾	於	侯
음	지	공	회	복	이	어	회	당	입(립)	이	어	후
뜻	이를 지극히	공평할 공적일	모일 모임	칠 때릴	너	어조사 ~에서	모일 모임	집	설	너	어조사 ~에서	제후
구분	O	O	O	x	x	O	O	O	O	x	O	△

모양	王	前	以	爲	證
음	왕	전	이	위	증
뜻	왕 임금	앞	써 ~로써	될 할	증거할
구분	O	O	O	O	O

한자 쓰기	故當自謹 蓋爲我故 人將解爾至公會 扑爾於會堂 立爾於侯王前 以爲證

10. 惟福音必先傳於萬民

(또 복음이 먼저 만국에 전파되어야 할 것이니라)

모양	惟	福	音	必	先	傳	於	萬	民
음	유	복	음	필	선	전	어	만	민
뜻	오직	복	소리	반드시 필요할	먼저	전할	어조사 ~에게	일만 많다	백성
구분	O	O	O	O	O	O	O	O	O

한자 쓰기	惟福音必先傳於萬民

11. 曳爾解爾時 勿先慮 勿預簒何以言 當時賜爾以言者言之 非爾自言 乃聖神耳

(사람들이 너희를 끌어다가 넘겨 줄 때에 무슨 말을 할까 미리 염려하지 말고 무엇이든지 그 때에 너희에게 주시는 그 말을 하라 말하는 이는 너희가 아니요 성령이시니라)

모양	曳	爾	解	爾	時	勿	先	慮	勿	預	簒	何
음	예	이	해	이	시	물	선	려	물	예	주	하
뜻	끌	너	풀 놓을	너	때 시간	말라 하지말	먼저	생각할 염려할	말라 하지말	미리	꾀 꾀할	어찌 무엇
구분	x	x	0	x	0	0	0	Δ	0	x	x	0

모양	以	言	當	時	賜	爾	以	言	者	言	之	非
음	이	언	당	시	사	이	이	언	자	언	지	비
뜻	써 ~로써	말씀 말할	마땅할	때 시간	줄 하사할	너	써 ~로써	말씀 말할	사람 것	말씀 말할	갈 어조사	아닐
구분	0	0	0	0	Δ	x	0	0	0	0	0	0

모양	爾	自	言	乃	聖	神	耳
음	이	자	언	내	성	신	이
뜻	너	스스로	말씀 말할	이에 곧	거룩할 성스러울	신 정신	귀 뿐
구분	x	0	0	0	0	0	0

한자 쓰기	曳爾解爾時 勿先慮 勿預簒何以言 當時賜爾以言者言之 非爾自言 乃聖神耳

12. 兄弟將致兄弟於死 父之於子亦然 子攻父母而死之

(형제가 형제를, 아버지가 자식을 죽는 데에 내주며 자식들이 부모를 대적하여 죽게 하리라)

모양	兄	弟	將	致	兄	弟	於	死	父	之	於	子
음	형	제	장	치	형	제	어	사	부	지	어	자
뜻	형 맏	동생	장차 장수	이를	형 맏	동생	어조사 ~에	죽을	아버지	갈 어조사	어조사 ~에	아들
구분	0	0	0	0	0	0	0	0	0	0	0	0

모양	亦	然	子	攻	父	母	而	死	之
음	역	연	자	공	부	모	이	사	지
뜻	또 또한	그러할 자연	아들	칠 공격할	아버지	어미	말 이을	죽을	갈 어조사
구분	0	0	0	Δ	0	0	0	0	0

한자 쓰기	兄弟將致兄弟於死 父之於子亦然 子攻父母而死之

13. 爾以我名見憾於眾 惟終忍者得救也

(또 너희가 내 이름으로 말미암아 모든 사람에게 미움을 받을 것이나 끝까지 견디는 자는 구원을 받으리라)

모양	爾	以	我	名	見	憾	於	眾	惟	終	忍	者
음	이	이	아	명	견	감	어	중	유	종	인	자
뜻	너	써 ~로써	나 우리	이름	볼 당하다	섭섭할 한할	어조사 ~에게	무리	오직	끝 마침내	참을 잔인할	사람 것
구분	x	0	0	0	0	x	0	0	0	0	0	0

모양	得	救	也
음	득	구	야
뜻	얻을	구원할 건질	어조사 ~이다
구분	0	0	0

한자 쓰기	爾以我名見憾於眾 惟終忍者得救也

14. 爾觀先知但以理所言 指殘賊可惡之物 立不當立之地 讀者宜致思焉 時 在猶太者 當避於山

(멸망의 가증한 것이 서지 못할 곳에 선 것을 보거든 [읽는 자는 깨달을진저] 그 때에 유대에 있는 자들은 산으로 도망할지어다)

모양	爾	觀	先	知	但	以	理	所	言	指	殘	賊
음	이	관	선	지	단	이	리	소	언	지	잔	적
뜻	너	볼	먼저	알 알다	다만 단지	써 ~로써	다스릴	바 장소	말씀 말할	가리킬 손가락	해칠 남을	도둑
구분	x	0	0	0	0	0	0	0	0	0	Δ	Δ

모양	可	惡	之	物	立	不	當	立	之	地	讀	者
음	가	악	지	물	입(립)	부	당	입(립)	지	지	독	자
뜻	옳을 가능할	악할	갈 어조사	물건	설	아니 부 아닐 불	마땅할	설	갈 어조사	땅	읽을	사람 것
구분	0	0	0	0	0	0	0	0	0	0	0	0

모양	宜	致	思	焉	時	在	猶	太	者	當	避	於
음	의	치	사	언	시	재	유	태	자	당	피	어
뜻	마땅할	이를	생각	어찌 어조사	때 시간	있을	오히려 같을	클 처음	사람 것	마땅할	피할	어조사 ~에
구분	Δ	0	0	Δ	0	0	0	0	0	0	Δ	0

모양	山
음	산
뜻	산
구분	0

한자 쓰기	爾觀先知但以理所言 指殘賊可惡之物 立不當立之地 讀者宜致思焉 時 在猶太者 當避於山

15. 在屋上者 勿下入室 取家資
(지붕 위에 있는 자는 내려가지도 말고 집에 있는 무엇을 가지러 들어가지도 말며)

모양	在	屋	上	者	勿	下	入	室	取	家	資
음	재	옥	상	자	물	하	입	실	취	가	자
뜻	있을	집 옥상	위	사람 것	말라 하지말	아래 내리다	들 들어갈	집	취할	집	재물 자본
구분	O	O	O	O	O	O	O	O	O	O	Δ

한자 쓰기	在屋上者 勿下入室 取家資

16. 在田者 勿歸取衣
(밭에 있는 자는 겉옷을 가지러 뒤로 돌이키지 말지어다)

모양	在	田	者	勿	歸	取	衣
음	재	전	자	물	귀	취	의
뜻	있을	밭	사람 것	말라 하지말	돌아올 돌아갈	취할	옷 입다
구분	O	O	O	O	O	O	O

한자 쓰기	在田者 勿歸取衣

17. 當日姙婦乳婦 其有禍乎
(그 날에는 아이 밴 자들과 젖먹이는 자들에게 화가 있으리로다)

모양	當	日	姙	婦	乳	婦	其	有	禍	乎
음	당	일	임	부	유	부	기	유	화	호
뜻	마땅할	날 해	임신할	아내 여자	젖 젖을 먹일	아내 여자	그 그것	있을	재앙	어조사 ~로다
구분	O	O	x	O	Δ	O	O	O	Δ	O

한자 쓰기	當日姙婦乳婦 其有禍乎

18. 宜祈禱 免冬時逃避矣

(이 일이 겨울에 일어나지 않도록 기도하라)

모양	宜	祈	禱	免	冬	時	逃	避	矣
음	의	기	도	면	동	시	도	피	의
뜻	마땅할	빌 고하다	빌 기도	면할 용서할	겨울	때 시간	도망할	피할	어조사 ~이다
구분	Δ	Δ	x	0	0	0	Δ	Δ	0

한자 쓰기	宜祈禱 免冬時逃避矣

19. 斯時患難將至 自上帝造物以來 未有如此 後亦無有

(이는 그 날들이 환난의 날이 되겠음이라 하나님께서 창조하신 시초부터 지금까지 이런 환난이 없었고 후에도 없으리라)

모양	斯	時	患	難	將	至	自	上	帝	造	物	以
음	사	시	환	난	장	지	자	상	제	조	물	이
뜻	이 이것	때 시간	근심 앓다	어려울	장차 장수	이를 지극히	스스로 ~부터	위	임금	지을 창조할	물건 만물	써 ~로써
구분	Δ	0	0	0	0	0	0	0	0	0	0	0

모양	來	未	有	如	此	後	亦	無	有
음	래	미	유	여	차	후	역	무	유
뜻	올 앞으로	아닐	있을	같을	이	뒤	또 또한	없을	있을
구분	0	0	0	0	0	0	0	0	0

한자 쓰기	斯時患難將至 自上帝造物以來 未有如此 後亦無有

20. 若主不稍減其日 則無有得救者 惟爲所選之民 是日其稍減耳

(만일 주께서 그 날들을 감하지 아니하셨더라면 모든 육체가 구원을 얻지 못할 것이거늘 자기가 택하신 자들을 위하여 그 날들을 감하셨느니라)

모양	若	主	不	稍	減	其	日	則	無	有	得	救
음	약	주	불	초	감	기	일	즉	무	유	득	구
뜻	같을 어조사	주인	아닐	점점	덜 감소할	그 그것	날 해	곧 즉 법칙 칙	없을	있을	얻을	구원할 건질
구분	0	0	0	x	0	0	0	0	0	0	0	0

모양	者	惟	爲	所	選	之	民	是	日	其	稍	減
음	자	유	위	소	선	지	민	시	일	기	초	감
뜻	사람 것	오직	될 할	바 장소	가릴 선택할	갈 어조사	백성	옳을 이	날 해	그 그것	점점	덜 감소할
구분	0	0	0	0	0	0	0	0	0	0	x	0

모양	耳
음	이
뜻	귀 뿐
구분	0

한자 쓰기	若主不稍減其日 則無有得救者 惟爲所選之民 是日其稍減耳

21. 時有告爾者曰 基督在此 基督在彼 則勿信

(그 때에 어떤 사람이 너희에게 말하되 보라 그리스도가 여기 있다 보라 저기 있다 하여도 믿지 말라)

모양	時	有	告	爾	者	曰	基	督	在	此	基	督
음	시	유	고	이	자	왈	기	독	재	차	기	독
뜻	때 시간	있을	고할 알릴	너	사람 것	가로되 말하다	터 기초	감독할 살필	있을	이	터 기초	감독할 살필
구분	0	0	0	x	0	0	0	Δ	0	0	0	Δ

모양	在	彼	則	勿	信
음	재	피	즉	물	신
뜻	있을	저	곧 즉 법칙 칙	말라 하지말	믿을
구분	0	0	0	0	0

| 한자 쓰기 | 時有告爾者曰 基督在此 基督在彼 則勿信 |

22. 蓋將有僞基督 僞先知者起 施異蹟奇事 使得以惑選民 則惑之矣

(거짓 그리스도들과 거짓 선지자들이 일어나서 이적과 기사를 행하여 할 수만 있으면 택하신 자들을 미혹하려 하리라)

모양	蓋	將	有	僞	基	督	僞	先	知	者	起	施
음	개	장	유	위	기	독	위	선	지	자	기	시
뜻	대개 덮을	장차 장수	있을	거짓	터 기초	감독할 살필	거짓	먼저	알 알다	사람 것	일어날	베풀
구분	△	0	0	△	0	△	△	0	0	0	0	0

모양	異	蹟	奇	事	使	得	以	惑	選	民	則	惑
음	이	적	기	사	사	득	이	혹	선	민	즉	혹
뜻	다를 기이할	자취 기적	기이할 기적	일 섬길	부릴 하여금	얻을	써 ~로써	미혹할	가릴 선택할	백성	곧 즉 법칙 칙	미혹할
구분	0	△	△	0	0	0	0	△	0	0	0	△

모양	之	矣
음	지	의
뜻	갈 어조사	어조사 ~이다
구분	0	0

| 한자 쓰기 | 蓋將有僞基督 僞先知者起
施異蹟奇事 使得以惑選民 則惑之矣 |

23. 愼之哉 我悉與爾先言之矣

(너희는 삼가라 내가 모든 일을 너희에게 미리 말하였노라)

모양	愼	之	哉	我	悉	與	爾	先	言	之	矣
음	신	지	재	아	실	여	이	선	언	지	의
뜻	삼갈	갈 어조사	어조사	나 우리	다 모두	더불 ~과	너	먼저	말씀 말할	갈 어조사	어조사 ~이다
구분	△	0	0	0	x	0	x	0	0	0	0

한자 쓰기	愼之哉 我悉與爾先言之矣

24. 當是時也 患難之後 日晦冥 月無光

(그 때에 그 환난 후 해가 어두워지며 달이 빛을 내지 아니하며)

모양	當	是	時	也	患	難	之	後	日	晦	冥	月
음	당	시	시	야	환	난	지	후	일	회	명	월
뜻	마땅할 해당할	옳을 이것	때 시간	어조사 ~이다	근심 환난	어려울	갈 어조사	뒤	날 해	어두울	어두울	달
구분	0	0	0	0	0	0	0	0	0	x	△	0

모양	無	光
음	무	광
뜻	없을	빛
구분	0	0

한자 쓰기	當是時也 患難之後 日晦冥 月無光

320

25. 天星隕墜 天象震動

(별들이 하늘에서 떨어지며 하늘에 있는 권능들이 흔들리리라)

모양	天	星	隕	墜	天	象	震	動
음	천	성	운	추	천	상	진	동
뜻	하늘	별	떨어질	떨어질	하늘	모양 코끼리	흔들릴 진동	움직일
구분	0	0	x	x	0	Δ	Δ	0

한자 쓰기	天星隕墜 天象震動

26. 將見人子以大權大榮 乘雲而來

(그 때에 인자가 구름을 타고 큰 권능과 영광으로 오는 것을 사람들이 보리라)

모양	將	見	人	子	以	大	權	大	榮	乘	雲	而
음	장	견	인	자	이	대	권	대	영	승	운	이
뜻	장차 장수	볼 당하다	사람	아들	써 ~로써	큰	권세 권한	큰	영광	탈	구름	말 이을
구분	0	0	0	0	0	0	0	0	0	0	0	0

모양	來
음	래
뜻	올 앞으로
구분	0

한자 쓰기	將見人子以大權大榮 乘雲而來

27. 遣使者 集厥選民於四方 從地極至天涯

(또 그 때에 그가 천사들을 보내어 자기가 택하신 자들을 땅 끝으로부터 하늘 끝까지 사방에서 모으리라)

모양	遣	使	者	集	厥	選	民	於	四	方	從	地
음	견	사	자	집	궐	선	민	어	사	방	종	지
뜻	보낼	보낼 사신	사람 것	모을 집중	그 그것	가릴 선택할	백성	어조사 ~에서	넉 4	모 사방	따를 부터	땅
구분	△	0	0	0	△	0	0	0	0	0	0	0

모양	極	至	天	涯
음	극	지	천	애
뜻	다할 끝	이를 지극히	하늘	물가 끝
구분	0	0	0	△

한자 쓰기	遣使者 集厥選民於四方 從地極至天涯

28. 當思無花菓樹之譬 枝柔葉萌 則知夏近矣

(무화과나무의 비유를 배우라 그 가지가 연하여지고 잎사귀를 내면 여름이 가까운 줄 아나니)

모양	當	思	無	花	菓	樹	之	譬	枝	柔	葉	萌
음	당	사	무	화	과	수	지	비	지	유	엽	맹
뜻	마땅할	생각	없을	꽃	과일 과실	나무	갈 어조사	비유할	가지	부드러울	잎	싹
구분	0	0	0	0	x	0	0	x	0	0	0	x

모양	則	知	夏	近	矣
음	즉	지	하	근	의
뜻	곧 즉 법칙 칙	알 알다	여름	가까울	어조사 ~이다
구분	0	0	0	0	0

한자 쓰기	當思無花菓樹之譬 枝柔葉萌 則知夏近矣

29. 如是 爾見此兆 則知人子近及門矣

(이와 같이 너희가 이런 일이 일어나는 것을 보거든 인자가 가까이 곧 문 앞에 이른 줄 알라)

모양	如	是	爾	見	此	兆	則	知	人	子	近	及
음	여	시	이	견	차	조	즉	지	인	자	근	급
뜻	같을	옳을 이	너	볼	이	조짐 조짐	곧즉 법칙 칙	알 알다	사람	아들 어조사	가까울	이를 및
구분	0	0	x	0	0	0	0	0	0	0	0	0

모양	門	矣
음	문	의
뜻	문	어조사 ~이다
구분	0	0

한자 쓰기	如是 爾見此兆 則知人子近及門矣

30. 我誠告爾 此代未逝 事皆得成

(내가 진실로 너희에게 말하노니 이 세대가 지나가기 전에 이 일이 다 일어나리라)

모양	我	誠	告	爾	此	代	未	逝	事	皆	得	成
음	아	성	고	이	차	대	미	서	사	개	득	성
뜻	나	성실 참으로	고할 알릴	너	이	시대 대신할	아닐	갈 지나갈	일 섬길	모두 다	얻을	이룰
구분	0	0	0	x	0	0	0	Δ	0	0	0	0

한자 쓰기	我誠告爾 此代未逝 事皆得成

31. 天地可廢 我言不可廢

(천지는 없어지겠으나 내 말은 없어지지 아니하리라)

모양	天	地	可	廢	我	言	不	可	廢
음	천	지	가	폐	아	언	불	가	폐
뜻	하늘	땅	옳을 가능할	폐할	나 우리	말씀 말할	아닐 불 아니 부	옳을 가능할	폐할
구분	O	O	O	Δ	O	O	O	O	Δ

한자 쓰기	天地可廢 我言不可廢

32. 彼日彼時 人不知 天使不知 子亦不知 惟父知之

(그러나 그 날과 그 때는 아무도 모르나니 하늘에 있는 천사들도, 아들도 모르고 아버지만 아시느니라)

모양	彼	日	彼	時	人	不	知	天	使	不	知	子
음	피	일	피	시	인	부	지	천	사	부	지	자
뜻	저	날 해	저	때 시간	사람	아니 부 아닐 불	알 알다	하늘	보낼 사신	아니 부 아닐 불	알 알다	아들 어조사
구분	O	O	O	O	O	O	O	O	O	O	O	O

모양	亦	不	知	惟	父	知	之
음	역	부	지	유	부	지	지
뜻	또 또한	아니 부 아닐 불	알 알다	오직	아버지	알 알다	갈 어조사
구분	O	O	O	O	O	O	O

한자 쓰기	彼日彼時 人不知 天使不知 子亦不知 惟父知之

33. 愼之哉 儆醒祈禱 以爾不知其期也

(주의하라 깨어 있으라 그 때가 언제인지 알지 못함이라)

모양	愼	之	哉	儆	醒	祈	禱	以	爾	不	知	其
음	신	지	재	경	성	기	도	이	이	부	지	기
뜻	삼갈	갈 어조사	어조사	경계할	깰	빌 고하다	빌 기도	써 때문	너	아니 부 아닐 불	알 알다	그 그것
구분	△	0	0	x	x	△	x	0	x	0	0	0

모양	期	也
음	기	야
뜻	기간 기약할	어조사 ~이다
구분	0	0

한자 쓰기	愼之哉 儆醒祈禱 以爾不知其期也

34. 譬如一人 去家遠遊 委權於僕 各有所司 命閽者儆醒

(가령 사람이 집을 떠나 타국으로 갈 때에 그 종들에게 권한을 주어 각각 사무를 맡기며 문지기에게 깨어 있으라 명함과 같으니)

모양	譬	如	一	人	去	家	遠	遊	委	權	於	僕
음	비	여	일	인	거	가	원	유	위	권	어	복
뜻	비유할	같을	한 1	사람	갈 떠나다	집	멀	거닐 유세할	맡길	권세 권한	어조사 ~에게	종 하인
구분	x	0	0	0	0	0	0	0	△	0	0	x

모양	各	有	所	司	命	閽	者	儆	醒
음	각	유	소	사	명	혼	자	경	성
뜻	각각 각자	있을	바 장소	맡을	명령 목숨	문지기	사람 것	경계할	깰
구분	0	0	0	△	0	x	0	x	x

한자 쓰기	譬如一人 去家遠遊 委權於僕 各有所司 命閽者儆醒

35. 是宜儆醒 以不知家主至於何時 或昏暮 或夜半 或鷄鳴 或平旦

(그러므로 깨어 있으라 집 주인이 언제 올는지 혹 저물 때일는지, 밤중일는지, 닭 울 때일는지, 새벽일는지 너희가 알지 못함이라)

모양	是	宜	儆	醒	以	不	知	家	主	至	於	何
음	시	의	경	성	이	부	지	가	주	지	어	하
뜻	옳을 이것	마땅할	경계할	깰	써 때문	아니 부 아닐 불	알 알다	집	주인	이를 지극히	어조사 ~에	무엇 어떤
구분	0	Δ	x	x	0	0	0	0	0	0	0	0

모양	時	或	昏	暮	或	夜	半	或	鷄	鳴	或	平
음	시	혹	혼	모	혹	야	반	혹	계	명	혹	평
뜻	때 시간	혹 혹시	어두울	저물	혹 혹시	밤	반 절반	혹 혹시	닭	울	혹 혹시	평평할
구분	0	0	Δ	0	0	0	0	0	0	0	0	0

모양	旦
음	아침
뜻	단
구분	Δ

한자 쓰기	是宜儆醒 以不知家主至於何時 或昏暮 或夜半 或鷄鳴 或平旦

36. 恐突如其來 遇爾寢焉

(그가 홀연히 와서 너희가 자는 것을 보지 않도록 하라)

모양	恐	突	如	其	來	遇	爾	寢	焉
음	공	돌	여	기	래	우	이	침	언
뜻	두려울	갑자기 부딪칠	같을	그 그것	올 앞으로	만날	너	잠잘	어찌 어조사
구분	0	△	0	0	0	0	x	△	△

한자 쓰기	恐突如其來 遇爾寢焉

37. 故我告爾 亦以告衆者 儆醒是也

(깨어 있으라 내가 너희에게 하는 이 말은 모든 사람에게 하는 말이니라 하시니라)

모양	故	我	告	爾	亦	以	告	衆	者	儆	醒	是
음	고	아	고	이	역	이	고	중	자	경	성	시
뜻	까닭 그러므로	나	고할 알릴	너	또 또한	써 ~로서	고할 알릴	무리 많은	사람 것	경계할	깰	옳을 이것
구분	0	0	0	x	0	0	0	0	0	x	x	0

모양	也
음	야
뜻	어조사 ~이다
구분	0

한자 쓰기	故我告爾 亦以告衆者 儆醒是也

矣蓋咎之也耶穌曰姑聽之何為難之耶婦視我者善也夫貧者常偕爾欲善

視之隨時可得惟我不常偕爾婦之所行乃盡其心其豫備我躬者備葬事耳

我誠告爾普天下不論何處傳此福音亦必述婦所行以為記〇十二門徒之

一加畧人猶大詣祭司諸長欲賣耶穌其入聞之喜許以金遂尋機賣耶穌〇

除酵節首日殺逾越節羔時門徒問耶穌曰欲我何處為爾備節筵乎耶穌遣

二門徒曰爾往入城遇挈水瓶者從之入室告其主曰師問客舍安在我與門

徒食節筵彼將示爾一大樓陳設具備在彼預備可也門徒出入城果遇如所

言遂預備節筵焉〇既暮耶穌偕十二徒至席坐食間耶穌曰我誠告爾十二中

一人與我共食將賣我矣門徒憂之一一問曰是我乎是我乎耶穌曰十二

一人與我著手於盂者是也人子將歸如記所載惟賣人子者有禍乎其人不

生為幸〇食間耶穌取餅祝而擘之予門徒曰取食之斯乃我身為〇又取杯祝

而予之衆飲焉耶穌曰此乃我血即新約之血為衆流者我誠告爾我不復飲葡

萄之汁待他日飲新者於上帝國也〇既咏詩往橄欖山耶穌謂門徒曰此夜

爾衆將棄我記有之我擊牧者則羊散矣我復生後將先爾往加利利彼得曰

新約全書　馬可　第十四章　二十五

衆棄爾惟我不然耶穌曰我誠告爾今夜雞二鳴之先爾將三言不識我彼得
力言曰即與爾偕亡我必不言不識爾衆言亦如之至一地名客西馬尼謂門
徒曰爾曹坐此待我祈禱遂攜彼得雅各約翰同行驚訝哀慟曰我心甚憂瀕
死矣爾曹居此儆醒少進伏地祈禱曰斯時可免則免之又曰阿爸父乎無所
不能請以此杯去我雖然非從我所欲乃從爾所欲也退見門徒寢謂彼得曰
西門爾寢乎不能儆醒片時乎儆醒也祈禱免入誘惑也心願而身疲耳復
進祈禱言亦如之反見門徒目倦復寢不知所對○三反語門徒曰今尚寢且
安乎已矣時至矣人子見賣與罪人矣起而偕行賣我者近矣○言時十二徒
之一猶大偕衆以刃與梃自祭司諸長士子長老之所而來賣師者遞以號曰
吾接吻者是也執而愼曳之即就耶穌曰夫子夫子遂與接吻衆舉手執之○
傍立一人拔刃擊祭司長僕削其耳耶穌謂衆曰爾以刃與梃來執我若禦寇
乎我日偕爾於殿致誨爾不執我然經所載必應矣諸門徒皆離之而奔○衆
裸而裰以枲布從耶穌卒之少者執之逃棄枲布裸而奔○衆曳耶穌至祭司
長前祭司諸長老士子皆集彼得遠從耶穌入祭司長院與吏坐向火祭司

第十四章

1. 越二日 逾越節中 際除酵節 祭司諸長 士子 詭謀執耶穌殺之

(이틀이 지나면 유월절과 무교절이라 대제사장들과 서기관들이 <u>예수</u>를 흉계로 잡아 죽일 방도를 구하며)

모양	越	二	日	逾	越	節	中	際	除	酵	節	祭
음	월	이	일	유	월	절	중	제	제	효	절	제
뜻	넘을 넘길	두 2	날 해	넘을	넘을 넘길	마디 절기	가운데	즈음 사이	제거할 삭제	발효 누룩	마디 절기	제사
구분	△	0	0	x	△	0	0	△	0	x	0	0

모양	司	諸	長	士	子	詭	謀	執	耶	穌	殺	之
음	사	제	장	사	자	궤	모	집	야	소	살	지
뜻	맡을	모든 여러	길(long) 우두머리	선비	아들 어조사	속일	꾀할 모의할	잡을 집행할	어조사 아버지	깨어날 살다	죽일	갈 어조사
구분	△	0	0	0	0	x	△	0	△	△	0	0

한자 쓰기	越二日 逾越節中 際除酵節 祭司諸長 士子 詭謀執<u>耶穌</u>殺之

2. 惟曰 節期不可 恐民生亂

(이르되 민란이 날까 하노니 명절에는 하지 말자 하더라)

모양	惟	曰	節	期	不	可	恐	民	生	亂
음	유	왈	절	기	불	가	공	민	생	란
뜻	오직	가로되 말하다	마디 절기	기간 기약할	아닐 불 아니 부	옳을 가능할	두려울	백성	날 살	어지러울 난리
구분	0	0	0	0	0	0	△	0	0	△

한자 쓰기	惟曰 節期不可 恐民生亂

3. 耶穌在伯大尼 癩者西門家 席坐 有婦人以玉盒盛至眞至貴香膏 揭玉盒 沃其首

(예수께서 베다니 나병환자 시몬의 집에서 식사하실 때에 한 여자가 매우 값진 향유 곧 순전한 나드 한 옥합을 가지고 와서 그 옥합을 깨뜨려 <u>예수</u>의 머리에 부으니)

모양	耶	穌	在	伯	大	尼	癩	者	西	門	家	席
음	야	소	재	백	대	니	라	자	서	문	가	석
뜻	어조사 아버지	깨어날 살다	있을	맏 첫	큰	화평할 성씨	나병 문둥병	사람 것	서쪽	문	집	자리
구분	△	△	0	△	0	x	x	0	0	0	0	0

모양	坐	有	婦	人	以	玉	盒	盛	至	眞	至	貴
음	좌	유	부	인	이	옥	합	성	지	진	지	귀
뜻	앉을	있을	아내 여자	사람	써 ~로써	구슬	합 그릇	담을 성대할	이를 지극히	참	이를 지극히	귀할
구분	0	0	0	0	0	0	x	0	0	0	0	0

모양	香	膏	揭	玉	盒	沃	其	首
음	향	고	게	옥	합	옥	기	수
뜻	향기	기름바를 기름	걸 게재할	구슬	합 그릇	기름질 물을 대다	그 그것	머리
구분	0	x	x	0	x	x	0	0

한자 쓰기	耶穌在伯大尼 癩者西門家 席坐 有婦人以玉盒盛至眞至貴香膏 揭玉盒 沃其首

4. 有人憾之曰 惡用是靡費爲

(어떤 사람들이 화를 내어 서로 말하되 어찌하여 이 향유를 허비하는가)

모양	有	人	憾	之	曰	惡	用	是	靡	費	爲
음	유	인	감	지	왈	오	용	시	미	비	위
뜻	있을	사람	섭섭할 한할	갈 어조사	가로되 말하다	어찌 오 악할 악	쓸 ~써	옳을 이것	쓰러질 흩을	쓸 소비할	될 할
구분	O	O	x	O	O	O	O	O	x	Δ	O

한자 쓰기	有人憾之曰 惡用是靡費爲

5. 此膏鬻金三十有奇 可以濟貧矣 蓋咎之也

(이 향유를 삼백 데나리온 이상에 팔아 가난한 자들에게 줄 수 있었겠도다 하며 그 여자를 책망하는
지라)

모양	此	膏	鬻	金	三	十	有	奇	可	以	濟	貧
음	차	고	육	금	삼	십	유	기	가	이	제	빈
뜻	이	기름바를 기름	팔 팔다	쇠 금 성 김	석 3	열 10	있을	기이할 기적	옳을 가능할	써 ~로써	건널 구제할	가난할
구분	O	x	x	O	O	O	O	Δ	O	O	Δ	O

모양	矣	蓋	咎	之	也
음	의	개	구	지	야
뜻	어조사 ~이다	대개 덮을	허물 꾸짖을	갈 어조사	어조사 ~이다
구분	O	Δ	x	O	O

한자 쓰기	此膏鬻金三十有奇 可以濟貧矣 蓋咎之也

6. 耶穌曰 姑聽之 何爲難之耶 婦視我者善也

(예수께서 이르시되 가만 두라 너희가 어찌하여 그를 괴롭게 하느냐 그가 내게 좋은 일을 하였느니라)

모양	耶	穌	曰	姑	聽	之	何	爲	難	之	耶	婦
음	야	소	왈	고	청	지	하	위	난	지	야	부
뜻	어조사 아버지	깨어날 살다	가로되 말하다	잠시 시어머니	들을	갈 어조사	어찌 무엇	될 할	어려울	갈 어조사	어조사 아버지	아내 여자
구분	△	△	0	△	0	0	0	0	0	0	△	0

모양	視	我	者	善	也
음	시	아	자	선	야
뜻	볼	나 우리	사람 것	착할 좋을	어조사 ~이다
구분	0	0	0	0	0

한자 쓰기	耶穌曰 姑聽之 何爲難之耶 婦視我者善也

7. 夫貧者常偕爾 欲善視之 隨時可得 惟我不常偕爾

(가난한 자들은 항상 너희와 함께 있으니 아무 때라도 원하는 대로 도울 수 있거니와 나는 너희와 항상 함께 있지 아니하리라)

모양	夫	貧	者	常	偕	爾	欲	善	視	之	隨	時
음	부	빈	자	상	해	이	욕	선	시	지	수	시
뜻	지아비 장정	가난할	사람 것	항상 비범할	함께	너	하고자할	착할 좋을	볼	갈 어조사	따를	때 시간
구분	0	0	0	0	x	x	0	0	0	0	△	0

모양	可	得	惟	我	不	常	偕	爾
음	가	득	유	아	불	상	해	이
뜻	옳을 가능할	얻을	오직	나 우리	아닐 불 아니 부	항상 비범할	함께	너
구분	0	0	0	0	0	0	x	x

한자 쓰기	夫貧者常偕爾 欲善視之 隨時可得 惟我不常偕爾

8. 婦之所爲 乃盡其心 其預膏我躬者 備葬事耳

(그는 힘을 다하여 내 몸에 향유를 부어 내 장례를 미리 준비하였느니라)

모양	婦	之	所	爲	乃	盡	其	心	其	預	膏	我
음	부	지	소	위	내	진	기	심	기	예	고	아
뜻	아내 여자	갈 어조사	바 것	될 할	이에 곧	다할	그 그것	마음	그 그것	미리	기름바를 기름	나 우리
구분	0	0	0	0	0	0	0	0	0	x	x	0

모양	躬	者	備	葬	事	耳
음	궁	자	비	장	사	이
뜻	몸	사람 것	준비 갖출	장사지낼	일 섬길	귀 뿐
구분	x	0	0	Δ	0	0

한자 쓰기	婦之所爲 乃盡其心 其預膏我躬者 備葬事耳

9. 我誠告爾 普天下不論何處 傳此福音 亦必述婦所行 以爲記

(내가 진실로 너희에게 이르노니 온 천하에 어디서든지 복음이 전파되는 곳에는 이 여자가 행한 일도 말하여 그를 기억하리라 하시니라)

모양	我	誠	告	爾	普	天	下	不	論	何	處	傳
음	아	성	고	이	보	천	하	불	논(론)	하	처	전
뜻	나	성실 참으로	고할 알릴	너	넓을	하늘	아래 내리다	아닐 불 아닐 부	논할 말할	무엇 어떤	거주할 곳	전할
구분	0	0	0	x	Δ	0	0	0	0	0	0	0

모양	此	福	音	亦	必	述	婦	所	行	以	爲	記
음	차	복	음	역	필	술	부	소	행	이	위	기
뜻	이	복	소리	또 또한	반드시	지을 말할	아내 여자	바 것	행할 다닐	써 ~로써	될 할	기록 기억
구분	0	0	0	0	0	Δ	0	0	0	0	0	0

한자 쓰기	我誠告爾 普天下不論何處 傳此福音 亦必述婦所行 以爲記

10. 十二門徒之一 <u>加畧人猶大</u> 詣祭司諸長 欲賣耶穌

(열둘 중의 하나인 가룻 유다가 예수를 넘겨 주려고 대제사장들에게 가매)

모양	十	二	門	徒	之	一	加	畧	人	猶	大	詣
음	십	이	문	도	지	일	가	략	인	유	대	예
뜻	열 10	두 2	문	무리	갈 어조사	한 1	더할	다스릴	사람	오히려 같을	큰	이를 나아갈
구분	0	0	0	0	0	0	0	x	0	0	0	x

모양	祭	司	諸	長	欲	賣	耶	穌
음	제	사	제	장	욕	매	야	소
뜻	제사	맡을	모든 여러	길(long) 우두머리	하고자 할	팔	어조사 아버지	깨어날 살다
구분	0	△	0	0	0	0	△	△

한자 쓰기	十二門徒之一 加畧人猶大 詣祭司諸長 欲賣耶穌

11. 其人聞之喜 許以金 遂尋機賣耶穌

(그들이 듣고 기뻐하여 돈을 주기로 약속하니 유다가 예수를 어떻게 넘겨 줄까 하고 그 기회를 찾더라)

모양	其	人	聞	之	喜	許	以	金	遂	尋	機	賣
음	기	인	문	지	희	허	이	금	수	심	기	매
뜻	그 그것	사람	들을	갈 어조사	기쁠	허락할	써 ~로써	쇠 금 성 김	마침내 따를	찾을	틀 기회	팔
구분	0	0	0	0	0	0	0	0	△	△	△	0

모양	耶	穌
음	야	소
뜻	어조사 아버지	깨어날 살다
구분	△	△

한자 쓰기	其人聞之喜 許以金 遂尋機賣耶穌

12. 除酵節首日 殺逾越節羔時 門徒問耶穌曰 欲我何處爲爾 備節筵乎

(무교절의 첫날 곧 유월절 양 잡는 날에 제자들이 예수께 여짜오되 우리가 어디로 가서 선생님께서 유월절 음식을 잡수시게 준비하기를 원하시나이까 하매)

모양	除	酵	節	首	日	殺	逾	越	節	羔	時	門
음	제	효	절	수	일	살	유	월	절	고	시	문
뜻	제거할 삭제	발효 누룩	마디 절기	머리	날 해	죽일	넘을	넘을 넘길	마디 절기	새끼 양	때 시간	문
구분	△	x	0	0	0	0	x	△	0	x	0	0

모양	徒	問	耶	穌	曰	欲	我	何	處	爲	爾	備
음	도	문	야	소	왈	욕	아	하	처	위	이	비
뜻	무리	물을	어조사 아버지	깨어날 살다	가로되 말하다	하고자할	나 우리	어찌 어떤	거주할 곳	될 할	너	준비 갖출
구분	0	0	△	△	0	0	0	0	0	0	x	0

모양	節	筵	乎
음	절	연	호
뜻	마디 절기	대자리 연회	어조사 ~느냐?
구분	0	x	0

한자 쓰기	除酵節首日 殺逾越節羔時 門徒問耶穌曰 欲我何處爲爾節筵乎

336

13. 耶穌遣二門徒曰 爾往入城遇挈水瓶者 從之

(예수께서 제자 중의 둘을 보내시며 이르시되 성내로 들어가라 그리하면 물 한 동이를 가지고 가는 사람을 만나리니 그를 따라가서)

모양	耶	穌	遣	二	門	徒	曰	爾	往	入	城	遇
음	야	소	견	이	문	도	왈	이	왕	입	성	우
뜻	어조사 아버지	깨어날 살다	보낼	두 2	문	무리	가로되 말하다	너	갈	들 들어갈	성	만날
구분	△	△	△	0	0	0	0	x	0	0	0	0

모양	挈	水	瓶	者	從	之
음	설	수	병	자	종	지
뜻	손에 들 거느릴	물	병 항아리	사람 것	따를 부터	갈 어조사
구분	x	0	x	0	0	0

한자 쓰기	耶穌遣二門徒曰 爾往入城遇挈水瓶者 從之

14. 入室告其主曰 師問客舍安在 我與門徒食節筵

(어디든지 그가 들어가는 그 집 주인에게 이르되 선생님의 말씀이 내가 내 제자들과 함께 유월절 음식을 먹을 나의 객실이 어디 있느냐 하시더라 하라)

모양	入	室	告	其	主	曰	師	問	客	舍	安	在
음	입	실	고	기	주	왈	사	문	객	사	안	재
뜻	들 들어갈	집	고할 알릴	그 그것	주인	가로되 말하다	스승	물을	손님 나그네	집	편안할 어디	있을
구분	0	0	0	0	0	0	0	0	0	0	0	0

모양	我	與	門	徒	食	節	筵
음	아	여	문	도	식	절	연
뜻	나 우리	더불 ~과	문	무리	먹을	마디 절기	대자리 연회
구분	0	0	0	0	0	0	x

한자 쓰기	入室告其主曰 師問客舍安在 我與門徒食節筵

15. 彼將示爾一大樓 陳設具備 在彼預備可也

(그리하면 자리를 펴고 준비한 큰 다락방을 보이리니 거기서 우리를 위하여 준비하라 하시니)

모양	彼	將	示	爾	一	大	樓	陳	設	具	備	在
음	피	장	시	이	일	대	루	진	설	구	비	재
뜻	저	장차 장수	보일 가르칠	너	한 1	큰	다락	베풀 진열할	베풀	갖출	준비 갖출	있을
구분	O	O	O	x	O	O	△	△	O	△	O	O

모양	彼	預	備	可	也
음	피	예	비	가	야
뜻	저	미리	준비 갖출	옳을 가능할	어조사 ~이다
구분	O	x	O	O	O

한자 쓰기	彼將示爾一大樓 陳設具備 在彼預備可也

16. 門徒出 入城 果遇如所言 遂預備節筵焉

(제자들이 나가 성내로 들어가서 예수께서 하시던 말씀대로 만나 유월절 음식을 준비하니라)

모양	門	徒	出	入	城	果	遇	如	所	言	遂	預
음	문	도	출	입	성	과	우	여	소	언	수	예
뜻	문	무리	나갈	들 들어갈	성	열매 과연	만날	같을	바 장소	말씀 말할	마침내 따를	미리
구분	O	O	O	O	O	O	O	O	O	O	△	x

모양	備	節	筵	焉
음	비	절	연	언
뜻	준비 갖출	마디 절기	대자리 연회	어찌 어조사
구분	O	O	x	△

한자 쓰기	門徒出 入城 果遇如所言 遂預備節筵焉

17. 旣暮 耶穌偕十二徒至

(저물매 그 열둘을 데리시고 가서)

모양	旣	暮	耶	穌	偕	十	二	徒	至
음	기	모	야	소	해	십	이	도	지
뜻	이미	저물 해질	어조사 아버지	깨어날 살다	함께	열 10	두 2	무리 사도	이를 지극히
구분	0	0	Δ	Δ	x	0	0	0	0

한자 쓰기	旣暮 耶穌偕十二徒至

18. 席坐 食間 耶穌曰 我誠告爾 爾中一人 與我共食 將賣我矣

(다 앉아 먹을 때에 예수께서 이르시되 내가 진실로 너희에게 이르노니 너희 중의 한 사람 곧 나와 함께 먹는 자가 나를 팔리라 하신대)

모양	席	坐	食	間	耶	穌	曰	我	誠	告	爾	爾
음	석	좌	식	간	야	소	왈	아	성	고	이	이
뜻	자리	앉을	먹을	사이	어조사 아버지	깨어날 살다	가로되 말하다	나	성실 참으로	고할 알릴	너	너
구분	0	0	0	0	Δ	Δ	0	0	0	0	x	x

모양	中	一	人	與	我	共	食	將	賣	我	矣
음	중	일	인	여	아	공	식	장	매	아	의
뜻	가운데	한 1	사람	더불 ~과	나	함께	먹을	장차 장수	팔	나	어조사 ~이다
구분	0	0	0	0	0	0	0	0	0	0	0

한자 쓰기	席坐 食間 耶穌曰 我誠告爾 爾中一人 與我共食 將賣我矣

19. 門徒憂之 一一問曰 是我乎 是我乎

(그들이 근심하며 하나씩 하나씩 나는 아니지요 하고 말하기 시작하니)

모양	門	徒	憂	之	一	一	問	曰	是	我	乎	是
음	문	도	우	지	일	일	문	왈	시	아	호	시
뜻	문	무리	근심	갈 어조사	한 1	한 1	물을	가로되 말하다	옳을 이	나 우리	어조사 ~느냐?	옳을 이
구분	0	0	0	0	0	0	0	0	0	0	0	0

모양	我	乎
음	아	호
뜻	나 우리	어조사 ~느냐?
구분	0	0

한자 쓰기	門徒憂之 一一問曰 是我乎 是我乎

20. 耶穌曰 十二中一人 與我著手於盂者是也

(그들에게 이르시되 열둘 중의 하나 곧 나와 함께 그릇에 손을 넣는 자니라)

모양	耶	穌	曰	十	二	中	一	人	與	我	著	手
음	야	소	왈	십	이	중	일	인	여	아	저	수
뜻	어조사 아버지	깨어날 살다	가로되 말하다	열 10	두 2	가운데	한 1	사람	더불 ~과	나 우리	나타날 두다	손
구분	△	△	0	0	0	0	0	0	0	0	△	0

모양	於	盂	者	是	也
음	어	우	자	시	야
뜻	어조사 ~에	사발 그릇	사람 것	옳을 이	어조사 ~이다
구분	0	x	0	0	0

한자 쓰기	耶穌曰 十二中一人 與我著手於盂者 是也

21. 人子將歸 如記所載 惟賣人子者 有禍乎 其人不生爲幸

(인자는 자기에 대하여 기록된 대로 가거니와 인자를 파는 그 사람에게는 화가 있으리로다 그 사람은 차라리 나지 아니하였더라면 자기에게 좋을 뻔하였느니라 하시니라)

모양	人	子	將	歸	如	記	所	載	惟	賣	人	子
음	인	자	장	귀	여	기	소	재	유	매	인	자
뜻	사람	아들	장차 장수	돌아갈 돌아올	같을	기록	바 장소	실을	오직	팔	사람	아들
구분	0	0	0	0	0	0	Δ	0	0	0	0	0

모양	者	有	禍	乎	其	人	不	生	爲	幸
음	자	유	화	호	기	인	불	생	위	행
뜻	사람 것	있을	재앙	어조사 ~로다	그 그것	사람	아닐	날 살	될 할	다행
구분	0	0	Δ	0	0	0	0	0	0	0

한자 쓰기	人子將歸 如記所載 惟賣人子者 有禍乎 其人不生爲幸

22. 食間 耶穌取餅 祝而擘之 予門徒曰 取食之 斯乃我身焉

(그들이 먹을 때에 예수께서 떡을 가지사 축복하시고 떼어 제자들에게 주시며 이르시되 받으라 이것은 내 몸이니라 하시고)

모양	食	間	耶	穌	取	餅	祝	而	擘	之	予	門
음	식	간	야	소	취	병	축	이	벽	지	여	문
뜻	먹을	사이	어조사 아버지	깨어날 살다	취할	떡	빌 축복할	말 이을	나눌	갈 어조사	줄 주다	문
구분	0	0	Δ	Δ	0	x	0	0	x	0	Δ	0

모양	徒	曰	取	食	之	斯	乃	我	身	焉
음	도	왈	취	식	지	사	내	아	신	언
뜻	무리	가로되 말하다	취할	먹을	갈 어조사	이 이것	이에 곧	나 우리	몸	어찌 어조사
구분	0	0	0	0	0	Δ	0	0	0	Δ

한자 쓰기	食間 耶穌取餅 祝而擘之 予門徒曰 取食之 斯乃我身焉

23. 又取杯 祝而予之 衆飮

(또 잔을 가지사 감사 기도 하시고 그들에게 주시니 다 이를 마시매)

모양	又	取	杯	祝	而	予	之	衆	飮
음	우	취	배	축	이	여	지	중	음
뜻	또	취할	잔	빌 축복할	말 이을	줄 주다	갈 어조사	무리	마실
구분	O	O	O	O	O	△	O	O	O

한자 쓰기	又取杯 祝而予之 衆飮

24. 耶穌曰 此乃我血 卽新約之血 爲衆流者

(이르시되 이것은 많은 사람을 위하여 흘리는 나의 피 곧 언약의 피니라)

모양	耶	穌	曰	此	乃	我	血	卽	新	約	之	血
음	야	소	왈	차	내	아	혈	즉	신	약	지	혈
뜻	어조사 아버지	깨어날 살다	가로되 말하다	이	이에 곧	나 우리	피	곧 나아갈	새로울	묶을 약속할	갈 어조사	피
구분	△	△	O	O	O	O	O	O	O	O	O	O

모양	爲	衆	流	者
음	위	중	류	자
뜻	될 위할	무리	흐를 흘릴	사람 것
구분	O	O	O	O

한자 쓰기	耶穌曰 此乃我血 卽新約之血 爲衆流者

25. 我誠告爾 我不復飲葡萄之汁 待他日飲新者於上帝國也

(진실로 너희에게 이르노니 내가 포도나무에서 난 것을 하나님 나라에서 새 것으로 마시는 날까지
다시 마시지 아니하리라 하시니라)

모양	我	誠	告	爾	我	不	復	飲	葡	萄	之	汁
음	아	성	고	이	아	불	부	음	포	도	지	즙
뜻	나	성실 참으로	고할 알릴	너	나	아닐	다시 부 돌아올 복	마실	포도	포도	갈 어조사	즙
구분	0	0	0	x	0	0	0	0	x	x	0	x

모양	待	他	日	飲	新	者	於	上	帝	國	也
음	대	타	일	음	신	자	어	상	제	국	야
뜻	기다릴	남 다를	날 해	마실	새로울	사람 것	어조사 ~에	위	임금	나라	어조사 ~이다
구분	0	0	0	0	0	0	0	0	0	0	0

한자 쓰기	我誠告爾 我不復飲葡萄之汁 待他日飲新者於上帝國也

26. 旣咏詩 往橄欖山

(이에 그들이 찬미하고 감람산으로 가니라)

모양	旣	咏	詩	往	橄	欖	山
음	기	영	시	왕	감	람	산
뜻	이미	읊을 노래할	시	갈	감람나무	감람나무	산
구분	0	x	0	0	x	x	0

한자 쓰기	旣咏詩 往橄欖山

27. <u>耶穌謂門徒曰</u> 此夜爾衆將棄我 記有之 我擊牧者 則羊散矣

(<u>예수께서 제자들에게 이르시되</u> 너희가 다 나를 버리리라 이는 기록된 바 내가 목자를 치리니 양들이 흩어지리라 하였음이니라)

모양	耶	穌	謂	門	徒	曰	此	夜	爾	衆	將	棄
음	야	소	위	문	도	왈	차	야	이	중	장	기
뜻	어조사 아버지	깨어날 살다	이를 고할	문	무리	가로되 말하다	이	밤	너	무리	장차 장수	버릴
구분	△	△	△	0	0	0	0	0	x	0	0	△

모양	我	記	有	之	我	擊	牧	者	則	羊	散	矣
음	아	기	유	지	아	격	목	자	즉	양	산	의
뜻	나 우리	기록	있을	갈 어조사	나 우리	칠	기를 목자	사람 것	곧 즉 법칙 칙	양	흩을	어조사 ~이다
구분	0	0	0	0	0	△	△	0	0	0	0	0

한자 쓰기	耶穌謂門徒曰 此夜爾衆將棄我 記有之 我擊牧者 則羊散矣

28. 我復生後 將先爾往加利利

(그러나 내가 살아난 후에 너희보다 먼저 갈릴리로 가리라)

모양	我	復	生	後	將	先	爾	往	加	利	利
음	아	부	생	후	장	선	이	왕	가	이(리)	이(리)
뜻	나 우리	다시 부 돌아올복	날 살	뒤	장차 장수	먼저	너	갈	더할	이로울 이익	이로울 이익
구분	0	0	0	0	0	0	x	0	0	0	0

한자 쓰기	我復生後 將先爾往加利利

29. 彼得曰 衆棄爾 惟我不然

(베드로가 여짜오되 다 버릴지라도 나는 그리하지 않겠나이다)

모양	彼	得	曰	衆	棄	爾	惟	我	不	然
음	피	득	왈	중	기	이	유	아	불	연
뜻	저	얻을	가로되 말하다	무리	버릴	너	오직	나 우리	아닐 불 아니 부	그러할 자연
구분	O	O	O	O	△	x	O	O	O	O

한자 쓰기	彼得曰 衆棄爾 惟我不然

30. 耶穌曰 我誠告爾 今夜 鷄二鳴之先 爾將三言不識我

(예수께서 이르시되 내가 진실로 네게 이르노니 오늘 이 밤 닭이 두 번 울기 전에 네가 세 번 나를 부인하리라)

모양	耶	穌	曰	我	誠	告	爾	今	夜	鷄	二	鳴
음	야	소	왈	아	성	고	이	금	야	계	이	명
뜻	어조사 아버지	깨어날 살다	가로되 말하다	나	성실 참으로	고할 알릴	너	이제 지금	밤	닭	두 2	울
구분	△	△	O	O	O	O	x	O	O	O	O	O

모양	之	先	爾	將	三	言	不	識	我
음	지	선	이	장	삼	언	불	식	아
뜻	갈 어조사	먼저	너	장차 장수	석 3	말씀 말할	아닐 불 아니 부	알	나
구분	O	O	x	O	O	O	O	O	O

한자 쓰기	耶穌曰 我誠告爾 今夜 鷄二鳴之先 爾將三言不識我

345

31. 彼得力言曰 即與爾偕亡 我必不言不識爾 衆言亦如之

(베드로가 힘있게 말하되 내가 주와 함께 죽을지언정 주를 부인하지 않겠나이다 하고 모든 제자도 이와 같이 말하니라)

모양	彼	得	力	言	曰	即	與	爾	偕	亡	我	必
음	피	득	력	언	왈	즉	여	이	해	망	아	필
뜻	저	얻을	힘	말씀 말할	가로되 말하다	곧 나아갈	더불 ~과	너	함께	망할 죽을	나 우리	반드시
구분	0	0	0	0	0	0	0	x	x	0	0	0

모양	不	言	不	識	爾	衆	言	亦	如	之
음	불	언	불	식	이	중	언	역	여	지
뜻	아닐 불 아니 부	말씀 말할	아닐 불 아니 부	알	너	무리	말씀 말할	또 또한	같을	갈 어조사
구분	0	0	0	0	x	0	0	0	0	0

한자 쓰기
彼得力言曰 即與爾偕亡
我必不言不識爾 衆言亦如之

32. 至一地名客西馬尼 謂門徒曰 爾曹坐此 待我祈禱

(그들이 겟세마네라 하는 곳에 이르매 예수께서 제자들에게 이르시되 내가 기도할 동안에 너희는 여기 앉아 있으라 하시고)

모양	至	一	地	名	客	西	馬	尼	謂	門	徒	曰
음	지	일	지	명	객	서	마	니	위	문	도	왈
뜻	이를 지극히	한 1	땅	이름	손님 나그네	서쪽	말	화평할 성씨	이를 고할	문	무리	가로되 말하다
구분	0	0	0	0	0	0	0	x	Δ	0	0	0

모양	爾	曹	坐	此	待	我	祈	禱
음	이	조	좌	차	대	아	기	도
뜻	너	무리 성씨	앉을	이	기다릴	나 우리	빌 고하다	빌 기도
구분	x	x	0	0	0	0	Δ	x

한자 쓰기
至一地名客西馬尼 謂門徒曰
爾曹坐此 待我祈禱

33. 遂攜彼得 雅各 約翰 同行 驚訝哀慟 曰

(베드로와 야고보와 요한을 데리고 가실새 심히 놀라시며 슬퍼하사)

모양	遂	攜	彼	得	雅	各	約	翰	同	行	驚	訝
음	수	휴	피	득	아	각	약	한	동	행	경	아
뜻	마침내 따를	이끌 휴대할	저	얻을	우아할	각각 각자	묶을 약속할	편지 글	같을	행할 다닐	놀랄	의심할 의아할
구분	△	x	0	0	△	0	0	x	0	0	0	x

모양	哀	慟	曰
음	애	통	왈
뜻	슬플	슬플 서럽게 울	가로되 말하다
구분	0	x	0

한자 쓰기	遂攜彼得 雅各 約翰 同行 驚訝哀慟 曰

34. 我心甚憂 瀕死矣 爾曹居此儆醒

(말씀하시되 내 마음이 심히 고민하여 죽게 되었으니 너희는 여기 머물러 깨어 있으라 하시고)

모양	我	心	甚	憂	瀕	死	矣	爾	曹	居	此	儆
음	아	심	심	우	빈	사	의	이	조	거	차	경
뜻	나 우리	마음	심할	근심	가까울 임박할	죽을	어조사 ~이다	너	무리 성씨	있을 주거할	이	경계할
구분	0	0	0	0	x	0	0	x	x	0	0	x

모양	醒
음	성
뜻	깰
구분	x

한자 쓰기	我心甚憂 瀕死矣 爾曹居此儆醒

347

35. 少進 伏地祈禱 曰 斯時可免 則免之

(조금 나아가사 땅에 엎드리어 될 수 있는 대로 이 때가 자기에게서 지나가기를 구하여)

모양	少	進	伏	地	祈	禱	曰	斯	時	可	免	則
음	소	진	복	지	기	도	왈	사	시	가	면	즉
뜻	적을 조금	나아갈 전진할	엎드릴	땅	빌 고하다	빌 기도	가로되 말하다	이 이것	때 시간	옳을 가능할	면할 용서할	곧 즉 법칙 칙
구분	0	0	0	0	△	x	0	x	0	0	0	0

모양	免	之
음	면	지
뜻	면할 용서할	갈 어조사
구분	0	0

한자 쓰기	少進 伏地祈禱 曰 斯時可免 則免之

36. 又曰 阿爸父乎 無所不能 請以此杯去我 雖然 非從我所欲乃從爾所欲也

(이르시되 아빠 아버지여 아버지께는 모든 것이 가능하오니 이 잔을 내게서 옮기시옵소서 그러나 나의 원대로 마시옵고 아버지의 원대로 하옵소서 하시고)

모양	又	曰	阿	爸	父	乎	無	所	不	能	請	以
음	우	왈	아	파	부	호	무	소	불	능	청	이
뜻	또	가로되 말하다	언덕 의지할	아버지	아버지	어조사 ~느냐?	없을	바 것	아닐 불 아니 부	능할 능력	청할	써 ~로써
구분	0	0	x	x	0	0	0	0	0	0	0	0

모양	此	杯	去	我	雖	然	非	從	我	所	欲	乃
음	차	배	거	아	수	연	비	종	아	소	욕	내
뜻	이	잔	갈 떠나다	나 우리	비록	그러할 그러나	아닐	따를 부터	나 우리	바 것	하고자 할	이에 곧
구분	0	0	0	0	0	0	0	0	0	0	0	0

모양	從	爾	所	欲	也
음	종	이	소	욕	야
뜻	따를 부터	너	바 것	하고자 할	어조사 ~이다
구분	O	X	O	O	O

한자 쓰기	又曰 阿爸父乎 無所不能 請以此杯去我 雖然 非從我所欲 乃從爾所欲也

37. 退見門徒寢 謂彼得曰 西門爾寢乎 不能儆醒片時乎

(돌아오사 제자들이 자는 것을 보시고 베드로에게 말씀하시되 시몬아 자느냐 네가 한 시간도 깨어
있을 수 없더냐)

모양	退	見	門	徒	寢	謂	彼	得	曰	西	門	爾
음	퇴	견	문	도	침	위	피	득	왈	서	문	이
뜻	물러날 후퇴할	볼	문	무리	잠잘	이를 고할	저	얻을	가로되 말하다	서쪽	문	너
구분	O	O	O	O	Δ	Δ	O	O	O	O	O	X

모양	寢	乎	不	能	儆	醒	片	時	乎
음	침	호	불	능	경	성	편	시	호
뜻	잠잘	어조사 ~느냐?	아닐 불 아니 부	능할 능력	경계할	깰	조각 아주 작은	때 시간	어조사 ~느냐?
구분	Δ	O	O	O	X	X	O	O	O

한자 쓰기	退見門徒寢 謂彼得曰 西門爾寢乎 不能儆醒片時乎

349

38. 儆醒也 祈禱也 免入誘惑也 心願而身疲耳

(시험에 들지 않게 깨어 있어 기도하라 마음에는 원이로되 육신이 약하도다 하시고)

모양	儆	醒	也	祈	禱	也	免	入	誘	惑	也	心
음	경	성	야	기	도	야	면	입	유	혹	야	심
뜻	경계할	깰	어조사 ~이다	빌 고하다	빌 기도	어조사 ~이다	면할	들 들어갈	꾈 유혹할	미혹할	어조사 ~이다	마음
구분	x	x	0	Δ	x	0	0	0	Δ	Δ	0	0

모양	願	而	身	疲	耳
음	원	이	신	피	이
뜻	원할	말 이을	몸	피곤할	귀 뿐
구분	0	0	0	Δ	0

한자 쓰기	儆醒也 祈禱也 免入誘惑也 心願而身疲耳

39. 復進祈禱 言亦如之

(다시 나아가 동일한 말씀으로 기도하시고)

모양	復	進	祈	禱	言	亦	如	之
음	부	진	기	도	언	역	여	지
뜻	다시 부 돌아올 복	나아갈 전진할	빌 고하다	빌 기도	말씀 말할	또 또한	같을	갈 어조사
구분	0	0	Δ	x	0	0	0	0

한자 쓰기	復進祈禱 言亦如之

40. 反見門徒目倦復寢 不知所對

(다시 오사 보신즉 그들이 자니 이는 그들의 눈이 심히 피곤함이라 그들이 예수께 무엇으로 대답할 줄을 알지 못하더라)

모양	反	見	門	徒	目	倦	復	寢	不	知	所	對
음	반	견	문	도	목	권	부	침	부	지	소	대
뜻	반대 돌이킬	볼 당하다	문	무리	눈 보다	피곤할 게으를	다시 부 돌아올 복	잠잘	아니 부 아닐 불	알 알다	바 장소	대할 대답할
구분	0	0	0	0	0	x	0	△	0	0	0	0

한자 쓰기	反見門徒目倦復寢 不知所對

41. 三反語門徒曰 今尙寢且安乎 已矣 時至矣 人子見賣與罪人矣

(세 번째 오사 그들에게 이르시되 이제는 자고 쉬라 그만 되었다 때가 왔도다 보라 인자가 죄인의 손에 팔리느니라)

모양	三	反	語	門	徒	曰	今	尙	寢	且	安	乎
음	삼	반	어	문	도	왈	금	상	침	차	안	호
뜻	석 3	반대 돌이킬	말씀	문	무리	가로되 말하다	이제 지금	오히려	잠잘	또 또한	편안할 어찌	어조사 ~로다
구분	0	0	0	0	0	0	0	0	△	0	0	0

모양	已	矣	時	至	矣	人	子	見	賣	與	罪	人
음	이	의	시	지	의	인	자	견	매	여	죄	인
뜻	이미 그만두다	어조사 ~이다	때 시간	이를 도달할	어조사 ~이다	사람	아들	볼 당하다	팔	줄 ~과	죄 허물	사람
구분	0	0	0	0	0	0	0	0	0	0	0	0

모양	矣
음	의
뜻	어조사 ~이다
구분	0

한자 쓰기	三反語門徒曰 今尙寢且安乎 已矣 時至矣 人子見賣與罪人矣

42. 起而偕行 賣我者近矣

(일어나라 함께 가자 보라 나를 파는 자가 가까이 왔느니라)

모양	起	而	偕	行	賣	我	者	近	矣
음	기	이	해	행	매	아	자	근	의
뜻	일어날	말 이을	함께	행할 다닐	팔	나	사람 것	가까울	어조사 ~이다
구분	0	0	x	0	0	0	0	0	0

한자 쓰기	起而偕行 賣我者近矣

43. 言時 十二徒之一 猶大 偕衆以刃與梃 自祭司諸長士子長老之所 而來

(예수께서 말씀하실 때에 곧 열둘 중의 하나인 <u>유다</u>가 왔는데 대제사장들과 서기관들과 장로들에게서 파송된 무리가 검과 몽치를 가지고 그와 함께 하였더라)

모양	言	時	十	二	徒	之	一	猶	大	偕	衆	以
음	언	시	십	이	도	지	일	유	대	해	중	이
뜻	말씀 말할	때 시간	열 10	두 2	무리 사도	갈 어조사	한 1	오히려 같을	큰	함께	무리	써 ~로써
구분	0	0	0	0	0	0	0	0	0	x	0	0

모양	刃	與	梃	自	祭	司	諸	長	士	子	長	老
음	인	여	정	자	제	사	제	장	사	자	장	노(로)
뜻	칼날 칼	줄 ~과	막대기	스스로 ~부터	제사	맡을	모든 여러	길(long) 우두머리	선비	아들 어조사	길(long) 우두머리	늙을
구분	x	0	x	0	0	Δ	0	0	0	0	0	0

모양	之	所	而	來
음	지	소	이	래
뜻	갈 어조사	바 장소	말 이을	올 앞으로
구분	0	0	0	0

한자 쓰기	言時 十二徒之一 猶大 偕衆以刃與梃 自祭司諸長士子長老之所而來

44. 賣師者 遞以號曰 吾接吻者 是也 執而愼曳之

(예수를 파는 자가 이미 그들과 군호를 짜 이르되 내가 입맞추는 자가 그이니 그를 잡아 단단히 끌어 가라 하였는지라)

모양	賣	師	者	遞	以	號	曰	吾	接	吻	者	是
음	매	사	자	체	이	호	왈	오	접	문	자	시
뜻	팔	스승	사람 것	전할 갈릴	써 ~로써	이름 부호	가로되 말하다	나 우리	이을 접할	입술	사람 것	옳을 이
구분	0	0	0	x	0	0	0	0	0	x	0	0

모양	也	執	而	愼	曳	之
음	야	집	이	신	예	지
뜻	어조사 ~이다	잡을 집행할	말 이을	삼갈	끌	갈 어조사
구분	0	0	0	Δ	x	0

한자 쓰기	賣師者 遞以號曰 吾接吻者 是也 執而愼曳之

45. 卽就耶穌 曰 夫子 夫子 遂與接吻

(이에 와서 곧 예수께 나아와 랍비여 하고 입을 맞추니)

모양	卽	就	耶	穌	曰	夫	子	夫	子	遂	與	接
음	즉	취	야	소	왈	부	자	부	자	수	여	접
뜻	곧 나아갈	나아갈	어조사 아버지	깨어날 살다	가로되 말하다	지아비 장정	아들 스승	지아비 장정	아들 스승	마침내 따를	줄 ~과	이을 접할
구분	0	0	Δ	Δ	0	0	0	0	0	Δ	0	0

모양	吻
음	문
뜻	입술
구분	x

한자 쓰기	卽就耶穌 曰 夫子 夫子 遂與接吻

46. 衆擧手執之

(그들이 예수께 손을 대어 잡거늘)

모양	衆	擧	手	執	之
음	중	거	수	집	지
뜻	무리	들 모든	손	잡을 집행할	갈 어조사
구분	0	0	0	0	0

한자 쓰기	衆擧手執之

47. 傍立一人拔刃 擊祭司長僕 削其耳

(곁에 서 있는 자 중의 한 사람이 칼을 빼어 대제사장의 종을 쳐 그 귀를 떨어뜨리니라)

모양	傍	立	一	人	拔	刃	擊	祭	司	長	僕	削
음	방	입(립)	일	인	발	인	격	제	사	장	복	삭
뜻	곁 옆	설	한 1	사람	뽑을 뺄	칼날 칼	칠	제사	맡을	길(long) 우두머리	종 하인	깎을 해칠
구분	△	0	0	0	△	x	△	0	△	0	x	△

모양	其	耳
음	기	이
뜻	그 그것	귀
구분	0	0

한자 쓰기	傍立一人拔刃 擊祭司長僕 削其耳

48. 耶穌謂衆曰 爾以刃與梃來執我 若禦寇乎

(예수께서 무리에게 말씀하여 이르시되 너희가 강도를 잡는 것 같이 검과 몽치를 가지고 나를 잡으러 나왔느냐)

모양	耶	穌	謂	衆	曰	爾	以	刃	與	梃	來	執
음	야	소	위	중	왈	이	이	인	여	정	래	집
뜻	어조사 아버지	깨어날 살다	이를 고할	무리	가로되 말하다	너	써 ~로써	칼날 칼	줄 ~과	막대기	올 앞으로	잡을 집행할
구분	△	△	△	0	0	x	0	x	0	x	0	0

모양	我	若	禦	寇	乎
음	아	약	어	구	호
뜻	나 우리	같을 어조사	막을 감당할	도둑	어조사 ~느냐?
구분	0	0	x	x	0

한자 쓰기	耶穌謂衆曰 爾以刃與梃來執我 若禦寇乎

49. 我日偕爾於殿敎誨 爾不執我 然經所載必應矣

(내가 날마다 너희와 함께 성전에 있으면서 가르쳤으되 너희가 나를 잡지 아니하였도다 그러나 이는 성경을 이루려 함이니라 하시더라)

모양	我	日	偕	爾	於	殿	敎	誨	爾	不	執	我
음	아	일	해	이	어	전	교	회	이	부	집	아
뜻	나 우리	날 해	함께	너	어조사 ~에서	궁궐 성전	가르칠	가르칠	너	아니 부 아닐 불	잡을 집행할	나 우리
구분	0	0	x	x	0	△	0	x	x	0	0	0

모양	然	經	所	載	必	應	矣
음	연	경	소	재	필	응	의
뜻	그러할 자연	지날 성경	바 장소	실을	반드시	응할 응대할	어조사 ~이다
구분	0	0	0	△	0	0	0

한자 쓰기	我日偕爾於殿敎誨 爾不執我 然經所載必應矣

50. 諸門徒離之而奔

(제자들이 다 <u>예수</u>를 버리고 도망하니라)

모양	諸	門	徒	離	之	而	奔
음	제	문	도	이(리)	지	이	분
뜻	모든 여러	문	무리	떠날	갈 어조사	말 이을	달릴 도망갈
구분	0	0	0	△	0	0	△

한자 쓰기	諸門徒離之而奔

51. 一少者 裸而蔽以枲布 從耶穌 卒之少者執之

(한 청년이 벗은 몸에 베 홑이불을 두르고 <u>예수</u>를 따라가다가 무리에게 잡히매)

모양	一	少	者	裸	而	蔽	以	枲	布	從	耶	穌
음	일	소	자	라	이	폐	이	시	포	종	야	소
뜻	한 1	적을 조금	사람 것	벗을	말 이을	덮을	써 ~로써	모시 삼	베 펼	따를 부터	어조사 아버지	깨어날 살다
구분	0	0	0	x	0	△	0	x	0	0	△	△

모양	卒	之	少	者	執	之
음	졸	지	소	자	집	지
뜻	군사 마침내	갈 어조사	적을 조금	사람 것	잡을 집행할	갈 어조사
구분	0	0	0	0	0	0

한자 쓰기	一少者 裸而蔽以枲布 從耶穌 卒之少者執之

52. 遂棄枲布 裸而奔

(베 홑이불을 버리고 벗은 몸으로 도망하니라)

모양	遂	棄	枲	布	裸	而	奔
음	수	기	시	포	라	이	분
뜻	마침내 따를	버릴	모시 삼	베 펼	벗을	말 이을	달릴 도망갈
구분	△	△	x	0	x	0	△

한자 쓰기	遂棄枲布 裸而奔

53. 衆曳耶穌至祭司長前 祭司諸長 長老 士子 皆集

(그들이 예수를 끌고 대제사장에게로 가니 대제사장들과 장로들과 서기관들이 다 모이더라)

모양	衆	曳	耶	穌	至	祭	司	長	前	祭	司	諸
음	중	예	야	소	지	제	사	장	전	제	사	제
뜻	무리	끌	어조사 아버지	깨어날 살다	이를 지극히	제사	맡을	길(long) 우두머리	앞	제사	맡을	모든 여러
구분	0	x	△	△	0	0	△	0	0	0	△	0

모양	長	長	老	士	子	皆	集
음	장	장	노(로)	사	자	개	집
뜻	길(long) 우두머리	길(long) 우두머리	늙을	선비	아들 어조사	모두 다	모을 집중
구분	0	0	0	0	0	0	0

한자 쓰기	衆曳耶穌至祭司長前 祭司諸長 長老 士子 皆集

54. 彼得遠從耶穌 入祭司長院 與吏坐向火

(베드로가 예수를 멀찍이 따라 대제사장의 집 뜰 안까지 들어가서 아랫사람들과 함께 앉아 불을 쬐더라)

모양	彼	得	遠	從	耶	穌	入	祭	司	長	院	與
음	피	득	원	종	야	소	입	제	사	장	원	여
뜻	저	얻을	멀	따를 부터	어조사 아버지	깨어날 살다	들 들어갈	제사	맡을	길(long) 우두머리	집 정원	더불 ~과
구분	○	○	○	○	△	△	○	○	△	○	△	○

모양	吏	坐	向	火
음	리	좌	향	화
뜻	벼슬아치 관리	앉을	향할	불
구분	△	○	○	○

한자 쓰기	彼得遠從耶穌 入祭司長院 與吏坐向火

55. 祭司諸長與全公會 求證攻耶穌 欲死之而弗得

(대제사장들과 온 공회가 예수를 죽이려고 그를 칠 증거를 찾되 얻지 못하니)

모양	祭	司	諸	長	與	全	公	會	求	證	攻	耶
음	제	사	제	장	여	전	공	회	구	증	공	야
뜻	제사	맡을	모든 여러	길(long) 우두머리	더불 ~과	온전할 모두	공평할 공적일	모일 모임	구할 간구할	증거할	칠 공격할	어조사 아버지
구분	○	△	○	○	○	○	○	○	○	○	△	△

모양	穌	欲	死	之	而	弗	得
음	소	욕	사	지	이	불	득
뜻	깨어날 살다	하고자할	죽일	갈 어조사	말 이을	아닐	얻을
구분	△	○	○	○	○	x	○

한자 쓰기	祭司諸長與全公會 求證攻耶穌 欲死之而弗得

56. 蓋妄證者多 而所證不同

(이는 <u>예수</u>를 쳐서 거짓 증언 하는 자가 많으나 그 증언이 서로 일치하지 못함이라)

모양	蓋	妄	證	者	多	而	所	證	不	同
음	개	망	증	자	다	이	소	증	부	동
뜻	대개 덮을	망령될	증거할	사람 것	많을	말 이을	바 장소	증거할	아니 부 아닐 불	같을
구분	△	△	0	0	0	0	0	0	0	0

한자 쓰기	蓋妄證者多 而所證不同

57. 有人起而妄證曰

(어떤 사람들이 일어나 <u>예수</u>를 쳐서 거짓 증언 하여 이르되)

모양	有	人	起	而	妄	證	曰
음	유	인	기	이	망	증	왈
뜻	있을	사람	일어날	말 이을	망령될	증거할	가로되 말하다
구분	0	0	0	0	△	0	0

한자 쓰기	有人起而妄證曰

58. 吾儕嘗聞其言云 此殿乃人所作 我將毀之 三日又建一殿 非人所作者

(우리가 그의 말을 들으니 손으로 지은 이 성전을 내가 헐고 손으로 짓지 아니한 다른 성전을 사흘 동안에 지으리라 하더라 하되)

모양	吾	儕	嘗	聞	其	言	云	此	殿	乃	人	所
음	오	제	상	문	기	언	운	차	전	내	인	소
뜻	나 우리	무리	일찍이 맛볼	들을	그 그것	말씀 말할	말할	이	궁궐 성전	이에 곧	사람	바 장소
구분	0	x	△	0	0	0	0	0	△	0	0	0

모양	作	我	將	毀	之	三	日	又	建	一	殿	非
음	작	아	장	훼	지	삼	일	우	건	일	전	비
뜻	지을 만들	나 우리	장차 장수	헐 제거할	갈 어조사	석 3	날 해	또	세울 일으킬	한 1	궁궐 성전	아닐
구분	0	0	0	△	0	0	0	0	0	0	△	0

모양	人	所	作	者
음	인	소	작	자
뜻	사람	바 장소	지을 만들	사람 것
구분	0	0	0	0

한자 쓰기	吾儕嘗聞其言云 此殿乃人所作 我將毀之 三日又建一殿 非人所作者

59. 其所證又不同

(그 증언도 서로 일치하지 않더라)

모양	其	所	證	又	不	同
음	기	소	증	우	부	동
뜻	그 그것	바 장소	증거할	또	아니 부 아닐 불	같을
구분	0	0	0	0	0	0

한자 쓰기	其所證又不同

60. 祭司長起 立於中 問耶穌曰 爾無所答乎 此人所證者何歟

(대제사장이 가운데 일어서서 예수에게 물어 이르되 너는 아무 대답도 없느냐 이 사람들이 너를 치는 증거가 어떠하냐 하되)

모양	祭	司	長	起	立	於	中	問	耶	穌	曰	爾
음	제	사	장	기	입(립)	어	중	문	야	소	왈	이
뜻	제사	맡을	길(long) 우두머리	일어날	설	어조사 ~에서	가운데	물을	어조사 아버지	깨어날 살다	가로되 말하다	너
구분	0	△	0	0	0	0	0	0	△	△	0	x

모양	無	所	答	乎	此	人	所	證	者	何	歟
음	무	소	답	호	차	인	소	증	자	하	여
뜻	없을	바 장소	답할 대답	어조사 ~느냐?	이	사람	바 장소	증거할	사람 것	어찌 어떤	어조사
구분	0	0	0	0	0	0	0	0	0	0	x

한자 쓰기	祭司長起 立於中 問耶穌曰 爾無所答乎 此人所證者何歟

61. 耶穌黙然不答 祭司長復問曰 爾是可頌者之子基督否

(침묵하고 아무 대답도 아니하시거늘 대제사장이 다시 물어 이르되 네가 찬송 받을 이의 아들 그리스도냐)

모양	耶	穌	黙	然	不	答	祭	司	長	復	問	曰
음	야	소	묵	연	부	답	제	사	장	부	문	왈
뜻	어조사 아버지	깨어날 살다	잠잠할	그러할 자연	아니 부 아닐 불	답할 대답	제사	맡을	길(long) 우두머리	다시 부 돌아올 복	물을	가로되 말하다
구분	△	△	x	0	0	0	0	△	0	0	0	0

모양	爾	是	可	頌	者	之	子	基	督	否
음	이	시	가	송	자	지	자	기	독	부
뜻	너	옳을 이	옳을 가능할	칭송할 찬송할	사람 것	갈 어조사	아들	터 기초	감독할 살필	아닐 ~느냐
구분	x	0	0	△	0	0	0	0	△	0

한자 쓰기	耶穌黙然不答 祭司長復問曰 爾是可頌者之子基督否

62. 耶穌曰 是也 爾將見人子坐大權者之右 乘雲而來矣

(예수께서 이르시되 내가 그니라 인자가 권능자의 우편에 앉은 것과 하늘 구름을 타고 오는 것을 너희가 보리라 하시니)

모양	耶	穌	曰	是	也	爾	將	見	人	子	坐	大
음	야	소	왈	시	야	이	장	견	인	자	좌	대
뜻	어조사 아버지	깨어날 살다	가로되 말하다	옳을 이	어조사 ~이다	너	장차 장수	볼 당하다	사람	아들	앉을	큰
구분	△	△	0	0	0	x	0	0	0	0	0	0

모양	權	者	之	右	乘	雲	而	來	矣
음	권	자	지	우	승	운	이	래	의
뜻	권세 권한	사람 것	갈 어조사	오른	탈	구름	말 이을	올 앞으로	어조사 ~이다
구분	0	0	0	0	0	0	0	0	0

한자 쓰기	耶穌曰 是也 爾將見人子坐大權者之右 乘雲而來矣

63. 祭司長自裂其衣曰 何用別證

(대제사장이 자기 옷을 찢으며 이르되 우리가 어찌 더 증인을 요구하리요)

모양	祭	司	長	自	裂	其	衣	曰	何	用	別	證
음	제	사	장	자	열(렬)	기	의	왈	하	용	별	증
뜻	제사	맡을	길(long) 우두머리	스스로 ~부터	찢을	그 그것	옷 입다	가로되 말하다	어찌 무엇	쓸	이별할 다를	증거할
구분	0	△	0	0	△	0	0	0	0	0	0	0

한자 쓰기	祭司長自裂其衣曰 何用別證

64. 爾已聞其僭妄矣 爾意如何 衆擬曰 置之死

(그 신성 모독 하는 말을 너희가 들었도다 너희는 어떻게 생각하느냐 하니 그들이 다 예수를 사형에 해당한 자로 정죄하고)

모양	爾	已	聞	其	僭	妄	矣	爾	意	如	何	衆
음	이	이	문	기	참	망	의	이	의	여	하	중
뜻	너	이미 뿐	들을	그 그것	참람할 주제넘을	망령될	어조사 ~이다	너	뜻 생각	같을	어찌 어떤	무리
구분	x	0	0	0	x	Δ	0	x	0	0	0	0

모양	擬	曰	置	之	死
음	의	왈	치	지	사
뜻	헤아릴 비길	가로되 말하다	둘	갈 어조사	죽을
구분	x	0	Δ	0	0

한자 쓰기	爾已聞其僭妄矣 爾意如何 衆擬曰 置之死

65. 或唾耶穌 掩其面 拳擊之曰 試言擊爾者誰 諸僕亦手批之

(어떤 사람은 그에게 침을 뱉으며 그의 얼굴을 가리고 주먹으로 치며 이르되 선지자 노릇을 하라 하고 하인들은 손바닥으로 치더라)

모양	或	唾	耶	穌	掩	其	面	拳	擊	之	曰	試
음	혹	타	야	소	엄	기	면	권	격	지	왈	시
뜻	혹 혹시	침 침 뱉을	어조사 아버지	깨어날 살다	가릴	그 그것	얼굴	주먹	칠	갈 어조사	가로되 말하다	시험 시험할
구분	0	x	Δ	Δ	x	0	0	Δ	Δ	0	0	0

모양	言	擊	爾	者	誰	諸	僕	亦	手	批	之
음	언	격	이	자	수	제	복	역	수	비	지
뜻	말씀 말할	칠	너	사람 것	누구 무엇	모든 여러	종 하인	또 또한	손	칠 비평할	갈 어조사
구분	0	Δ	x	0	0	0	x	0	0	Δ	0

한자 쓰기	或唾耶穌 掩其面 拳擊之曰 試言擊爾者誰 諸僕亦手批之

66. 彼得在下院 祭司長一婢至

(베드로는 아랫뜰에 있더니 대제사장의 여종 하나가 와서)

모양	彼	得	在	下	院	祭	司	長	一	婢	至
음	피	득	재	하	원	제	사	장	일	비	지
뜻	저	얻을	있을	아래 내리다	집 정원	제사	맡을	길(long) 우두머리	한 1	여자 종	이를 지극히
구분	0	0	0	0	Δ	0	Δ	0	0	Δ	0

한자 쓰기	彼得在下院 祭司長一婢至

67. 見彼得向火 目之曰 爾亦偕拿撒勒 耶穌也

(베드로가 불 쬐고 있는 것을 보고 주목하여 이르되 너도 나사렛 예수와 함께 있었도다 하거늘)

모양	見	彼	得	向	火	目	之	曰	爾	亦	偕	拿
음	견	피	득	향	화	목	지	왈	이	역	해	나
뜻	볼 당하다	저	얻을	향할	불	눈 보다	갈 어조사	가로되 말하다	너	또 또한	함께	잡을
구분	0	0	0	0	0	0	0	0	x	0	x	x

모양	撒	勒	耶	穌	也
음	살	늑(륵)	야	소	야
뜻	뿌릴	굴레	어조사 아버지	깨어날 살다	어조사 ~이다
구분	x	x	Δ	Δ	0

한자 쓰기	見彼得向火 目之曰 爾亦偕拿撒勒 耶穌也

68. <u>彼得</u>不承曰 我弗知也 不識爾云何 遂出 至院門而鷄鳴矣

(베드로가 부인하여 이르되 나는 네가 말하는 것이 무엇인지 알지도 못하고 깨닫지도 못하겠노라 하며 앞뜰로 나갈새)

모양	彼	得	不	承	曰	我	弗	知	也	不	識	爾
음	피	득	불	승	왈	아	불	지	야	불	식	이
뜻	저	얻을	아닐 불 아니 부	받들 계승할	가로되 말하다	나 우리	아닐	알 알다	어조사 ~이다	아닐 불 아니 부	알	너
구분	0	0	0	0	0	0	x	0	0	0	0	x

모양	云	何	遂	出	至	院	門	而	鷄	鳴	矣
음	운	하	수	출	지	원	문	이	계	명	의
뜻	말할	어찌 무슨	마침내 따를	나갈	이를 지극히	집 정원	문	말 이을	닭	울	어조사 ~이다
구분	0	0	Δ	0	0	Δ	0	0	0	0	0

한자 쓰기	彼得不承曰 我弗知也 不識爾云何 遂出 至院門而鷄鳴矣

69. 婢復見之 語旁立者曰 彼亦其黨

(여종이 그를 보고 곁에 서 있는 자들에게 다시 이르되 이 사람은 그 도당이라 하되)

모양	婢	復	見	之	語	旁	立	者	曰	彼	亦	其
음	비	부	견	지	어	방	입(립)	자	왈	피	역	기
뜻	여자 종	다시 부 돌아올 복	볼 당하다	갈 어조사	말씀	곁	설	사람 것	가로되 말하다	저	또 또한	그 그것
구분	Δ	0	0	0	0	x	0	0	0	0	0	0

모양	黨
음	당
뜻	무리
구분	Δ

한자 쓰기	婢復見之 語旁立者曰 彼亦其黨

70. 彼得又不承 頃之 旁立者語彼得曰 爾誠其黨 爾乃加利利人 方言亦合

(또 부인하더라 조금 후에 곁에 서 있는 사람들이 다시 베드로에게 말하되 너도 갈릴리 사람이니 참으로 그 도당이니라)

모양	彼	得	又	不	承	頃	之	旁	立	者	語	彼
음	피	득	우	불	승	경	지	방	입(립)	자	어	피
뜻	저	얻을	또	아닐 불 아니 부	받들 계승할	잠깐 잠시	갈 어조사	곁	설	사람 것	말씀	저
구분	0	0	0	0	0	△	0	0	0	0	0	0

모양	得	曰	爾	誠	其	黨	爾	乃	加	利	利	人
음	득	왈	이	성	기	당	이	내	가	이(리)	이(리)	인
뜻	얻을	가로되 말하다	너	성실 참으로	그 그것	무리	너	이에 곧	더할	이로울 이익	이로울 이익	사람
구분	0	0	x	0	0	△	x	0	0	0	0	0

모양	方	言	亦	合
음	방	언	역	합
뜻	모 사방	말씀 말할	또 또한	합할
구분	0	0	0	0

한자 쓰기	彼得又不承 頃之 旁立者語彼得曰 爾誠其黨 爾乃加利利人 方言亦合

71. 彼得詛且誓曰 爾所言之人 我不識也

(그러나 베드로가 저주하며 맹세하되 나는 너희가 말하는 이 사람을 알지 못하노라 하니)

모양	彼	得	詛	且	誓	曰	爾	所	言	之	人	我
음	피	득	저	차	서	왈	이	소	언	지	인	아
뜻	저	얻을	저주할	또 또한	맹세할	가로되 말하다	너	바 장소	말씀 말할	갈 어조사	사람	나 우리
구분	0	0	x	0	△	0	x	0	0	0	0	0

모양	不	識	也
음	불	식	야
뜻	아닐 불 아니 부	알	어조사 ~이다
구분	0	0	0

한자 쓰기	彼得詛且誓曰 爾所言之人 我不識也

72. 鷄復鳴彼得憶耶穌言 鷄二鳴之先 爾將三言不識我 思之則 哭矣

(닭이 곧 두 번째 울더라 이에 베드로가 예수께서 자기에게 하신 말씀 곧 닭이 두 번 울기 전에 네가
세 번 나를 부인하리라 하심이 기억되어 그 일을 생각하고 울었더라)

모양	鷄	復	鳴	彼	得	憶	耶	穌	言	鷄	二	鳴
음	계	부	명	피	득	억	야	소	언	계	이	명
뜻	닭	다시 부 돌아올 복	울	저	얻을	기억할 생학할	어조사 아버지	깨어날 살다	말씀 말할	닭	두 2	울
구분	0	0	0	0	0	Δ	Δ	0	0	0	0	0

모양	之	先	爾	將	三	言	不	識	我	思	之	則
음	지	선	이	장	삼	언	불	식	아	사	지	즉
뜻	갈 어조사	먼저	너	장차 장수	석 3	말씀 말할	아닐 불 아니 부	알	나 우리	생각	갈 어조사	곧 즉 법칙 칙
구분	0	0	x	0	0	0	0	0	0	0	0	0

모양	哭	矣
음	곡	의
뜻	울	어조사 ~이다
구분	Δ	0

한자 쓰기	鷄復鳴彼得憶耶穌言 鷄二鳴之先 爾將三言不識我 思之則哭矣

受人凌辱

彼得三言不認識耶穌

耶穌受縛解至彼拉多塵前聽審

諸長與全公會求證攻耶穌欲死之而弗得蓋妄證者多而所證不同有人起

而妄證曰吾儕嘗聞其言云此殿乃人所作我將毀之三日又建一殿非人所

作者其所證又不同祭司長起立於中間問耶穌曰爾無所答乎此人所證者何

歟耶穌默然不答祭司長復問曰爾是可頌者之子基督否耶穌曰是也爾將

見人子坐大權者之右乘雲而來矣祭司長自裂其衣曰何用別證爾已聞其

僭妄矣爾意如何衆擬曰置之死或唾耶穌掩其面拳擊之曰試言擊爾者誰

諸僕亦手批之○彼得在下院祭司長一婢至見彼得向火目之曰爾偕拿

撒勒耶穌也彼得不承曰我弗知也不識爾云何遂出至院門而雞鳴矣婢復

見之謂旁立者曰彼亦其黨彼得又不承頃之旁立者語彼得曰爾誠其黨爾

乃加利利人方言亦合彼得詛且誓曰爾所言之人我不識也雞復鳴彼得憶

耶穌言雞二鳴之先爾將三言不識我思之則哭矣

第十五章

平旦祭司諸長長老士子舉公會共謀繫耶穌曳而解與彼拉多彼拉多問曰

爾猶太人王乎曰爾言之矣祭司諸長多端訟之彼拉多復問曰人證爾如此

彼拉多釋耶穌與巴拉巴　放耶穌　民釘巴拉巴十字架　人編冕戴棘耶穌　強負十字架代　釘耶穌於架上西門　釘耶穌十字架　十字架釘耶穌　左字釘架　右字釘架於十字架　賊耶穌體兩　誚耶穌猶太人體

多端、爾竟不答乎、耶穌不措一詞、彼拉多奇之○屆節期、例釋一

囚任眾所求、有一人名巴拉巴、與連結作亂者共繫、此數人於作亂時、曾殺人、眾厲聲求依

例而行、彼拉多曰、爾欲我釋猶太人王乎、蓋知祭司諸長、娟嫉解耶穌也、祭司

諸長唆眾、求釋巴拉巴、彼拉多復語眾曰、然則爾所謂猶太人王者、欲我何以

處之、眾呼曰、釘之十字架、彼拉多曰、彼行何惡、眾愈呼曰、釘之十字架、彼拉

多欲快民心、於是釋巴拉巴、鞭耶穌、遣釘十字架、○士卒曳耶穌至院內、即公

廨是也、遂會全營、以紫袍衣耶穌、編棘冕冠之、問曰、猶太人王安、

唾而屈膝拜之、戲畢、解紫袍、衣以故衣、曳出釘十字架、有古利奈人西門、即亞

力山大魯孚之父、由田間來、過焉、眾強之、負耶穌十字架、攜耶穌至各各他、譯

即髑髏處、飲以沒藥酒、耶穌弗受、釘十字架後、鬮分其衣、以觀執得辰、盡釘

之十字架、書獄辭於標、曰、猶太人王、有二盜同釘、一左一右、經所謂人視爲罪

犯中人者、應矣、過者誚之、搖首曰、噫、爾毀殿、三日建之、今宜自救、由十字架下

矣、祭司諸長、士子戲亦如之、相告曰、彼救他人、不能自救、耶以色列王基督、今

由十字架下、我見則信矣、同釘者亦詬之、○自日中至未、徧地晦冥、未終、耶

第十五章

1. 平旦 祭司諸長 長老 士子 擧公會 共謀繫耶穌 曳而解與彼拉多
(새벽에 대제사장들이 즉시 장로들과 서기관들 곧 온 공회와 더불어 의논하고 예수를 결박하여 끌고 가서 빌라도에게 넘겨 주니)

모양	平	旦	祭	司	諸	長	長	老	士	子	擧	公
음	평	단	제	사	제	장	장	노(로)	사	자	거	공
뜻	평평할	아침	제사	맡을	모든 여러	길(long) 우두머리	길(long) 우두머리	늙을	선비	아들 어조사	들 모든	공평할 공적일
구분	O	△	O	△	O	O	O	O	O	O	O	O

모양	會	共	謀	繫	耶	穌	曳	而	解	與	彼	拉
음	회	공	모	계	야	소	예	이	해	여	피	납(랍)
뜻	모일 모임	함께	꾀할 모의할	맬 묶을	어조사 아버지	깨어날 살다	끌	말 이을	풀 놓을	줄 ~과	저	끌 납치
구분	O	O	△	△	△	△	x	O	O	O	O	x

모양	多
음	다
뜻	많을
구분	O

한자 쓰기	平旦 祭司諸長 長老 士子 擧公會 共謀繫耶穌 曳而解與彼拉多

2. 彼拉多問曰 爾猶太人王乎 曰 爾言之矣

(빌라도가 묻되 네가 유대인의 왕이냐 예수께서 대답하여 이르시되 네 말이 옳도다 하시매)

모양	彼	拉	多	問	曰	爾	猶	太	人	王	乎	曰
음	피	납(랍)	다	문	왈	이	유	태	인	왕	호	왈
뜻	저	끌 납치	많을	물을	가로되 말하다	너	오히려 같을	클 처음	사람	왕 임금	어조사 ~느냐?	가로되 말하다
구분	O	x	O	O	O	x	O	O	O	O	O	O

모양	爾	言	之	矣
음	이	언	지	의
뜻	너	말씀 말할	갈 어조사	어조사 ~이다
구분	x	O	O	O

한자 쓰기	彼拉多問曰 爾猶太人王乎 曰 爾言之矣

3. 祭司諸長多端訟之

(대제사장들이 여러 가지로 고발하는지라)

모양	祭	司	諸	長	多	端	訟	之
음	제	사	제	장	다	단	송	지
뜻	제사	맡을	모든 여러	길(long) 우두머리	많을	단서 가지	송사할 고소할	갈 어조사
구분	O	△	O	O	O	O	△	O

한자 쓰기	祭司諸長多端訟之

4. 彼拉多復問曰 人證爾如此多端 爾竟不答乎

(빌라도가 또 물어 이르되 아무 대답도 없느냐 그들이 얼마나 많은 것으로 너를 고발하는가 보라 하되)

모양	彼	拉	多	復	問	曰	人	證	爾	如	此	多
음	피	납(랍)	다	부	문	왈	인	증	이	여	차	다
뜻	저	끌 납치	많을	다시 부 돌아올 복	물을	가로되 말하다	사람	증거할	너	같을	이	많을
구분	0	x	0	0	0	0	0	0	x	0	0	0

모양	端	爾	竟	不	答	乎
음	단	이	경	부	답	호
뜻	단서 가지	너	마침내	아니 부 아닐 불	답할 대답	어조사 ~느냐?
구분	0	x	△	0	0	0

한자 쓰기	彼拉多復問曰 人證爾如此多端 爾竟不答乎

5. 耶穌不措一詞 彼拉多奇之

(예수께서 다시 아무 말씀으로도 대답하지 아니하시니 빌라도가 놀랍게 여기더라)

모양	耶	穌	不	措	一	詞	彼	拉	多	奇	之
음	야	소	부	조	일	사	피	납(랍)	다	기	지
뜻	어조사 아버지	깨어날 살다	아니 부 아닐 불	둘	한 1	글 말	저	끌 납치	많을	기이할 기적	갈 어조사
구분	△	△	0	x	0	△	0	x	0	△	0

한자 쓰기	耶穌不措一詞 彼拉多奇之

372

6. 屈節期 例釋一囚 任衆所求

(명절이 되면 백성들이 요구하는 대로 죄수 한 사람을 놓아 주는 전례가 있더니)

모양	屈	節	期	例	釋	一	囚	任	衆	所	求
음	계	절	기	예(례)	석	일	수	임	중	소	구
뜻	이를	마디 절기	기간 기약할	법식 예	풀 석방할	한 1	가둘 죄인	맡길 마음대로	무리	바 것	구할 간구할
구분	x	0	0	0	△	0	△	△	0	0	0

한자 쓰기	屈節期 例釋一囚 任衆所求

7. 有一人名巴拉巴 與連結作亂者共繫 此數人於作亂時 曾殺人

(민란을 꾸미고 그 민란중에 살인하고 체포된 자 중에 <u>바라바</u>라 하는 자가 있는지라)

모양	有	一	人	名	巴	拉	巴	與	連	結	作	亂
음	유	일	인	명	파	납(랍)	파	여	연(련)	결	작	란
뜻	있을	한 1	사람	이름	꼬리	끌 납치	꼬리	더불 ~과	잇닿을 연결할	맺을 굳어질	지을 만들	어지러울 난리
구분	0	0	0	0	x	x	x	0	0	0	0	△

모양	者	共	繫	此	數	人	於	作	亂	時	曾	殺
음	자	공	계	차	수	인	어	작	란	시	증	살
뜻	사람 것	함께	맬 묶을	이	셀 수	사람	어조사 ~에	지을 만들	어지러울 난리	때 시간	일찍 일찍이	죽일
구분	0	0	△	0	0	0	0	0	△	0	0	0

모양	人
음	인
뜻	사람
구분	0

한자 쓰기	有一人名巴拉巴 與連結作亂者共繫 此數人於作亂時 曾殺人

8. 衆厲聲求依例而行

(무리가 나아가서 전례대로 하여 주기를 요구한대)

모양	衆	厲	聲	求	依	例	而	行
음	중	려	성	구	의	예(례)	이	행
뜻	무리	갈다 사납다	소리	구할 간구할	의지할	법식 예	말 이을	행할 다닐
구분	0	x	0	0	0	0	0	0

한자 쓰기	衆厲聲求依例而行

9. 彼拉多曰 爾欲我釋猶太人王乎

(빌라도가 대답하여 이르되 너희는 내가 유대인의 왕을 너희에게 놓아 주기를 원하느냐 하니)

모양	彼	拉	多	曰	爾	欲	我	釋	猶	太	人	王
음	피	납(랍)	다	왈	이	욕	아	석	유	태	인	왕
뜻	저	끌 납치	많을	가로되 말하다	너	하고자할	나 우리	풀 석방할	오히려 같을	클 처음	사람	왕 임금
구분	0	x	0	0	x	0	0	Δ	0	0	0	0

모양	乎
음	호
뜻	어조사 ~느냐?
구분	0

한자 쓰기	彼拉多曰 爾欲我釋猶太人王乎

10. 彼蓋知祭司諸長 媢嫉解耶穌也

(이는 그가 대제사장들이 시기로 <u>예수</u>를 넘겨 준 줄 앎이러라)

모양	彼	蓋	知	祭	司	諸	長	媢	嫉	解	耶	穌
음	피	개	지	제	사	제	장	모	질	해	야	소
뜻	저	대개 덮을	알 알다	제사	맡을	모든 여러	길(long) 우두머리	시기할	미워할 질투할	풀 놓을	어조사 아버지	깨어날 살다
구분	0	△	0	0	△	0	0	x	x	0	△	△

모양	也
음	야
뜻	어조사 ~이다
구분	0

한자 쓰기	彼蓋知祭司諸長 媢嫉解耶穌也

11. 祭司諸長唆衆 求釋巴拉巴

(그러나 대제사장들이 무리를 충동하여 도리어 <u>바라바</u>를 놓아 달라 하게 하니)

모양	祭	司	諸	長	唆	衆	求	釋	巴	拉	巴
음	제	사	제	장	사	중	구	석	파	납(랍)	파
뜻	제사	맡을	모든 여러	길(long) 우두머리	부추길	무리	구할 간구할	풀 석방할	꼬리	끌 납치	꼬리
구분	0	△	0	0	x	0	0	△	x	x	x

한자 쓰기	祭司諸長唆衆 求釋巴拉巴

12. 彼拉多復語衆曰 然則爾所謂猶太人王者 欲我何以處之

(빌라도가 또 대답하여 이르되 그러면 너희가 유대인의 왕이라 하는 이를 내가 어떻게 하랴)

모양	彼	拉	多	復	語	衆	曰	然	則	爾	所	謂
음	피	납(랍)	다	부	어	중	왈	연	즉	이	소	위
뜻	저	끌 납치	많을	다시 부 돌아올 복	말씀	무리	가로되 말하다	그러할 자연	곧 즉 법칙 칙	너	바 것	이를 고할
구분	0	x	0	0	0	0	0	0	0	x	0	Δ

모양	猶	太	人	王	者	欲	我	何	以	處	之
음	유	태	인	왕	자	욕	아	하	이	처	지
뜻	오히려 같을	클 처음	사람	왕 임금	사람 것	하고자할	나 우리	어찌 무슨	써 ~로써	거주할 처리할	갈 어조사
구분	0	0	0	0	0	0	0	0	0	0	0

한자 쓰기	彼拉多復語衆曰 然則爾所謂猶太人王者 欲我何以處之

13. 衆呼曰 釘之十字架

(그들이 다시 소리 지르되 그를 십자가에 못 박게 하소서)

모양	衆	呼	曰	釘	之	十	字	架
음	중	호	왈	정	지	십	자	가
뜻	무리	부를	가로되 말하다	못 못을 박다	갈 어조사	열 10	글자	시렁 선반
구분	0	0	0	x	0	0	0	Δ

한자 쓰기	衆呼曰 釘之十字架

14. 彼拉多曰 彼行何惡耶 衆愈呼曰 釘之十字架

(빌라도가 이르되 어찜이냐 무슨 악한 일을 하였느냐 하니 더욱 소리 지르되 십자가에 못 박게 하소서 하는지라)

모양	彼	拉	多	曰	彼	行	何	惡	耶	衆	愈	呼
음	피	납(랍)	다	왈	피	행	하	악	야	중	유	호
뜻	저	끌 납치	많을	가로되 말하다	저	행할 다닐	어찌 무슨	악할 악할	어조사 ~느냐	무리	더욱 나을	부를
구분	0	x	0	0	0	0	0	0	△	0	△	0

모양	曰	釘	之	十	字	架
음	왈	정	지	십	자	가
뜻	가로되 말하다	못 못을박다	갈 어조사	열 10	글자	시렁 선반
구분	0	x	0	0	0	△

한자 쓰기	彼拉多曰 彼行何惡耶 衆愈呼曰 釘之十字架

15. 彼拉多欲快民心 於是釋巴拉巴 鞭耶穌 遣釘十字架

(빌라도가 무리에게 만족을 주고자 하여 바라바는 놓아 주고 예수는 채찍질하고 십자가에 못 박히게 넘겨 주니라)

모양	彼	拉	多	欲	快	民	心	於	是	釋	巴	拉
음	피	납(랍)	다	욕	쾌	민	심	어	시	석	파	납(랍)
뜻	저	끌 납치	많을	하고자할	쾌할 기뻐할	백성	마음	어조사 ~에	옳을 이	풀 석방할	꼬리	끌 납치
구분	0	x	0	0	0	0	0	0	△	x	x

모양	巴	鞭	耶	穌	遣	釘	十	字	架
음	파	편	야	소	견	정	십	자	가
뜻	꼬리	채찍	어조사 아버지	깨어날 살다	보낼	못 못을박다	열 10	글자	시렁 선반
구분	x	x	△	△	△	x	0	0	△

한자 쓰기	彼拉多欲快民心 於是釋巴拉巴 鞭耶穌 遣釘十字架

16. 士卒曳耶穌至院內 卽公廨是也 遂會全營

(군인들이 예수를 끌고 브라이도리온이라는 뜰 안으로 들어가서 온 군대를 모으고)

모양	士	卒	曳	耶	穌	至	院	內	卽	公	廨	是
음	사	졸	예	야	소	지	원	내	즉	공	해	시
뜻	선비	군사	끌	어조사 아버지	깨어날 살다	이를 지극히	집 정원	안 속	곧 나아갈	공평할 공적일	공관	옳을 이것
구분	0	0	x	△	△	0	△	0	0	0	x	0

모양	也	遂	會	全	營
음	야	수	회	전	영
뜻	어조사 ~이다	마침내 따를	모일 모을	온전할 모두	경영 진영
구분	0	△	0	0	△

한자 쓰기	士卒曳耶穌至院內 卽公廨是也 遂會全營

17. 以紫袍衣耶穌 編棘冕冠之

(예수에게 자색 옷을 입히고 가시관을 엮어 씌우고)

모양	以	紫	袍	衣	耶	穌	編	棘	冕	冠	之
음	이	자	포	의	야	소	편	극	면	관	지
뜻	써 ~로써	자줏빛	도포 옷	옷 입다	어조사 아버지	깨어날 살다	엮을	가시	면류관	갓 갓을 쓰다	갈 어조사
구분	0	△	x	0	△	△	△	x	x	△	0

한자 쓰기	以紫袍衣耶穌 編棘冕冠之

18. 問曰 猶太人王 安

(경례하여 이르되 유대인의 왕이여 평안할지어다 하고)

모양	問	曰	猶	太	人	王	安
음	문	왈	유	태	인	왕	안
뜻	물을	가로되 말하다	오히려 같을	클 처음	사람	왕 임금	편안할
구분	0	0	0	0	0	0	0

한자 쓰기	問曰 猶太人王 安

19. 以葦擊其首 唾而屈膝拜之

(갈대로 그의 머리를 치며 침을 뱉으며 꿇어 절하더라)

모양	以	葦	擊	其	首	唾	而	屈	膝	拜	之
음	이	위	격	기	수	타	이	굴	슬	배	지
뜻	써 ~로써	갈대	칠	그 그것	머리	침 침 뱉을	말 이을	굽힐 굴복할	무릎	절	갈 어조사
구분	0	x	Δ	0	0	x	0	Δ	x	0	0

한자 쓰기	以葦擊其首 唾而屈膝拜之

20. 戲畢 解紫袍 衣以故衣 曳出釘十字架

(희롱을 다 한 후 자색 옷을 벗기고 도로 그의 옷을 입히고 십자가에 못 박으려고 끌고 나가니라)

모양	戲	畢	解	紫	袍	衣	以	故	衣	曳	出	釘
음	희	필	해	자	포	의	이	고	의	예	출	정
뜻	희롱할	마칠	풀 놓을	자줏빛	도포 옷	옷 입다	써 ~로써	까닭 옛	옷 입다	끌	나갈	못 못을 박다
구분	△	△	0	△	x	0	0	0	0	x	0	x

모양	十	字	架
음	십	자	가
뜻	열 10	글자	시렁 선반
구분	0	0	△

한자 쓰기	戲畢 解紫袍 衣以故衣 曳出釘十字架

21. 有古利奈人西門 卽亞力山大魯孚之父 由田間來過焉 衆强之負 耶穌十字架焉

(마침 알렉산더와 루포의 아버지인 구레네 사람 시몬이 시골로부터 와서 지나가는데 그들이 그를 억지로 같이 가게 하여 예수의 십자가를 지우고)

모양	有	古	利	奈	人	西	門	卽	亞	力	山	大
음	유	고	이(리)	내	인	서	문	즉	아	력	산	대
뜻	있을	옛 옛날	이로울 이익	어찌	사람	서쪽	문	곧 나아갈	버금	힘	산	큰
구분	0	0	0	△	0	0	0	0	△	0	0	0

모양	魯	孚	之	父	由	田	間	來	過	焉	衆	强
음	노	부	지	부	유	전	간	래	과	언	중	강
뜻	노나라 미련할	미쁠	갈 어조사	아버지	말이암을 ~부터	밭	사이	올 앞으로	지날	어찌 어조사	무리 많은	강할 강제로
구분	x	x	0	0	0	0	0	0	0	△	0	0

모양	之	負	耶	穌	十	字	架	焉
음	지	부	야	소	십	자	가	언
뜻	갈 어조사	질 부담	어조사 아버지	깨어날 살다	열 10	글자	시렁 선반	어찌 어조사
구분	0	△	△	△	0	0	△	△

한자 쓰기	有古利奈人西門 卽亞力山大魯孚之父 由田間來過焉 衆强之負耶穌十字架焉

22. 攜耶穌至各各他 譯卽髑髏處

(예수를 끌고 골고다라 하는 곳 [번역하면 해골의 곳] 이르러)

모양	攜	耶	穌	至	各	各	他	譯	卽	髑	髏	處
음	휴	야	소	지	각	각	타	역	즉	촉	루	처
뜻	이끌 휴대할	어조사 아버지	깨어날 살다	이를 지극히	각각 각자	각각 각자	남 다를	번역할	곧 나아갈	해골	해골	거주할 곳
구분	x	△	△	0	0	0	0	△	0	x	x	0

한자 쓰기	攜耶穌至各各他 譯卽髑髏處

23. 飮以沒藥酒 耶穌弗受

(몰약을 탄 포도주를 주었으나 예수께서 받지 아니하시니라)

모양	飮	以	沒	藥	酒	耶	穌	弗	受
음	음	이	몰	약	주	야	소	불	수
뜻	마실	써 ~로써	빠질	약	술	어조사 아버지	깨어날 살다	아닐	받을
구분	0	0	△	0	0	△	△	x	0

한자 쓰기	飮以沒藥酒 耶穌弗受

24. 釘十字架後 鬮而分其衣 以觀孰得

(십자가에 못 박고 그 옷을 나눌새 누가 어느 것을 가질까 하여 제비를 뽑더라)

모양	釘	十	字	架	後	鬮	而	分	其	衣	以	觀
음	정	십	자	가	후	구	이	분	기	의	이	관
뜻	못 못을 박다	열 10	글자	시렁 선반	뒤	제비뽑을 추첨	말 이을	나눌	그 그것	옷 입다	써 ~로써	볼
구분	x	0	0	△	0	x	0	0	0	0	0	0

모양	孰	得
음	숙	득
뜻	어느 누구	얻을
구분	△	0

한자 쓰기	釘十字架後 鬮而分其衣 以觀孰得

25. 辰盡 釘之十字架

(때가 제삼시가 되어 십자가에 못 박으니라)

모양	辰	盡	釘	之	十	字	架
음	신	진	정	지	십	자	가
뜻	때 신 별 진	다할	못 못을 박다	갈 어조사	열 10	글자	시렁 선반
구분	0	0	x	0	0	0	△

한자 쓰기	辰盡 釘之十字架

26. 書獄辭於標日 猶太人王

(그 위에 있는 죄패에 <u>유대</u>인의 왕이라 썼고)

모양	書	獄	辭	於	標	曰	猶	太	人	王
음	서	옥	사	어	표	왈	유	태	인	왕
뜻	글 쓰다	옥	말 글	어조사 ~에	표 표할	가로되 말하다	오히려 같을	클 처음	사람	왕 임금
구분	O	△	△	O	△	O	O	O	O	O

한자 쓰기	書獄辭於標日 猶太人王

27. 有二盜同釘 一左一右

(강도 둘을 <u>예수</u>와 함께 십자가에 못 박으니 하나는 그의 우편에, 하나는 좌편에 있더라)

모양	有	二	盜	同	釘	一	左	一	右
음	유	이	도	동	정	일	좌	일	우
뜻	있을	두 2	도둑 훔칠	같을	못 못을 박다	한 1	왼	한 1	오른
구분	O	O	△	O	x	O	O	O	O

한자 쓰기	有二盜同釘 一左一右

28. 經所謂人視爲罪犯中人者應矣

(성경에 이른바 사람들에게 죄를 범한 사람중에 있는 것 같이 여겨졌다는 것이 응하게 되었다)

모양	經	所	謂	人	視	爲	罪	犯	中	人	者	應
음	경	소	위	인	시	위	죄	범	중	인	자	응
뜻	지날 성경	바 것	이를 고할	사람	볼	될 할	죄 허물	범할	가운데	사람	사람 것	응할 응대할
구분	O	O	△	O	O	O	O	△	O	O	O	O

모양	矣
음	의
뜻	어조사 ~이다
구분	O

한자 쓰기	經所謂人視爲罪犯中人者應矣

▣ 개역개정 한글번역본에는 28절이 없어서, 한문성경 28절 원문을 적고 번역하였음.
　▶28절이 있는 성경번역본 : 한문성경, 킹제임스 성경(KJV), NASB
　▶28절이 없는 성경번역본 : 개역개정, 개역한글, 공동번역, 새번역, 현대인의 성경, NIV

29. 過者誚之 搖首曰 噫 爾毀殿 三日建之

(지나가는 자들은 자기 머리를 흔들며 예수를 모욕하여 이르되 아하 성전을 헐고 사흘에 짓는다는 자여)

모양	過	者	誚	之	搖	首	曰	噫	爾	毀	殿	三
음	과	자	초	지	요	수	왈	희	이	훼	전	삼
뜻	지날 과거	사람 것	꾸짖을 책망할	갈 어조사	흔들	머리	가로되 말하다	탄식할	너	헐 제거할	궁궐 성전	석 3
구분	O	O	x	O	△	O	O	x	x	△	△	O

모양	日	建	之
음	일	건	지
뜻	날 해	세울 일으킬	갈 어조사
구분	O	O	O

한자 쓰기	過者誚之 搖首曰 噫 爾毀殿 三日建之

30. 今宜自救 由十字架下矣

(네가 너를 구원하여 십자가에서 내려오라 하고)

모양	今	宜	自	救	由	十	字	架	下	矣
음	금	의	자	구	유	십	자	가	하	의
뜻	이제 지금	마땅할	스스로 ~부터	구원할 건질	말이암을 ~부터	열 10	글자	시렁 선반	아래 내리다	어조사 ~이다
구분	0	△	0	0	0	0	0	△	0	0

한자 쓰기	今宜自救 由十字架下矣

31. 祭司諸長 士子 戱亦如之 相告曰 彼救他人 不能自救耶

(그와 같이 대제사장들도 서기관들과 함께 희롱하며 서로 말하되 그가 남은 구원하였으되 자기는
구원할 수 없도다)

모양	祭	司	諸	長	士	子	戱	亦	如	之	相	告
음	제	사	제	장	사	자	희	역	여	지	상	고
뜻	제사	맡을	모든 여러	길(long) 우두머리	선비	아들 어조사	희롱할	또 또한	같을	갈 어조사	서로	고할 알릴
구분	0	△	0	0	0	0	△	0	0	0	0	0

모양	曰	彼	救	他	人	不	能	自	救	耶
음	왈	피	구	타	인	불	능	자	구	야
뜻	가로되 말하다	저	구원할 건질	남 다를	사람	아닐 불 아니 부	능할 능력	스스로 ~부터	구원할 건질	어조사 ~느냐
구분	0	0	0	0	0	0	0	0	0	△

한자 쓰기	祭司諸長 士子 戱亦如之 相告曰 彼救他人 不能自救耶

32. 以色列王基督 今由十字架下 我見則信矣 同釘者亦詬之

(이스라엘의 왕 그리스도가 지금 십자가에서 내려와 우리가 보고 믿게 할지어다 하며 함께 십자가에 못 박힌 자들도 예수를 욕하더라)

모양	以	色	列	王	基	督	今	由	十	字	架	下
음	이	색	열	왕	기	독	금	유	십	자	가	하
뜻	써 ~로써	빛	벌일 줄	왕 임금	터 기초	감독할 살필	이제 지금	말이암을 ~부터	열 10	글자	시렁 선반	아래 내리다
구분	0	0	0	0	0	△	0	0	0	0	△	0

모양	我	見	則	信	矣	同	釘	者	亦	詬	之
음	아	견	즉	신	의	동	정	자	역	구	지
뜻	나	볼	곧 즉 법칙 칙	믿을	어조사 ~이다	같을	못 못을 박다	사람 것	또	욕할 꾸짖을	갈 어조사
구분	0	0	0	0	0	0	x	0	0	x	0

한자 쓰기	以色列王基督 今由十字架下 我見則信矣 同釘者亦詬之

33. 自日中至未終 徧地晦冥

(제육시가 되매 온 땅에 어둠이 임하여 제구시까지 계속하더니)

모양	自	日	中	至	未	終	徧	地	晦	冥
음	자	일	중	지	미	종	편	지	회	명
뜻	스스로 ~부터	날 해	가운데	이를 지극히	아닐	끝 마침내	두루 모든	땅	어두울	어두울
구분	0	0	0	0	0	0	x	0	x	△

한자 쓰기	自日中至未終 徧地晦冥

34. 未終 耶穌大聲呼曰 㕥喇㕥喇啦嗎嘫哎吥呢 譯卽我之上帝 我之上帝 何以遺予

(제구시에 <u>예수</u>께서 크게 소리 지르시되 엘리 엘리 라마 사박다니 하시니 이를 번역하면 나의 하나님, 나의 하나님 어찌하여 나를 버리셨나이까 하는 뜻이라)

모양	未	終	耶	穌	大	聲	呼	曰	㕥	喇	㕥	喇
음	미	종	야	소	대	성	호	왈	이	리	이	리
뜻	아닐	끝 마침내	어조사 아버지	깨어날 살다	큰	소리	부를	가로되 말하다	x	x	x	x
구분	0	0	△	△	0	0	0	0	x	x	x	x

모양	啦	嗎	嘫	哎	吥	呢	譯	卽	我	之	上	帝
음	랍	마	살	박	대	니	역	즉	아	지	상	제
뜻	x	x	x	x	x	x	번역할	곧 나아갈	나 우리	갈 어조사	위	임금
구분	x	x	x	x	x	x	△	0	0	0	0	0

모양	我	之	上	帝	何	以	遺	予
음	아	지	상	제	하	이	유	여
뜻	나 우리	갈 어조사	위	임금	어찌 무엇	써 때문	남길 버릴	나 주다
구분	0	0	0	0	0	0	△	△

한자 쓰기	未終 耶穌大聲呼曰 㕥喇㕥喇啦嗎嘫哎 吥呢 譯卽我之上帝 我之上帝 何以遺予

35. 旁立數人聞之 曰 彼呼以利亞也

(곁에 섰던 자 중 어떤 이들이 듣고 이르되 보라 엘리야를 부른다 하고)

모양	旁	立	數	人	聞	之	曰	彼	呼	以	利	亞
음	방	입(립)	수	인	문	지	왈	피	호	이	이(리)	아
뜻	곁	설	수 셀	사람	들을	갈 어조사	가로되 말하다	저	부를	써 ~로써	이로울 이익	버금
구분	x	0	0	0	0	0	0	0	0	0	0	△

모양	也
음	야
뜻	어조사 ~이다
구분	0

한자 쓰기	旁立數人聞之 曰 彼呼以利亞也

36. 有人疾走 以醯漬海絨束葦飮之 曰 姑聽之 試觀以利亞至 而取之下否

(한 사람이 달려가서 해면에 신 포도주를 적시어 갈대에 꿰어 마시게 하고 이르되 가만 두라 엘리야가 와서 그를 내려 주나 보자 하더라)

모양	有	人	疾	走	以	醯	漬	海	絨	束	葦	飮
음	유	인	질	주	이	혜	지	해	융	속	위	음
뜻	있을	사람	병 빨리	달릴	써 ~로써	식초 맛이 시다	담글	바다	가는 베	묶을 약속할	갈대	마실
구분	0	0	△	0	0	x	x	0	x	△	x	0

모양	之	曰	姑	聽	之	試	觀	以	利	亞	至	而
음	지	왈	고	청	지	시	관	이	이(리)	아	지	이
뜻	갈 어조사	가로되 말하다	잠시 시어머니	들을	갈 어조사	시험할 시험할	볼	써 ~로써	이로울 이익	버금	이를 지극히	말 이을
구분	0	0	△	0	0	0	0	0	0	△	0	0

모양	取	之	下	否
음	취	지	하	부
뜻	취할	갈 어조사	아래 내리다	아닐 ~느냐
구분	0	0	0	0

한자 쓰기	有人疾走 以醯漬海絨束葦飮之 曰 姑聽之 試觀以利亞至 而取之下否

37. 耶穌大聲一呼 氣遂絶

(예수께서 큰 소리를 지르시고 숨지시니라)

모양	耶	穌	大	聲	一	呼	氣	遂	絶
음	야	소	대	성	일	호	기	수	절
뜻	어조사 아버지	깨어날 살다	큰	소리	한 1	부를 부르짖을	기운 숨	마침내 따를	끊을
구분	Δ	Δ	0	0	0	0	0	Δ	0

한자 쓰기	耶穌大聲一呼 氣遂絶

38. 殿幔自上至下裂爲二

(이에 성소 휘장이 위로부터 아래까지 찢어져 둘이 되니라)

모양	殿	幔	自	上	至	下	裂	爲	二
음	전	막	자	상	지	하	열(렬)	위	이
뜻	궁궐 성전	막	스스로 ~부터	위	이를 지극히	아래 내리다	찢을	될 할	두 2
구분	Δ	x	0	0	0	0	Δ	0	0

한자 쓰기	殿幔自上至下裂爲二

39. 百夫長立於前 見其大呼氣絶 曰 此誠上帝子矣

(예수를 향하여 섰던 백부장이 그렇게 숨지심을 보고 이르되 이 사람은 진실로 하나님의 아들이었도다 하더라)

모양	百	夫	長	立	於	前	見	其	大	呼	氣	絶
음	백	부	장	입(립)	어	전	견	기	대	호	기	절
뜻	일백 100	지아비 장정	길(long) 우두머리	설	어조사 ~에	앞	볼	그 그것	큰	부를 부르짖을	기운 숨	끊을
구분	0	0	0	0	0	0	0	0	0	0	0	0

모양	曰	此	誠	上	帝	子	矣
음	왈	차	성	상	제	자	의
뜻	가로되 말하다	이	성실 참으로	위	임금	아들	어조사 ~이다
구분	0	0	0	0	0	0	0

한자 쓰기	百夫長立於前 見其大呼氣絶 曰 此誠上帝子矣

40. 有數婦遠觀 中有抹大拉之馬利亞 年少雅各 約西之母馬利亞與撒羅米

(멀리서 바라보는 여자들도 있었는데 그 중에 막달라 마리아와 또 작은 야고보와 요세의 어머니 마리아와 또 살로메가 있었으니)

모양	有	數	婦	遠	觀	中	有	抹	大	拉	之	馬
음	유	수	부	원	관	중	유	말	대	납(랍)	지	마
뜻	있을	수 셀	아내 여자	멀	볼	가운데	있을	지울	큰	끌 납치	갈 어조사	말
구분	0	0	0	0	0	0	0	x	0	x	0	0

모양	利	亞	年	少	雅	各	約	西	之	母	馬	利
음	이(리)	아	년	소	아	각	약	서	지	모	마	이(리)
뜻	이로울 이익	버금	해	적을 조금	우아할	각각 각자	묶을 약속할	서쪽	갈 어조사	어미	말	이로울 이익
구분	0	Δ	0	0	Δ	0	0	0	0	0	0	0

모양	亞	與	撒	羅	米
음	아	여	살	라	미
뜻	버금	더불 ~과	뿌릴	벌일 그물	쌀
구분	Δ	0	x	Δ	0

한자 쓰기	有數婦遠觀 中有抹大拉之馬利亞 年少雅各 約西之母馬利亞 與撒羅米

41. 耶穌在加利利時 從而供事之者 又有多婦 與耶穌共上耶路撒冷者

(이들은 예수께서 갈릴리에 계실 때에 따르며 섬기던 자들이요 또 이 외에 예수와 함께 예루살렘에 올라 온 여자들도 많이 있었더라)

모양	耶	穌	在	加	利	利	時	從	而	供	事	之
음	야	소	재	가	이(리)	이(리)	시	종	이	공	사	지
뜻	어조사 아버지	깨어날 살다	있을	더할	이로울 이익	이로울 이익	때 시간	따를 부터	말 이을	이바지할 공급할	일 섬길	갈 어조사
구분	Δ	Δ	0	0	0	0	0	0	0	Δ	0	0

모양	者	又	有	多	婦	與	耶	穌	共	上	耶	路
음	자	우	유	다	부	여	야	소	공	상	야	로
뜻	사람 것	또	있을	많을	아내 여자	더불 ~과	어조사 아버지	깨어날 살다	함께	위 오르다	어조사 아버지	길
구분	0	0	0	0	0	Δ	Δ	Δ	0	0	Δ	0

모양	撒	冷	者
음	살	냉(랭)	자
뜻	뿌릴	찰	사람 것
구분	x	0	0

한자 쓰기	耶穌在加利利時 從而供事之者 又有多婦 與耶穌共上耶路撒冷者

42. 是日乃備節日 卽安息之先一日

(이 날은 준비일 곧 안식일 전날이므로 저물었을 때에)

모양	是	日	乃	備	節	日	卽	安	息	之	先	一
음	시	일	내	비	절	일	즉	안	식	지	선	일
뜻	옳을이	날해	이에곧	준비갖출	마디절기	날해	곧나아갈	편안할	쉴휴식	갈어조사	먼저	한1
구분	0	0	0	0	0	0	0	0	Δ	0	0	0

모양	日
음	일
뜻	날해
구분	0

한자쓰기	是日乃備節日 卽安息之先一日

43. 旣暮 有約瑟來自亞利馬太 爲尊貴議士 仰慕上帝國 毅然入見 彼拉多 求耶穌屍

(아리마대 사람 요셉이 와서 당돌히 빌라도에게 들어가 예수의 시체를 달라 하니 이 사람은 존경받는 공회원이요 하나님의 나라를 기다리는 자라)

모양	旣	暮	有	約	瑟	來	自	亞	利	馬	太	爲
음	기	모	유	약	슬	래	자	아	이(리)	마	태	위
뜻	이미	저물해질	있을	묶을약속할	거문고	올앞으로	스스로~부터	버금	이로울이익	말	클처음	될할
구분	0	0	0	0	x	0	0	Δ	0	0	0	0

모양	尊	貴	議	士	仰	慕	上	帝	國	毅	然	入
음	존	귀	의	사	앙	모	상	제	국	의	연	입
뜻	높을존귀할	귀할	의논할	선비	우러를	그리워할사모할	위	임금	나라	굳셀	그러할자연	들들어갈
구분	0	0	0	0	0	Δ	0	0	0	x	0	0

모양	見	彼	拉	多	求	耶	穌	屍
음	견	피	납(랍)	다	구	야	소	시
뜻	볼	저	끌 납치	많을	구할 간구할	어조사 아버지	깨어날 살다	시체 주검
구분	0	0	x	0	0	△	△	x

한자 쓰기	既暮 有約瑟來自亞利馬太 爲尊貴議士 仰慕上帝國 毅然入見彼拉多 求耶穌屍

44. 彼拉多奇耶蘇已死 遂呼百夫長 問死久乎

(빌라도는 예수께서 벌써 죽었을까 하고 이상히 여겨 백부장을 불러 죽은 지가 오래냐 묻고)

모양	彼	拉	多	奇	耶	穌	已	死	遂	呼	百	夫
음	피	납(랍)	다	기	야	소	이	사	수	호	백	부
뜻	저	끌 납치	많을	기이할 기적	어조사 아버지	깨어날 살다	이미 벌써	죽을	마침내 따를	부를 부르짖을	일백 100	지아비 장정
구분	0	x	0	△	△	△	0	0	△	0	0	0

모양	長	問	死	久	乎
음	장	문	사	구	호
뜻	길(long) 우두머리	물을	죽을	오랠	어조사 ~느냐?
구분	0	0	0	0	0

한자 쓰기	彼拉多奇耶蘇已死 遂呼百夫長 問死久乎

45. 旣得其情 則以屍賜約瑟

(백부장에게 알아 본 후에 <u>요셉</u>에게 시체를 내주는지라)

모양	旣	得	其	情	則	以	屍	賜	約	瑟
음	기	득	기	정	즉	이	시	사	약	슬
뜻	이미	얻을	그 그것	뜻 사실	곧 즉 법칙 칙	써 ~로써	시체 주검	줄 하사할	묶을 약속할	거문고
구분	O	O	O	O	O	O	x	△	O	x

한자 쓰기	旣得其情 則以屍賜約瑟

46. 約瑟市枲布 取屍下 裹以枲布 葬於墓 其墓乃鑿磐爲之 轉石墓門

(<u>요셉</u>이 세마포를 사서 예수를 내려다가 그것으로 싸서 바위 속에 판 무덤에 넣어 두고 돌을 굴려 무덤 문에 놓으매)

모양	約	瑟	市	枲	布	取	屍	下	裹	以	枲	布
음	약	슬	시	시	포	취	시	하	과	이	시	포
뜻	묶을 약속할	거문고	시장 사다	모시 삼	베 펼	취할	시체 주검	아래 내리다	쌀 싸다	써 ~로써	모시 삼	베 펼
구분	O	x	O	x	O	O	x	O	x	O	x	O

모양	葬	於	墓	其	墓	乃	鑿	磐	爲	之	轉	石
음	장	어	묘	기	묘	내	착	반	위	지	전	석
뜻	장사지낼	어조사 ~에	무덤	그 그것	무덤	이에 곧	뚫을	바위	될 할	갈 어조사	구를 회전할	돌
구분	△	O	△	O	△	O	x	x	O	O	△	O

모양	墓	門
음	묘	문
뜻	무덤	문
구분	△	O

한자 쓰기	約瑟市枲布 取屍下 裹以枲布 葬於墓 其墓乃鑿磐爲之 轉石墓門

47. 抹大拉之馬利亞 及約西之母馬利亞 咸見葬處

(막달라 마리아와 요세의 어머니 마리아가 예수 둔 곳을 보더라)

모양	抹	大	拉	之	馬	利	亞	及	約	西	之	母
음	말	대	납(랍)	지	마	이(리)	아	급	약	서	지	모
뜻	지울	큰	끌 납치	갈 어조사	말	이로울 이익	버금	이를 및	묶을 약속할	서쪽	갈 어조사	어미
구분	x	0	x	0	0	0	△	0	0	0	0	0

모양	馬	利	亞	咸	見	葬	處
음	마	이(리)	아	함	견	장	처
뜻	말	이로울 이익	버금	다 모두	볼	장사지낼	거주할 곳
구분	0	0	△	△	0	△	0

한자 쓰기	抹大拉之馬利亞 及約西之母馬利亞 咸見葬處

耶穌氣絕

議士約瑟安葬耶穌

耶穌爲上帝子

百夫長認

天使以耶穌復活報婦女三人與信耶穌

穌大聲呼曰、哎唎哎唎啦嗎撒駁呔呢、譯卽我之上帝我、我之上帝、何以遺予旁

立數人聞之曰彼呼以利亞也有人疾走以醯漬海絨束葦飲之曰姑聽之試

觀以利亞至而取之下否〇耶穌大聲一呼氣遂絕殿幔自上至下裂爲二百

夫長立於前見其大呼氣絕曰此誠上帝子矣有數婦遠觀中有抹大拉之馬

利亞年少雅各約西之母馬利亞與撒羅米耶穌在加利利時從而供事之者

又有多婦與耶穌共上耶路撒冷者〇是日乃備節日卽安息之先一日旣暮

彼拉多奇耶穌已死遂呼百夫長問死久乎旣得其情則以屍賜約瑟約瑟市

有約瑟來自亞利馬太爲尊貴議士仰慕上帝國毅然入見彼拉多求耶穌屍

桌布取屍下裹以桌布葬於墓其墓乃鑿磐爲之轉石墓門抹大拉之馬利亞

及約西之母馬利亞咸見葬處

第十六章

安息日後抹大拉之馬利亞雅各母馬利亞與撒羅米市芬芳之品欲來傳耶

穌七日之首日平旦日出適墓相告曰誰爲我移墓門石乎蓋其石甚巨望之

見石已移入墓見一少者坐於右衣白衣婦異甚少者曰勿異爾尋釘十字架

396

耶穌現與抹大拉之馬利亞看

遂中現與門徒看

爾門現與門徒看

一現命門徒傳福音門徒看

萬民傳福音

耶穌升天

拿撒勒耶穌乎彼已復生不在此矣可觀葬處往告其門徒與彼得言耶穌先

爾至加利利於彼可得見之如其言也婦急出自墓而奔戰慄驚駭以懼故不

告人○七日之首日平旦耶穌復生先見於抹大拉之馬利亞曾逐七鬼離此

婦矣耶穌之同人時在哀哭婦往告焉衆聞耶穌復生爲婦所見不信○厥後

門徒二人適村行時耶穌改容顯現二人往告其餘亦不信也○卒十一門徒

坐席間耶穌顯現責其不信心忍以不信其復生者之言也○耶穌曰爾曹

往普天下傳福音與萬民信而受洗者得救不信者定罪信者則有異蹟從之

卽托我名逐鬼言各國方言操蛇飲毒無傷按手病人得愈也○主言竟遂升

天坐上帝右門徒往四方傳道主相之以異蹟徵其道

1. 安息日後抹大拉之馬利亞 雅各母馬利亞與撒羅米 市芬芳之品 欲來傅耶穌

(안식일이 지나매 막달라 마리아와 야고보의 어머니 마리아와 또 살로메가 가서 예수께 바르기 위하여 향품을 사다 두었다가)

모양	安	息	日	後	抹	大	拉	之	馬	利	亞	雅
음	안	식	일	후	말	대	납(랍)	지	마	이(리)	아	아
뜻	편안할	쉴 휴식	날 해	뒤	지울	큰	끌 납치	갈 어조사	말	이로울 이익	버금	우아할
구분	0	△	0	0	x	0	x	0	0	0	△	△

모양	各	母	馬	利	亞	與	撒	羅	米	市	芬	芳
음	각	모	마	이(리)	아	여	살	라	미	시	분	방
뜻	각각 각자	어미	말	이로울 이익	버금	더불 ~과	뿌릴	벌일 그물	쌀	시장 사다	향기	꽃다울 향기
구분	0	0	0	0	△	0	x	△	0	0	x	△

모양	之	品	欲	來	傅	耶	穌
음	지	품	욕	래	부	야	소
뜻	갈 어조사	물건 물품	하고자 할	올 앞으로	스승 바를	어조사 아버지	깨어날 살다
구분	0	0	0	0	x	△	△

한자 쓰기	安息日後抹大拉之馬利亞 雅各母馬利亞與撒羅米 市芬芳之品 欲來傅耶穌

2. 七日之首日 平旦日出 適墓

(안식 후 첫날 매우 일찍이 해 돋을 때에 그 무덤으로 가며)

모양	七	日	之	首	日	平	旦	日	出	適	墓
음	칠	일	지	수	일	평	아침	일	출	적	묘
뜻	일곱 7	날 해	갈 어조사	머리	날 해	평평할	단	날 해	나갈	갈(=go) 마침	무덤
구분	0	0	0	0	0	0	Δ	0	0	0	Δ

한자 쓰기	七日之首日 平旦日出 適墓

3. 相告曰 誰爲我移墓門石乎

(서로 말하되 누가 우리를 위하여 무덤 문에서 돌을 굴려 주리요 하더니)

모양	相	告	曰	誰	爲	我	移	墓	門	石	乎
음	상	고	왈	수	위	아	이	묘	문	석	호
뜻	서로	고할 알릴	가로되 말하다	누구 무엇	위할 될	나 우리	옮길	무덤	문	돌	어조사 ~느냐?
구분	0	0	0	0	0	0	0	Δ	0	0	0

한자 쓰기	相告曰 誰爲我移墓門石乎

4. 蓋其石甚巨 望之 見石已移

(눈을 들어본즉 벌써 돌이 굴려져 있는데 그 돌이 심히 크더라)

모양	蓋	其	石	甚	巨	望	之	見	石	已	移
음	개	기	석	심	거	망	지	견	석	이	이
뜻	대개 덮을	그 그것	돌	심할	클	바랄 볼	갈 어조사	볼	돌	이미 벌써	옮길
구분	0	0	0	0	0	0	0	0	0	0	0

한자 쓰기	蓋其石甚巨 望之 見石已移

5. 入墓 見一少者 坐於石 衣白衣 婦異甚

(무덤에 들어가서 흰 옷을 입은 한 청년이 우편에 앉은 것을 보고 놀라매)

모양	入	墓	見	一	少	者	坐	於	石	衣	白	衣
음	입	묘	견	일	소	자	좌	어	석	의	백	의
뜻	들 들어갈	무덤	볼	한 1	적을 조금	사람 것	앉을	어조사 ~에	돌	옷 입다	흰	옷 입다
구분	O	△	O	O	O	O	O	O	O	O	O	O

모양	婦	異	甚
음	부	이	심
뜻	아내 여자	다를 기이할	심할
구분	O	O	O

한자 쓰기	入墓 見一少者 坐於石 衣白衣 婦異甚

6. 少者曰 勿異 爾尋釘十字架 拿撒勒 耶穌乎 彼已復生 不在此矣 可觀葬處

(청년이 이르되 놀라지 말라 너희가 십자가에 못 박히신 나사렛 예수를 찾는구나 그가 살아나셨고 여기 계시지 아니하니라 보라 그를 두었던 곳이니라)

모양	少	者	曰	勿	異	爾	尋	釘	十	字	架	拿
음	소	자	왈	물	이	이	심	정	십	자	가	나
뜻	적을 조금	사람 것	가로되 말하다	말라 하지말	다를 기이할	너	찾을	못 못을박다	열 10	글자	시렁 선반	잡을
구분	O	O	O	O	O	x	△	x	O	O	△	x

모양	撒	勒	耶	穌	乎	彼	已	復	生	不	在	此
음	살	늑(륵)	야	소	호	피	이	부	생	부	재	차
뜻	뿌릴	굴레	어조사 아버지	깨어날 살다	어조사 ~도다	저	이미 벌써	다시 부 돌아올복	날 살	아니 부 아닐 불	있을	이
구분	x	x	△	△	O	O	O	O	O	O	O	O

모양	矣	可	觀	葬	處
음	의	가	관	장	처
뜻	어조사 ~이다	옳을 가능할	볼	장사지낼	거주할 곳
구분	0	0	0	△	0

한자 쓰기	少者曰 勿異 爾尋釘十字架 拿撒勒 耶穌乎 彼已復生 不在此矣 可觀葬處

7. 往哉其門徒 與彼得 言耶穌先爾至加利利於彼可得見之 如其言也

(가서 그의 제자들과 베드로에게 이르기를 예수께서 너희보다 먼저 갈릴리로 가시나니 전에 너희에게 말씀하신대로 너희가 거기서 뵈오리라 하라 하는지라)

모양	往	哉	其	門	徒	與	彼	得	言	耶	穌	先
음	왕	재	기	문	도	여	피	득	언	야	소	선
뜻	갈	어조사	그 그것	문	무리	더불 ~과	저	얻을	말씀 말할	어조사 아버지	깨어날 살다	먼저
구분	0	0	0	0	0	0	0	0	0	△	△	0

모양	爾	至	加	利	利	於	彼	可	得	見	之	如
음	이	지	가	이(리)	이(리)	어	피	가	득	견	지	여
뜻	너	이를 지극히	더할	이로울 이익	이로울 이익	어조사 ~에	저	옳을 가능할	얻을	볼	갈 어조사	같을
구분	x	0	0	0	0	0	0	0	0	0	0	0

모양	其	言	也
음	기	언	야
뜻	그 그것	말씀 말할	어조사 ~이다
구분	0	0	0

한자 쓰기	往哉其門徒 與彼得 言耶穌先 爾至加利利於彼可得見之 如其言也

8. 婦急出 自墓而奔 戰慄驚駭 以懼故不告人

(여자들이 몹시 놀라 떨며 나와 무덤에서 도망하고 무서워하여 아무에게 아무 말도 하지 못하더라)

모양	婦	急	出	自	墓	而	奔	戰	慄	驚	駭	以
음	부	급	출	자	묘	이	분	전	율(률)	경	해	이
뜻	아내 여자	급할	나갈	스스로 ~부터	무덤	말 이을	달릴 도망갈	싸울 두려울	떨릴	놀랄	놀랄	써 때문
구분	O	O	O	O	△	O	△	O	x	O	x	O

모양	懼	故	不	告	人
음	구	고	불	고	인
뜻	두려울	까닭 옛	아닐 불 아니 부	고할 알릴	사람
구분	△	O	O	O	O

한자 쓰기	婦急出 自墓而奔 戰慄驚駭 以懼故不告人

9. 七日之首日 平旦 耶穌復生 先見於抹大拉之馬利亞 曾逐七鬼離 此婦矣

(예수께서 안식 후 첫날 이른 아침에 살아나신 후 전에 일곱 귀신을 쫓아내어 주신 <u>막달라</u> <u>마리아</u>에게 먼저 보이시니)

모양	七	日	之	首	日	平	旦	耶	穌	復	生	先
음	칠	일	지	수	일	평	아침	야	소	부	생	선
뜻	일곱 7	날 해	갈 ~의	머리	날 해	평평할	단	어조사 아버지	깨어날 살다	다시 부 돌아올 복	날 살	먼저
구분	O	O	O	O	O	O	△	△	△	△	O	O

모양	見	於	抹	大	拉	之	馬	利	亞	曾	逐	七
음	견	어	말	대	납(랍)	지	마	이(리)	아	증	축	칠
뜻	볼	어조사 ~에게	지울	큰	끌 납치	갈 어조사	말	이로울 이익	버금	일찍 일찍이	쫓을	일곱 7
구분	O	O	x	O	x	O	O	O	O	△	△	O

모양	鬼	離	此	婦	矣
음	귀	이(리)	차	부	의
뜻	귀신	떠날	이	아내 여자	어조사 ~이다
구분	△	△	O	O	O

七日之首日 平旦 耶穌復生
先見於抹大拉之馬利亞
會逐七鬼離此婦矣

10. 耶穌之同人 時在哀哭 婦往告焉

(마리아가 가서 예수와 함께 하던 사람들이 슬퍼하며 울고 있는 중에 이 일을 알리매)

모양	耶	穌	之	同	人	時	在	哀	哭	婦	往	告
음	야	소	지	동	인	시	재	애	곡	부	왕	고
뜻	어조사 아버지	깨어날 살다	갈 어조사	같을	사람	때 시간	있을	슬플	울	아내 여자	갈	고할 알릴
구분	△	△	0	0	0	0	0	0	△	0	0	0

모양	焉
음	언
뜻	어찌 어조사
구분	△

한자 쓰기	耶穌之同人 時在哀哭 婦往告焉

11. 衆聞耶穌復生 爲婦所見 不信

(그들은 예수께서 살아나셨다는 것과 마리아에게 보이셨다는 것을 듣고도 믿지 아니하니라)

모양	衆	聞	耶	穌	復	生	爲	婦	所	見	不	信
음	중	문	야	소	부	생	위	부	소	견	불	신
뜻	무리	들을	어조사 아버지	깨어날 살다	다시 돌아올복	날 살	될 할	아내 여자	바 것	볼	아닐 불 아니 부	믿을
구분	0	0	△	△	0	0	0	0	0	0	0	0

한자 쓰기	衆聞耶穌復生 爲婦所見 不信

12. 厥後 門徒二人適村 行時 耶穌改容顯現

(그 후에 그들 중 두 사람이 걸어서 시골로 갈 때에 예수께서 다른 모양으로 그들에게 나타나시니)

모양	厥	後	門	徒	二	人	適	村	行	時	耶	穌
음	궐	후	문	도	이	인	적	촌	행	시	야	소
뜻	그 그것	뒤	문	무리	두 2	사람	갈(=go) 마침	마을	행할 다닐	때 시간	어조사 아버지	깨어날 살다
구분	Δ	0	0	0	0	0	0	0	0	0	Δ	Δ

모양	改	容	顯	現
음	개	용	현	현
뜻	고칠	얼굴 용납하다	드러날 나타날	나타날
구분	0	0	Δ	0

한자 쓰기	厥後 門徒二人適村 行時 耶穌改容顯現

'

13. 二人往告其餘 亦不信也

(두 사람이 가서 남은 제자들에게 알리었으되 역시 믿지 아니하니라)

모양	二	人	往	告	其	餘	亦	不	信	也
음	이	인	왕	고	기	여	역	불	신	야
뜻	두 2	사람	갈	고할 알릴	그 그것	남을	또 또한	아닐 불 아니 부	믿을	어조사 ~이다
구분	0	0	0	0	0	0	0	0	0	0

한자 쓰기	二人往告其餘 亦不信也

14. 卒 十一門徒坐席間 耶穌顯現 責其不信心忍 以不信見其復生者之言也

(그 후에 열한 제자가 음식 먹을 때에 <u>예수</u>께서 그들에게 나타나사 그들의 믿음 없는 것과 마음이 완악한 것을 꾸짖으시니 이는 자기가 살아난 것을 본 자들의 말을 믿지 아니함일러라)

모양	卒	十	一	門	徒	坐	席	間	耶	穌	顯	現
음	졸	십	일	문	도	좌	석	간	야	소	현	현
뜻	마칠 군사	열 10	한 1	문	무리	앉을	자리	사이	어조사 아버지	깨어날 살다	드러날 나타날	나타날
구분	0	0	0	0	0	0	0	0	△	△	△	0

모양	責	其	不	信	心	忍	以	不	信	見	其	復
음	책	기	불	신	심	인	이	불	신	견	기	부
뜻	꾸짖을	그 그것	아닐 불 아니 부	믿을	마음	참을 잔인할	써 때문	아닐 불 아니 부	믿을	볼	그 그것	다시 부 돌아올복
구분	0	0	0	0	0	0	0	0	0	0	0	0

모양	生	者	之	言	也
음	생	자	지	언	야
뜻	날 살	사람 것	갈 ~의	말씀 말할	어조사 ~이다
구분	0	0	0	0	0

한자 쓰기	卒 十一門徒坐席間 耶穌顯現 責其不信心忍 以不信見其復生者之言也

15. 耶穌曰 爾曹往普天下 傳福音與萬民

(또 이르시되 너희는 온 천하에 다니며 만민에게 복음을 전파하라)

모양	耶	穌	曰	爾	曹	往	普	天	下	傳	福	音
음	야	소	왈	이	조	왕	보	천	하	전	복	음
뜻	어조사 아버지	깨어날 살다	가로되 말하다	너	무리 성씨	갈	넓을 두루	하늘	아래 내리다	전할	복	소리
구분	△	△	0	x	x	0	△	0	0	0	0	0

모양	與	萬	民
음	여	만	민
뜻	더불 주다	일만 많다	백성
구분	0	0	0

한자 쓰기	耶穌曰 爾曹往普天下 傳福音與萬民

16. 信而受洗者得救 不信者定罪

(믿고 세례를 받는 사람은 구원을 얻을 것이요 믿지 않는 사람은 정죄를 받으리라)

모양	信	而	受	洗	者	得	救	不	信	者	定	罪
음	신	이	수	세	자	득	구	부	신	자	정	죄
뜻	믿을	말 이을	받을	씻을	사람 것	얻을	구원할 건질	아니 부 아닐 불	믿을	사람 것	정할	죄 허물
구분	0	0	0	0	0	0	0	0	0	0	0	0

한자 쓰기	信而受洗者得救 不信者定罪

17. 信者則有異蹟從之 卽托我名逐鬼 言各國方言

(믿는 자들에게는 이런 표적이 따르리니 곧 그들이 내 이름으로 귀신을 쫓아내며 새 방언을 말하며)

모양	信	者	則	有	異	蹟	從	之	卽	托	我	名
음	신	자	즉	유	이	적	종	지	즉	탁	아	명
뜻	믿을	사람 것	곧 즉 법칙 칙	있을	다를 기이할	자취 기적	따를 부터	갈 어조사	곧 나아갈	맡길 의탁할	나	이름
구분	0	0	0	0	0	△	0	0	0	△	0	0

모양	逐	鬼	言	各	國	方	言
음	축	귀	언	각	국	방	언
뜻	쫓을	귀신	말씀 말할	각각 각자	나라	모 사방	말씀 말할
구분	△	△	0	0	0	0	0

한자 쓰기	信者則有異蹟從之 卽托我名逐鬼 言各國方言

18. 操蛇飮毒無傷 按手病人得愈也

(뱀을 집어올리며 무슨 독을 마실지라도 해를 받지 아니하며 병든 사람에게 손을 얹은즉 나으리라 하시더라)

모양	操	蛇	飮	毒	無	傷	按	手	病	人	得	愈
음	조	사	음	독	무	상	안	수	병	인	득	유
뜻	잡을	뱀	마실	독	없을	상처 해칠	살필 안수할	손	병 질병	사람	얻을	나을
구분	△	△	0	△	0	0	x	0	0	0	0	△

모양	也
음	야
뜻	어조사 ~이다
구분	0

한자 쓰기	操蛇飮毒無傷 按手病人得愈也

19. 主言竟 遂升天 坐上帝右

(주 <u>예수</u>께서 말씀을 마치신 후에 하늘로 올려지사 하나님 우편에 앉으시니라)

모양	主	言	竟	遂	升	天	坐	上	帝	右
음	주	언	경	수	승	천	좌	상	제	우
뜻	주인	말씀 말할	마침내	마침내 따를	오를	하늘	앉을	위	임금	오른
구분	0	0	Δ	Δ	x	0	0	0	0	0

한자 쓰기	主言竟 遂升天 坐上帝右

20. 門徒往四方傳道主相之 以異蹟徵其道

(제자들이 나가 두루 전파할새 주께서 함께 역사하사 그 따르는 표적으로 말씀을 확실히 증언하시니라)

모양	門	徒	往	四	方	傳	道	主	相	之	以	異
음	문	도	왕	사	방	전	도	주	상	지	이	이
뜻	문	무리	갈	넉 4	모 사방	전할	길 말씀	주인	서로 돕다	갈 어조사	써 때문	다를 기이할
구분	0	0	0	0	0	0	0	0	0	0	0	0

모양	蹟	徵	其	道
음	적	징	기	도
뜻	자취 기적	부를 증명할	그 그것	길 말씀
구분	Δ	Δ	0	0

한자 쓰기	門徒往四方傳道主相之 以異蹟徵其道